CONȚINUT

CUVÂNT ÎNAINTE 1

INTRODUCERE 3

1. INTEGRAREA ȘI PAȘII URMĂTORI 9
  de Reena Kumarasingham

Reconectarea cu puterea personală; Studii de caz; Reconectarea cu sinele nostru divin; Cum să ajuți clienții să meargă înainte (stabilirea obiectivului, ancorarea cu ajutorul mirosurilor și a uleiurilor esențiale, pas în viitor, recunoștința); O abordare integrată asupra vindecării.

2. LUCRUL CU ENERGIA ÎNTUNECATĂ 37
  de Andy Tomlinson

Ce este energia întunecată? Studii de caz; Verificare intuitivă independentă; Curățarea clienților de energia întunecată (permisiuni, verificări, protecția terapeutului, crearea Portalurilor Energetice și a Legăturilor Energetice, curățarea energiei întunecate, verificări finale și închidere); Curățarea la distanță a energiei întunecate; Curățarea blocajelor energetice ale clientului.

3. VINDECAREA SPIRITUALĂ A COPILULUI INTERIOR 67
  de Hazel Newton

Principii fundamentale; Arhetipurile copilului interior; Vindecarea clasică a copilului interior; Studii de caz; Perspectiva spirituală; Tehnici pentru vindecarea spiritual a copilului interior (regresia la sursa problemei, transformarea, integrarea); Vindecarea bebelușului interior.

PERSPECTIVE ADIȚIONALE DIN
TERAPIA PRIN REGRESIE ÎN VIEȚI
ANTERIOARE

TRANSFORMAREA SUFLETULUI ETERN

VOLUM EDITAT DE CĂTRE ANDY
TOMLINSON

CONTRIBUȚII DIN PARTEA MEMBRILOR
SPIRITUAL REGRESSION THERAPY
ASSOCIATION

Publicată de From the Heart Press:
Prima ediție 2011
A doua ediție 2013
A treia ediție 2014
Ediția în limba română 2018
Website: www.fromtheheartpress.com

Copyright: Andy Tomlinson
ISBN: 978-1-9999232-0-4

Traducerea în limba română; Gabriela Micu, Email: gabriela.micu@gmail.com

Toate drepturile rezervate. Cu excepția scurtelor citate în recenzii sau articole de specialitate, nici o parte din această carte nu poate fi reprodusă în vreun fel fără permisiunea scrisă prealabilă din partea editorilor.

Drepturile lui Andy Tomlinson în calitate de autor sunt conforme cu Actul privind drepturile de autor, designuri și brevete din 1988.

Codul CIP pentru această carte este disponibil în cadrul British Library.

Design: Ashleigh Hanson, Email: hansonashleigh@hotmail.com

Pentru informații suplimentare despre terapeuții care au contribuit la această carte vizitați: www.regressionassociation.com.

Pentru informații suplimentare despre Andy Tomlinson și formarea în terapia prin regresie vizitați: www.regressionacademy.com.

4. TERAPIA PRIN REGRESIE APLICATĂ ÎN PRACTICA MEDICALĂ 105

de Peter Mack

Călătoria mea; Vindecare holistică; Studii de caz (probleme gastrice intratabile, sindromul colonului iritabil, vertij, eczemă și hiperhidroză.)

5. LUCRUL CU CLIENȚII DIFICILI 131

de Tatjana Küchler

Clienți distanți și inaccesibili; Clienți rezistenți; Explicarea hipnozei și a regresiei; Teste de sugestibilitate (lămâia, cartea și balonul, pleoape imobile, degetele magnetice); Inducții rapide; Inducții spontane (degetul la frunte, numărarea scurtă); Emoții blocate (podul afectiv, confruntarea unui personaj din viața curentă, ce ne spune emoția); Regresia cu ochii deschiși.

6. UTILIZAREA CRISTALELOR ÎN TERAPIA PRIN REGRESIE 157

de Christine McBride

Pregătirea înaintea sosirii clientului (creșterea vibrației terapeutului, creșterea vibrației încăperii, pregătirea pentru client); Tehnici de utilizare a cristalelor în cadrul ședinței terapeutice (liniștirea clientului în timpul interviului, relaxarea preliminară, împământarea, curățarea chakrelor, scanarea cu ajutorul pendulului, informații de la entitățile superioare, reîntoarcerea și centrarea, liniștirea și calmarea); Interviul la plecare; După ședință (curățarea încăperii, purificarea cristalelor); Tehnici de utilizare a cristalelor pentru terapeuți (echilibrare, curățare, iluminare, curățarea chakrelor).

7. REDAREA PUTERII CLIENTULUI   **185**
    de Chris Hanson

Crearea ancorelor puternice de transă; Studii de caz; Calmarea emoțiilor (tapping out); Instalarea resurselor pozitive (tapping in).

8. DEPĂȘIREA UNEI URGENȚE SPIRITUALE   **207**
    de Janet Treloar

Abordări asupra urgenței spirituale de-a lungul secolelor; Cauzele unei urgențe spirituale; Misticism și psihoză; Identificarea urgenței spirituale; Propria mea urgență spirituală; Studii de caz; Tehnici și strategii (normalizarea exerienței, suspendarea practicilor spirituale, curățarea energiei intruzive, gestionarea energiei, deschiderea și închiderea, împământarea, centrarea pe momentul prezent, crearea unui spațiu de siguranță, când se utilizează terapia); Pașii următori.

9. ARTA ARMONIEI – VINDECAREA HOLISTICĂ PRIN INTERMEDIUL SUNETELOR   **267**
    de Reena Kumarasingham

Sunet, corp și creier; Armonie și vindecare; Sunet și subconștient; Instrumente și sugestii practice; Conștiința noastră și conștiința cosmică.

LECTURI SUPLIMENTARE   **295**

CUVÂNT ÎNAINTE

L-am cunoscut pe Andy în 2003, când am intrat în contact pentru întâia oară cu regresia în vieți anterioare, ca parte a cercetării pe care o desfășuram pentru cartea mea *Book of the Soul*.

Nu aș fi ghicit niciodată că acest terapeut extraordinar de talentat – care mă ghida calm printr-o experiență în care mi se smulgeau unghiile în timpul unei sesiuni interesante de regresie într-o viață anterioară, pe vremea Inchiziției – îmi va deveni prieten, coleg apropiat și îmi va deschide noi orizonturi asupra vieții. Am început să colaborăm la mai multe cărți și, privind retrospectiv, a devenit clar că toate aceste lucruri fuseseră planificate de către noi la nivelul contractelor dintre suflete.

Cu toate acestea, a durat ceva timp până să accept posibilitatea că aș putea deveni eu însumi terapeut specializat în terapia prin regresii. Credeam că punctele mele forte se așterneau în jurul analizei și a cercetării încăpățânate, gestionate de partea stângă a creierului. Dar Andy și minunații lui colegi de la *Past Life Regression Academy* mi-au deschis ochii pentru a vedea că și eu puteam învăța să „filtrez cu inima, nu cu mintea" și să combin sfaturile teoretice cu suportul practic din interacțiunile individuale. Ca terapeut calificat, sunt onorat că am posibilitatea să utilizez acum o gamă atât de eficientă de instrumente pentru a-i ajuta pe cei care au nevoie de vindecare pentru atâtea și atâtea traume prin care cu toții acceptăm să trecem, ca parte a experiențelor noastre terestre.

Dar o regulă de bază a Academiei, aplicabilă dealtfel oricăror programe profesionale de formare în terapie, este „vindecă-te tu întâi". Descoperirea personală și creșterea care izvorăsc din confruntarea cu aspectele noastre umbrite sau nedezvoltate, sunt ceea ce formarea în cadrul *Past Life Regression Academy* oferă: o experiență incredibil de satisfăcătoare din punctul de vedere al dezvoltării personale. Și asta în plus față de faptul că toți absolvenții întâlniți de-a lungul acestui proces au devenit unii dintre cei mai minunați prieteni din viața noastră. Toate acestea se datorează modului în care Andy și trainerii lui reușesc să echilibreze profesionalismul suprem cu crearea unui mediu de creștere plin de iubire. Trainingul cu ei este muncă grea, așa cum ar trebui să fie orice lucru care contează cu adevărat, însă este și al naibii de distractiv.

Ca absolvent al acestui program, știu din experiență cât de important este să continui să te dezvolți și să înveți tehnici noi. Deși terapia prin regresie are câteva componente de bază, acoperite de Andy în *Vindecarea sufletului etern*, atât el cât și Spiritele Înțelepte percep procesul ca pe o platformă centrală, dinamică, asupra căreia pot fi grefate multe alte abordări terapeutice. Acest al doilea volum este dedicat explicării câtorva dintre aceste tehnici suplimentare și prezentării modului în care ele sunt integrate în terapia prin regresie de către un număr de absolvenți ai Academiei. Contribuțiile lor sunt o mărturie minunată a eficienței acestei forme de terapie, și a talentului oamenilor pe care îi atrage în jurul său.

Ian Lawton
Martie 2011

INTRODUCERE

Andy Tomlinson

*O bucurie, o tristețe, sau o meschinărie,
o conștientizare de-o clipă
vine, vizitator neașteptat.
Fii recunoscător, oricine-ar ajunge la tine,
Căci fiecare ți-e trimis ca ghid,
dinspre tărâmul celălalt.*

Jelaluddin Rumi, mistic sufit, secolul al XII-lea.

În 2005, când am publicat *Vindecarea sufletului etern*, am încercat să aduc laolaltă multe dintre tehnicile utilizate frecvent în terapia prin regresie, într-o formă care să permită terapeuților să le înțeleagă cu ușurință. Succesul acestei încercări s-a materializat în dezvoltarea rapidă a abilităților terapeuților în regresie aflați în programul meu de formare, care au folosit cartea ca material de referință. Am conștientizat totodată că inspirația de a scrie acea carte și ghidarea primită atunci când îmi desfășor programele de training sunt canalizate de către un grup de spirite evoluate, pe care eu le numesc Consiliul Înțelepților (Elders). Implicarea lor vine ca o consecință a naturii profund spirituale a acestui tip de terapie. Prin utilizarea intuiției și a conștientizării spirituale, terapia prin regresie depășește rezolvarea simptomelor, generând trezirea sufletească a clientului – la ora actuală cea mai importantă activitate spirituală oferită dinspre tărâmul spiritelor.

În 2006 am înființat împreună cu colegii mei *Earth Association of Regression Therapy*. Acest lucru ne-a oferit o

Introducere

oportunitate extraordinară de a stabili standardele pentru terapia prin regresie, pentru toate școlile implicate. Pornind din acel moment, asociația a devenit ulterior internațională, atrăgând școli de terapie prin regresie și terapeuți de toate formările, inclusiv specialiști din domeniul medical și al psihologiei.

Pe măsură ce numărul terapeuților prin regresie care absolveau cursurile mele a crescut, am început să organizez reuniuni ale absolvenților, care să le ofere acestora posibilitatea de a împărtăși diferitele tehnici pe care le foloseau în cadrul procesului de regresie. Prima a avut loc în 2009 cu un succes extraordinar care m-a ajutat să-mi dau seama de cât de talentați erau absolvenții. La acel moment Consiliul Înțelepților a sugerat să creăm o asociație pentru a menține această energie, pentru a o dezvolta și a o ocroti. Așa a luat naștere *Spiritual Regression Therapy Association*. Tot Consiliul Înțelepților a inspirat și codul etic al asociației, care este disponibil pentru a fi consultat pe site-ul *www.regressionassociation.com*, alături de lista completă a tuturor terapeuților formați în cadrul *Past Life Regression Academy*.

În paralel, Consiliul Înțelepților mi-a dat ideea unei noi cărți, care să ducă mai departe terapia prin regresie, încorporând diferite tehnici noi culese de la terapeuți specializați, ca o continuare la *Vindecarea sufletului etern*. Aceasta este cartea pe care o aveți în față – *Transformarea sufletului etern*. Rolul meu a fost să încurajez creativitatea celor care au contribuit la această carte și să o editez, pentru a mă asigura că tehnicile prezentate sunt bine documentate și utile. Totodată, am vrut ca descrierea lor să fie făcută de așa manieră, încât să fie ușor de preluat de către cititorii terapeuți, cartea fiind în același timp o lectură la fel de interesantă și pentru publicul larg.

Introducere

Primul capitol este scris de Reena Kumarasingham și introduce cititorul într-o zonă care adesea nu este pe deplin apreciată de către terapeuți – tehnici care ajută clientul să integreze complet sesiunile de terapie în viața lor de zi cu zi. Autoarea prezintă totodată și argumentul important, ilustrat cu studii de caz, conform căruia nu exista nici o terapie care sa aiba toate raspunsurile. Deși terapia prin regresie este extraordinar de eficientă în rezolvarea complexelor cronice și profunde, alte abordări terapeutice sunt adeseori instrumente suplimentare utile în diferitele momente ale procesului de vindecare.

Al doilea capitol este scris de către mine și prezintă o tehnică transmisă prin intermediul Consiliului Înțelepților, care și-a dovedit uimitoarea eficiență și rapiditate în munca mea cu clienții, de la introducerea ei în 2010. Această tehnică permite curățarea rapidă din câmpurile energetice ale clienților a unui spectru larg de energii intruzive concentrate și spirite atașate, pe care eu le denumesc energie întunecată. Metoda funcționează la fel de bine și în munca la distanță cu clienții.

Al treilea capitol prezintă subiectul regresiei spirituale a copilului interior. De-a lungul anilor, Hazel Newton a devenit pasionată de dezvoltarea terapiei copilului interior și de integrarea acesteia în cadrul proceselor ei terapeutice regresive. Autoarea pornește de la tehnici uzuale, în care încorporează aspectul spiritual, rezultatul fiind un proces de vindecare extrem de profund. Hazel ne împărtășește din tehnicile ei și ne explică modul în care, ajutând un client să-și descopere menirea sufletului, îi oferă copilului său interior oportunitatea unei noi înțelegeri și transformări.

Al patrulea capitol îi aparține lui Peter Mack, un profesionist din domeniul medical, deschis din punct de vedere spiritual, care ne dezvăluie cum a descoperit terapia

Introducere

prin regresie și cum o integrează în munca pe care o desfășoară în spitale. Peter împărtășește câteva din studiile sale de caz în care viețile anterioare și terapia prin regresie au transformat starea de sănătate a unor pacienți care nu răspundeau la practicile medicale tradiționale.

În cel de-al cincilea capitol Tatjana Radovanovic Küchler, o terapeută prin regresie stabilită în Elveția, împărtășește din cunoștințele și tehnicile sale de lucru cu clienții dificili. Putem prelua de la ea o serie largă de sugestii și sfaturi utile.

Capitolul șase abordează utilizarea cristalelor în cadrul terapiei prin regresie. Christine McBride este un practician specializat în lucrul cu cristalele, cu o intuiție deosebită în acest domeniu, și ne explică de ce trebuie să luăm în considerare vibrațiile de factură înaltă, chiar dacă în lumea fizică putem vedea doar vibrațiile joase. Autoarea scoate în evidență tehnici ușor de folosit, care utilizează vibrațiile înalte ale cristalelor, și ne prezintă modul în care le putem folosi în diferite momente ale procesului de regresie.

În afara transformării generate asupra problemelor cu care vin clienții, terapeuții pot să le explice acestora unele tehnici pe care să-i încurajeze să le foloseasca singuri. În cel de-al șaptelea capitol Chris Hanson capitalizează pasiunea pe care o are pentru acest domeniu și ne împărtășește din tehnicile pe care le consideră cele mai eficiente, inclusiv tehnici dezvoltate chiar de ea.

Capitolul opt este dedicat lucrului cu clienții care trec printr-o urgență spirituală. Urgența spirituală este o supraîncărcare intuitivă copleșitoare, care poate crea confuzie și simptome psihotice. Janet Treloar lucrează de mulți ani cu clienții pe acest domeniu în cadrul cabinetului ei de terapie prin regresie, promovând tehnici inovatoare

Introducere

care ajută clientul să gestioneze urgența spirituală. Ea ne împărtășește din cunoștiințe în cadrul acestui capitol.

Capitolul nouă acoperă modul în care sunetele pot fi folosite în procesul de vindecare. Reena Kumarasingham explică teoria și prezintă moduri practice în care o încorporează în practica terapeutică.

Cele din urmă cuvinte în această introducere sunt de mulțumire : extraordinarilor terapeuți prin regresie care ne-au dat din timpul lor și ne-au împărtășit comorile din acest volum ; lui Ian Lawton care m-a ajutat în procesul de editare și publicare ; dar cele mai mari și mai importante mulțumiri se îndreaptă către Consiliul Înțelepților, pentru inspirația, ideile și înțelepciunea transmisă atât mie, cât și celor care au contribuit la cartea de față.

Vă rugăm să aveți în vedere faptul că, pentru protejarea identității, toate numele pacienților și clienților din studiile de caz sunt pseudonime.

Introducere

1

INTEGRAREA ȘI PAȘII URMĂTORI

Reena Kumarasingham

*Ca toate ființele vii, ești aici să-ți atingi perfecțiunea.
Nu aștepta ca moartea să dea naștere măreţului spirit care
sălășluiește în tine.
Căci moartea nu schimbă decât carnea care-ți înfrumusețează
fața.*

Hajjar Gibran

INTRODUCERE

Terapia prin regresie, fie că este în viața curentă sau in viețile anterioare, este o modalitate puternică de a curăța atât energiile blocate și inhibitoare, cât și de a oferi clienților noi înțelegeri și perspective. Odată cu perceperea dimensiunii spirituale a unei relații provocatoare, a unui eveniment traumatizant sau a unor condiții de viață dificile, clientul se încarcă de obicei cu speranță și energie reînnoită – dar cu ce rezultat?

În orice formă de vindecare, cel mai important aspect este clientul, prioritatea terapeutului fiind de a oferi cea

Integrare și pașii următori

mai bună asistență pentru a-l ajuta să se vindece. Care este mai exact sensul cuvântului „vindecare"? Ce facem noi, ca terapeuți, să ajutăm clienții? La bază, clienții cer ajutor pentru că se simt blocați. Se pot simți blocați într-un cerc vicios, un cerc al negativității – de exemplu un cerc al fricii, al anxietății, al adicției, chiar și un carusel al unei permanente curățări. Terapia prin regresie este un instrument minunat pentru descoperirea și rezolvarea sursei acestui cerc vicios de natură emoțională. Terapia este de asemenea utilă în a oferi clientului noi perspective pozitive asupra situației în care se află.

Întrebarea este – ce se întâmplă apoi? În opinia mea, valoarea elementelor purificate și a noilor înțelegeri se reflectă în acțiunile fizice, emoționale, mentale și spirituale pe care clientul le alege în pașii lui următori. Această acțiune de a merge înainte constituie o componentă majoră a procesului de vindecare.

Să fii vindecat de energii intruzive și să te învârți în cerc, un pic confuz din cauza condițiilor care s-au schimbat, sau să te cureți la nesfârșit fără a avea o viziune asupra pașilor următori nu ajută procesul de transformare individuală. Este cu totul altceva să fii liber de blocaje și să ai puterea de a înainta pe drumul ales de tine, al Noului – tipare noi, comportament nou – o nouă viață, transformată. Puterea stă în luarea acelei decizii și în a acționa către transformare.

Ginger tocmai primise niște vești îngrijorătoare. Recuperată complet după o problemă cardiacă, medicul cardiolog o anunțase că ambele artere carotide îi erau blocate – partea stângă în proporție de 33%, iar cea dreaptă mai mult de 50%. Variantele pe care le avea la dispoziție erau operația sau tratamentul medicamentos. Cele mai frecvente riscuri ale operației sunt moartea, atacul de cord sau atacul cerebral. Cu blândețe, a refuzat

Integrare și pașii următori

ajutorul medical occidental și s-a îndreptat către alternativa holistică, care o vindecase și în trecut. Reținuse că artera stângă era blocată în proporție de 33% – un număr magic 33 – și a crezut ca asta era un semn că poate să abordeze situația altfel. Această înțelegere i-a dat putere și încredere deplină în propriile ei capacități de vindecare. A contactat experți și a pus laolaltă un plan despre care credea că poate să-i aducă rezultate în cel puțin șase luni. Atât doctorii care o trataseră, cât și familia și soțul ei au fost de acord, însă cu destule rezerve.

A mers apoi la un naturopat care a cercetat fiecare eveniment de sănătate major din viața ei și a gândit un plan de implementare. S-au concentrat pe întărirea sistemului imunitar, dilatând fluxul arterial, îngrijind ficatul și facilitând o comunicare clară de la celulă la celulă. Trei experți în uleiuri esențiale au sfătuit-o să folosească local uleiuri recomandate și să bea zilnic o anumită doză. Uleiurile ajutau la calmarea corpului după traumă și la deschiderea fluxului arterial. Ginger a compus și o meditație specifică pe care o practica 20 de minute în fiecare zi. Își imagina cum desprindea blocajul celulă cu celulă. Vizualiza cum fiecare celulă călătorește încet prin corp, fiind apoi eliminată în siguranță. Totodată, a onorat vechea artă Jin Shin Jyut Su, unde s-a dus zilnic, în paralel cu ședințele pe care le avea cu un practician foarte bun al dialogului cu corpul (Body Talk). A încununat totul cu terapia prin regresie, deschizându-se pentru curățarea tuturor aspectelor care nu mai erau necesare în viața ei.

În timpul ședinței de regresie, pe măsură ce înaintam în proces, Ginger s-a vizualizat atârnată cu capul în jos. Mâinile îi erau legate la spate. A simțit presiune, urmată

Integrare și pașii următori

apoi de o durere ascuțită de ambele părți ale gâtului, în apropierea arterelor carotide. Simțea cum capul îi era blocat în ceva ce părea a fi oțel – nu putea să se miște, să strige sau să plângă. Vocea îi era paralizată. A simțit apoi cum era coborâtă, cu capul înainte, într-un instrument de tortură de forma unui șurub. Era dată ca exemplu în fața altora. Și-a dat seama că trupul ei torturat stătea atârnat în închisoarea cambodgiană cunoscută sub numele de S21 – cel mai mare centru de detenție și de tortură din Cambodgia, unde 20,000 de bărbați, femei, copii și bebeluși au fost executați de khmerii roșii între 1975 și 1979. Spiritul ei a părăsit apoi corpul și s-a dus în Lumină, trupul rămânându-i tăcut, inert la comenzi. Mi-a spus după aceea că s-a văzut urcând împreună cu sufletele altor prizonieri din acea închisoare. Când a ajuns în Lumină, a trăit o experiență energetică profundă alături de Ființele de Lumină.

Cum a ajutat-o această ședință să se vindece ? Chiar Ginger spune asta : „ Mi-am deschis toate colțurile ascunse ale minții, prezente și trecute, și am eliberat frica asociată cu închisoarea, cu imposibilitatea de a vorbi și cu acea tortură fără sens."

Ședința de regresie a adus la lumină conștientizarea și înțelegerea faptului că era vorba despre o experiență traumatică pe care clienta o păstra și care trebuia eliberată. Al doilea element al regresiei s-a legat de importanța pe care Ginger o acorda numărului 33. Simțea că a fost forțată în trecut, uneori chiar și în viața actuală, să își suprime vocea. Se simțea îngrădită, neputincioasă în a reacționa la nedreptăți sau în a-și exprima opiniile. Aceste lucruri erau reflectate de bara metalică din jurul feței și a maxilarului, înăbușindu-i dorința de a urla. Ședința de regresie a ajutat-o să se deschidă și din acel moment sa-si ia angajamentul față

12

Integrare și pașii următori

de ea însăși de a-și rosti adevărurile personale. Vocea și implicit autenticitatea au trebuit eliberate! Ulterior, Ginger a vizitat Cambodgia și, ajungând la S-21, care la ora actuală este muzeu, a făcut o meditație vindecătoare dedicată ei și celorlalți foști deținuți.

La trei luni după aplicarea acestui plan integrat de vindecare, clienta și-a făcut un control medical. Tomografia a confirmat faptul că ambele artere carotide erau integral deblocate! Doctorii au insistat să facă și analize pentru detectarea calcifierii arterelor – un semn timpuriu al unui potențial blocaj – iar rezultatele au fost, din nou, perfecte! Au re-verificat tomografiile originale și au reconfirmat existența blocajelor cu trei luni în urmă. Vindecarea era reală și completă, asistată de cei mai buni cardiologi din două spitale mari.

Iată un studiu de caz inspirațional, a cărui valoare vine din ilustrarea atâtor aspecte pe care terapeuții le pot învăța și implementa în activitatea lor, pentru a sprijini clienții. Voi sublinia trei elemente interesante în studiul nostru de caz. Primul este faptul ca Ginger a fost pe deplin conectată la puterea ei personală, încrezătoare în abilitatea ei de a se vindeca singură. Al doilea este utilizarea de către ea a unei abordări integrate și holistice – a minții, corpului și a sufletului – bazată pe obiective clare, bine definite. Și, în final, al treilea element important vine din faptul că din acel moment Ginger a implementat schimbări pozitive în toate aspectele vieții ei pentru a-și menține starea de sănătate.

În paginile următoare voi încerca să ilustrez câteva dintre metodele pe care le folosesc pentru a:

- Ajuta clientul să accepte și să se reconecteze cu sursa puterii lui interioare.

Integrare și pașii următori

- Ghida clienții să meargă înainte și să implementeze schimbări pozitive în viețile lor – din punct de vedere fizic, mental, emoțional și spiritual.
- Direcționa clienții către o abordare integrată a procesului lor de vindecare.

Lista nu este deloc exhaustivă, ci dimpotrivă. Este bazată pe experiența mea personală și are menirea de a descrie beneficiile pentru clienți ale terapiei centrate pe pașii următori.

RECONECTAREA CU PUTEREA PERSONALĂ

Atunci când o persoană este blocată într-un cerc vicios care nu o lasă să acționeze, sau atunci când se confruntă cu o situație extrem de dificilă, este foarte probabil să-și piardă atât identitatea, cât și percepția puterii interioare. De fapt credința cea mai profundă a majorității indivizilor aflați într-o astfel de situație este „Nu sunt suficient de bun/ă". Adeseori această credință se reflectă în „Nu sunt suficient de bun/ă ca să am viața sănătoasă, fericită pe care mi-o doresc" – ceea ce generează emoții paralizante precum frica, vina și furia. Mai departe, emoțiile duc la tipare de alegeri personale nesatisfăcătoare și cicluri de comportamente negative, acest lucru dezarmând complet persoana, până aproape de pierderea identității personale.

Este extrem de provocator pentru o persoană care și-a pierdut puterea să-și găsească resursele pentru a se vindeca singură – să-și revină și să meargă înainte. Ca terapeuți, știm că elementul principal în procesul de vindecare este chiar individul – dorința lui de a se face bine și convingerea interioară că într-adevăr *se va vindeca*. Vechea zicală „Dacă nici tu nu crezi că poți, ai dreptate" este extrem de validă.

Așadar, primul lucru pe care terapeutul trebuie să-l facă este să-si sprijine clientul să-și acceseze încrederea în propriile abilități de vindecare și să le reconecteze la puterea lui interioară – puterea de a-și schimba propria viață.

Terapia prin regresie lucrează predominant în baza principiului înlocuirii amintirilor negative cu gânduri pozitive și cu noi asocieri. Regresia poate fi folosită însă și pentru accentuarea și aducerea în conștiința indivizilor a elementelor pozitive existente în ei înșiși. Vorbim despre un aspect extrem de puternic, pentru că persoana trăiește direct această experiență – nu i se impune, nu este obligată să o aibă – ci vine din interiorul ei, transmițându-i și mai multă forță. Încrederea în sine sporește și individul este pregătit pentru călătoria lui spre vindecare.

Una dintre modalitățile mele preferate de a face acest lucru este, ca prim pas, să duc persoana într-un moment din trecut (fie din viața curentă, fie dintr-o viață anterioară) în care aceasta a avut experiențe pozitive puternice – orice experiență în care a simțit iubire puternică, încredere în sine sau putere – orice emoție care poate să-i dea forță.

În pasul următor, atenția individului este mutată pe acea emoție, pentru a deveni pe deplin conștient de ea. Se pot folosi următoarele întrebări:

Cum simți emoția?

Te simți bine cu această emoție?

Unde simți emoția?

Apoi, în cel de-al treilea pas, prin oferirea de sugestii directe, persoana este încurajată să-și intensifice această

Integrare și pașii următori

emoție, să o întărească și să se adâncească în ea complet. Iată câteva dintre comenzile care pot fi utilizate:

Dă-ți voie să simți cum crește emoția. Las-o să curgă din inimă (sau din locul în care clientul a perceput-o inițial) **în tot corpul.**

Simți emoția cuprinzându-ți întregul corp.

Dă-ți voie să te cufunzi complet în această emoție.

În momentul în care emoția este la intensitate maximă, al patrulea pas este să o ancorați. Odată ce emoția este bine ancorată în psihicul persoanei, este mai ușor pentru aceasta să se confrunte cu dificultățile. Atunci când ghidați persoana către o amintire traumatizantă, reamintirea emoției pozitive înainte de confruntarea situației ajută în mod normal la gestionarea cu mai multă încredere a acesteia. Procesul de transformare este mult mai ușor atunci când individul este capabil să-și mobilizeze resursele în fața unei situații dificile. Acest lucru îi dă puterea să meargă mai departe, cu încredere sporită. Putem apoi să utilizăm această tehnică într-un mod mai avansat.

CONECTAREA CU SINELE NOSTRU DIVIN

Suntem cu toții ființe divine. Cu toții purtăm în interiorul nostru aspecte ale Sursei – pentru că sufletele noastre sunt parte a Sursei. Corpul, emoțiile, amintirile sunt mijloacele de semnalizare pe care le avem la dispoziție pentru a facilita învățarea pe tărâmul terestru. Atunci când ne confruntăm cu experiențe provocatoare care ne ajută să

Integrare și pașii următori

creștem și să ne dezvoltăm, este foarte ușor să uităm că suntem de fapt ființe originare, infinite.

Cu ajutorul regresiei putem călatori în trecut pentru a ne reaminti și a ne reconecta cu aspectele noastre Divine. Este suficient să urmați procesul de mai sus, până la cel de al treilea pas. În momentul în care persoana este cufundată complet în această experiență pozitivă, solicitați-i să își îndrepte conștient atenția către inimă. Cereți-i apoi să-și deschidă inima și să urmeze acea emoție până în interiorul inimii. Mai jos câteva dintre formulările pe care le puteți folosi:

Du-te în interiorul inimii tale – în cel mai profund loc al inimii tale.

Du-te în centrul inimii tale.

Dă-ți voie să simți această experiență.

Du-te direct la sursa emoției și cufundă-te complet în această experiență.

Du-te direct la sursa emoției tale (doar daca sursa emoției este inima).

Care sunt lucrurile de care devii conștient ?

Am folosit această tehnică aproape cu toți clienții. Cu ghidajul potrivit, toți au experimentat un val intens de emoție pozitivă. Unii îl percep ca pe o iubire profundă, alții ca o pace serenă, sau o stare de beatitudine încărcată de bucurie. O parte din clienți vizualizează simboluri ale perfecțiunii – aur, pietricele perfect rotunde, cele mai frumoase flori, sau o cascadă de lumină.

Îi întreb apoi dacă știu ce reprezintă aceste sentimente sau imagini vizuale. Experiența mea spune că majoritatea clienților se identifică pe ei, centrul lor sacru. Pentru restul

Integrare și pașii următori

clienților este necesar să insist mai mult. Îți este familar? Ce anume îți pare familiar? De ce îți aduce aminte? Toți clienții au perceput experiența ca pe o călătorie în interiorul lor, o întâlnire cu sinele lor suprem.

Pasul următor este să reconfirmați această conștientizare și să ghidați întreaga atenție a individului către experiența pe care o trăiește. Câteva exemple de sugestii sunt:

Da- ești tu, este centrul ființei tale, Esența ta pură, Sinele tău divin.

Permite-ți să simți Esența ta pură.

Dă-ți voie să experimentezi perfecțiunea care se află în interiorul tău, frumusețea ființei tale.

Prin intermediul sugestiilor directe, clientul este încurajat să-și intensifice emoția, să o întărească și să se lase absorbit complet de ea. Apoi, când conștientizarea este la nivelul maxim, următorul pas este ancorarea ei.

Travers dorea să rezolve problemele pe care le avea în relații. De-a lungul ședinței de coaching, am descoperit că lecția de viață pe care trebuia să lucreze era iubirea de sine. În timpul regresiei, mi-a spus că simțea o durere în piept și îi era dificil să o ignore. Cu ajutorul semnalelor ideomotorii, mi-am dat seama că blocajul energetic era determinat de un gând obsesiv al inferiorității, pe care îl preluase de la tatăl său. Am curățat acest gând obsesiv cu ajutorul terapiei prin culoare. I-am cerut să călătorească în centrul gândului și să-și aducă trei culori care să-l ajute să dizolve energia aflată în acest miez – roșu, semnificând iubirea, portocaliu pentru împăcare și galben pentru fericire. Pe măsură ce culorile dizolvau gândul obsesiv, durerea fizică pe care o simțise se diminua treptat, ajungând doar o fărâmă pe care am curățat-o prin regresia într-o viață anterioară. Inima lui era curată acum.

Tot prin intermediul semnalelor ideomotorii am identificat faptul că avea nevoie să se conecteze cu Sursa lui divină. Folosindu-mă de tehnicile descrise mai sus, l-am ghidat să meargă în centrul inimii lui, acum eliberată și pură. Travers descrie singur această experiență: „Pe măsură ce mă adânceam din ce în ce mai mult în interiorul inimii mele, la început am simțit că mă prăbușesc într-un hău întunecat și fără capăt. Dintr-o dată însă m-am aflat într-un cu totul alt loc, nou și minunat, înconjurat peste tot de o lumină albă strălucitoare atât de puternică, încât aproape mă orbea. În centrul acestui sanctuar se afla un bărbat, îngenuncheat și cu mâinile împreunate ca pentru rugăciune. Am simțit cum îmi transmitea o aură de pace și de înțelepciune, alături de un sentiment puternic de grijă și de familiaritate. „Tu ești acolo", spuse vocea, „intră în el și deveniți din nou unul singur". Spre surpriza mea, m-am transformat în acel bărbat îngenuncheat, care se ruga. Am simțit o dorință copleșitoare de a imita poziția corporală a bărbatului, așa că i-am permis trupului să facă acest lucru".

Acesta a fost momentul în care am reconfirmat reîntâlnirea lui Travers cu Sinele lui divin, încurajându-l să exploreze cu adevărat experiența și emoțiile, pe măsură ce le creștea intensitatea și se cufunda în ele. Îl las tot pe Travers să descrie experiența cu propriile-i cuvinte: „ Nu pot descrie sentimentele pe care le-am avut după, decât în cuvinte pline de exaltare. Am simțit o explozie imensă de energie extraordinară din interiorul inimii mele, care s-a revărsat și mi-a iluminat întregul corp, fiecare părticică a acestuia, în special mâinile și

Integrare și pașii următori

degetele. Era ca și cum m-ar fi străbătut un curent electric, însă de un milion de ori mai puternic pentru că era energie, căldură, lumină și iubire, toate la un loc. Am devenit una cu lumina albă, strălucitoare și am început să plâng de fericire, pentru că era cel mai frumos lucru pe care l-am simțit vreodată pe acest pământ. Lumina sclipitoare mă înconjura din toate părțile, era în interiorul meu, iar eu eram întregul univers. A fost absolut minunat, atât de splendid și simplu, dar în același timp atât de magnific și de covârșitor, încât tot ce vroiam era să stau acolo, să absorb și să prețuiesc acea experiență pentru totdeauna. Am știut fără umbră de îndoială că mă aflam Acasă, pentru întâia oară în această viață, că acela era locul de care aparțineam, ca ființă de lumină, și că energia care curgea în jurul meu era atât de puternică, încât putea să modeleze textura universului.

Când intensitatea acestei emoții a atins cota maximă, travers și-a ancorat senzația cu ajutorul degetului mijlociu și a celui mare. După ce s-a cufundat în Esența sa pură atât cât a avut nevoie, i-am cerut să se reîntoarcă la realitatea conștientă. Din nou, folosesc cuvintele lui: „Încetul cu încetul, energia care mă străbătea s-a oprit și pe măsură ce mă reîntorceam în corp, mă simțeam ca și cum aș fi fost complet anesteziat. Efectele ulterioare ale experienței au fost similare celei în care ți se declanșează blitzul unei camere foto chiar în ochi – impresia rezultată se estompează gradat. Simțeam furnicături în tot corpul, dar mai ales în degete, unde și acum pot percepe senzația acelei lumini albe care îmi curgea prin ele. Mi-a fost greu să revin la „realitatea" lumii terestre după ședință, să îmi fac griji că nu prind autobuzul spre casă în timp ce simțeam că pot zbura în jurul planetei de zece ori mai repede. Știam totuși în adâncul meu că de acum

Integrare și pașii următori

înainte pot să chem acea energie la mine de câte ori am nevoie, și acest gând îmi dă o mare liniște interioară. Mă rog să pot folosi această nouă conștientizare a Energiei Universale din ființa mea, doar ca să fac bine, să mă ajut pe mine și pe ceilalți să ne învățăm lecțiile de viață și să ne atingem scopurile lumești și spirituale.

Următoarea parte va ilustra câțiva din pașii pe care trebuie să-i urmăm pentru a ancora aceste experiențe pozitive. Puterea transformațională a reconectării cu Esența noastră pură, cu Aspectul nostru Divin, este mult mai mare decât putem înțelege. În special dacă este făcută la finalul unei ședințe, individul pleacă simțindu-se înviorat, încurajat, fiindu-i mai ușor apoi să pășească înainte.

CUM SĂ AJUȚI CLIENȚII SĂ MEARGĂ ÎNAINTE

Mintea este asemenea unui cal. Trei picioare ale calului reprezintă mintea subconștientă. Un picior al calului reprezintă mintea conștientă. Pentru a înainta, calul are nevoie ca toate cele patru picioare să se miște în aceeași direcție. La fel, clientul, ca să progreseze într-un mod coerent, are nevoie ca atât mintea subconștientă cât și cea conștientă să colaboreze pentru ca mișcarea să aibă loc în aceeași direcție, în același timp.

Terapia prin regresie este una dintre cele mai rapide și mai eficiente modalități de a utiliza amintirile minții subconștiente și de a le transforma. Pentru a maximiza vindecarea clientului, trebuie să lucrăm însă și cu mintea conștientă.

Un alt beneficiu al ghidării clientului spre colaborarea cu mintea conștientă este faptul că acest lucru îi dă acestuia

Integrare și pașii următori

puterea de a se simți cu adevărat responsabil pentru vindecare. Clienții simt că sunt ei înșiși autorii acestei munci, procesul de vindecare devenind astfel mult mai facil în momentul apariției rezultatelor.

STABILIREA OBIECTIVELOR

Unul dintre cele mai importante exerciții este aducerea în conștiința clienților a unor obiective clare pe care aceștia și-ar dori să le obțină în urma ședințelor. Colectarea simptomelor măsurabile este una dintre modalități. O alta, mai calitativă, este definirea clară a statusului în care clienții se află în acel moment și a stării pe care doresc s-o atingă. Acest lucru subliniază în mod evident ce doresc clienții să obțină în urma ședinței, fapt ce facilitează totodată și urmărirea de către ei a progresului.

În această etapă, trebuie să avem în vedere gestionarea așteptărilor clienților, și păstrarea acestora în limite realiste. Reamintiți-le că miracolele se întâmplă doar după o muncă perseverentă și grea.

ANCORAREA PRIN UTILIZAREA MIROSURILOR ȘI A ULEIURILOR ESENȚIALE

Ancorarea este o altă modalitate de a lucra coerent cu mintea conștientă și cu cea subconștientă. Pentru mine, una dintre cele mai eficiente modalități de a ancora o anumită stare este prin folosirea mirosurilor – cu ajutorul uleiurilor esențiale. În afara efectelor farmacologice ale diferitelor uleiuri esențiale, unul dintre cele mai puternice mecanisme

Integrare și pașii următori

prin care mirosurile influențează psihicul uman este cel semantic.

Mirosul este cel mai primitiv dintre simțurile noastre. Spre deosebire de alte simțuri, mirosul este transferat direct în sistemul limbic, centrul emoțional al creierului. Această rută rapidă, direct către cartierul general al emoțiilor, evocă amintiri emoționale puternice. Conform lui J.S. Jellinek, în cartea sa *Psychodynamic Odor Effects and Their Mechanisms*, mirosurile sunt experimentate în contextul unor situații de viață.[1]. Dacă experiența unui miros are loc într-o situație puternic încărcată emoțional, emoțiile trăite sunt înmagazinate în memorie, alături de experiența acelui miros specific. Dacă mirosul este simțit ulterior, urma lui mnezică este reactualizată împreună cu efectul emoțional.

Utilizând principiile mecanismului semantic, ancorarea unei stări emoționale cu ajutorul uleiurilor esențiale permite clientului să-și reactiveze amprenta mnezică și percepția pozitivă care au fost stabilite în mintea inconștientă, prin aducerea lor în conștiință.

Pot fi folosite diferite uleiuri pentru a realiza acest lucru. Abordarea mea favorită este să combin proprietățile energetice și farmaceutice ale uleiurilor, cu mecanismul semantic. De exemplu, dacă un client dorește să lucreze pe probleme de relații, folosesc un amestec care să vindece durerea. Dacă persoana lucrează pe încrederea în sine, utilizez un mix de uleiuri care să-i permită să-și accepte propria valoare. Este ca o magie dublă, în care uleiurile acționează pe mai multe nivele – minte, corp și suflet – utilizarea acestora devenind mult mai eficientă.

În timpul ședinței de regresie, când emoția pozitivă este maximă, folosesc sugestii directe pentru a asocia aroma cu experiența pozitivă. După ce ancorarea are loc, utilizez afirmațiile ca metodă secundară de fixare a experienței.

Integrare și pașii următori

După finalizarea ședinței, în cadrul discuției de încheiere cu clientul, îi dau acestuia uleiul și îi spun care sunt afirmațiile pe care trebuie să le folosească prin repetare în fiecare dimineață, timp de trei săptămâni, fără pauze. Această metodă este eficientă pentru că reactualizează amintirile inconștiente care au fost transformate, și le aduce în atenția conștientă a clientului. Astfel, atât subconștientul cât și conștientul lucrează unitar la reîntărirea acestei stări pozitive, noi, îmbogățite a clientului.

Mecanismul semantic, combinat cu efectele farmacologice, transformă uleiurile esențiale într-o tehnică deosebit de puternică de ancorare a stărilor pozitive ale clienților.

PASUL ÎN VIITOR

Pasul în viitor este o tehnică utilizată în hipnoză și NLP (programare neurolingvistică) pentru a ghida clientul să vizualizeze modul în care transformarea îi va schimba viața viitoare, de exemplu în 6-12 luni de la momentul ședinței. Vă rog să aveți în vedere că nu este vorba despre o progresie sau o predicție a viitorului, ci despre o formă eficientă de vizualizare creativă.

Odată ce emoția pozitivă este ancorată ferm în psihicul clientului, următorul pas este să îl ducem în viitor, 6 luni de la momentul ședinței, și să-i permitem să experimenteze cum ar putea fi viața lui în acel moment. Ghidați-l să experimenteze situații care i s-ar fi părut provocatoare înainte de procesul de ancorare și de tranformare. Iată câteva exemple de fraze și întrebări care pot fi folosite:

Du-te în viitor, 6 luni de la acest moment, și spune-mi ce percepi.

Integrare și pașii următori

Du-te într-un moment din viitor în care ai o ședință cu șeful tău (sau orice altă situație provocatoare pentru client). **Spune-mi ce se întâmplă.**

Du-te în viitor, 12 luni de la acest moment, și spune-mi care sunt lucrurile pe care le percepi.

Pasul în viitor aduce în conștiența individului posibilitatea unui viitor transformat, care îi dă puterea să facă acele schimbări pozitive necesare pentru a merge înainte. Deoarece lucrăm cu mintea inconștientă, experiența este percepută literal, emoția trăită fiind una reală. Acest fapt transmite încredere clientului și îi oferă impulsul de a face pașii următori. Atunci când tehnica este aplicată la finalul ședinței, clientul percepe atât experiența, cât și ședința ca fiind energizante, plecând cu o experiență pozitivă.

Ca să fixeze bine această experiență în mintea conștientă și în cea inconștientă, clienții pot reveni la o ședință suplimentară, pentru a-și crea un „tablou inspirațional".

Încurajând clienții să aleagă imagini, citate, sau orice li se pare reprezentativ pentru aspirațiile lor, păstrăm vie de-a lungul săptămânii energia pasului în viitor, ceea ce le întărește acestora încrederea psihică și mentală că-și vor atinge obiectivul. Apoi, adunând laolaltă toate lucrurile în tabloul inspirațional într-un mod structurat și creativ, le îmbunățim încrederea, tabloul acționând totodată și ca o reamintire vizuală eficientă a ceea ce-și doresc și pot realiza. Este un pas important în încurajarea clientului să aibă încredere în propria putere de manifestare.

RECUNOȘTINȚA

Recunoștința este una dintre cele mai importante emoții pe care le simțim. Recunoștința ne ajută să ne concentrăm pe ce

Integrare și pașii următori

avem, nu pe ce nu avem, și să simțim bucuria pentru binecuvântările și abundența din viața noastră.

Este important pentru individ să simtă de asemenea și recunoștință față de el însuși. Mulți oameni nu-și acordă suficientă valoare pentru propriile capabilități și talente. Acest lucru contribuie la sentimentele de lipsă de încredere și de lipsă de importanță, alături de alte emoții negative, conturând tipare comportamentale negative.

Propria reactualizare conștientă este esențială în transformarea acestui tipar de gândire și în emanciparea individului. În opinia mea, unul dintre cele mai eficiente moduri de ghidare a clientului să realizeze acest lucru este prin folosirea unui jurnal al recunoștinței. Sarah Ban Breathnach, în cartea ei *Simple Abundance,* discută despre cum poți aprecia și cum poți să-ți exprimi recunoștința pentru lucrurile simple din viață[2]. Ea a dezvoltat o modalitate extrem de simplă dar eficientă de a conștientiza și a aprecia abundența din viața noastră, utilizând jurnalul zilnic al recunoștinței.

Sugestia ei este ca seara, înainte de culcare, persoana să scrie cel puțin cinci lucruri pentru care se simte recunoscătoare. Simpla acțiune zilnică forțează individul să fie conștient și să-și treacă în revistă binecuvântările înainte de culcare. Faptul că acest lucru are loc înaintea somnului este important, deoarece individul se încarcă de gânduri pozitive înainte de odihna nocturnă, aceastea filtrându-se în inconștient, astfel încât energia pozitivă este păstrată de-a lungul întregii nopți. Dacă nu altceva, măcar ne ajută să dormim liniștiți.

Eu utilizez o variantă ușor modificată a acestei idei extraordinare. În fiecare seară clienții mei enumeră cel puțin cinci lucruri pentru care sunt recunoscători lor înșile – pentru ce au făcut, sau pentru ce simt, indiferent dacă este

Integrare și pașii următori

vorba despre lucruri mari sau mici. Unul dintre clienții mei și-a mulțumit inclusiv pentru că își îngrijea dantura. Lucrurile simple, care adeseori sunt considerate ca fiind de la sine înțelese, contează. Acest proces aduce în conștiență aprecierea aceor gesturi tandre care uneori nu sunt observate. Propozițiile pe care le recomand clienților sunt:

Îmi mulțumesc pentru...

Mă felicit pentru...

Când aceste acțiuni și gânduri sunt scrise pe hârtie, ele devin tangibile. După 30 de zile, când persoana răsfoiește paginile jurnalului, poate citi 150 de motive pentru care își este recunoscătoare sieși, și poate vedea 150 de lucruri demne de recunoștință. Este extraordinar de puternică această lectură. Cel mai important lucru este că lucrurile sunt reale, sunt scrise și acceptate chiar de persoana în cauză. Astfel este mult mai ușor să accepți ce ai scris despre tine și să ai un motiv suplimentar de încredere.

Jake era un bărbat la vreo 40 de ani, care se confrunta cu o adicție sexuală pentru prostituate. Trecuse prin două procese separate de terapie, cu doi consilieri diferiți, fără nici un rezultat. La momentul în care a ajuns la mine, se separase de soție de un an și trecea printr-o despărțire dureroasă de o prietenă, fiindu-i extrem de dificil să depășească momentul. Obiectivul lui pentru terapie a fost să afle de ce avea această adicție sexuală, și care era semnificația relațiilor sale cu fosta nevastă și cu fosta prietenă.

După ce i-am înțeles povestea, primul lucru pe care l-am făcut a fost să-i explic lui Jake mecanismele adicției, pentru a-i determina cauza. Era prima oară când îi cineva îi prezenta aceste detalii. Utilizând NLP-ul, ne-

Integrare și pașii următori

am dat seama că motivul obsesiei sale pentru sex era cauzat de o puternică nevoie pentru intimitatea, îmbrățișările și tandrețea pe care le primea ulterior. O analiză mai profundă a dezvăluit că Jake nu primise iubirea și tandrețea de care avea nevoie de la mama lui în copilărie.

Lipsa îngrijirii și iubirii materne fusese atât de intensă încât mintea lui a fragmentat această nevoie și a ascuns-o, ca o modalitate de supraviețuire. Nefiind conștient de dorința lui de tandrețe, la nivel inconștient și-a creat un permanent impuls de a căuta altceva, ca să înlocuiască golul – în acest caz intimitatea profundă rezultată în urma unei experiențe sexuale. Astfel, am putut stabili ca obiectivul ședinței să fie minimizarea adicției prin adresarea cauzei acesteia.

După ce a intrat în regresie, Jack a călătorit într-un moment când avea 5 ani și cazuse dintr-un copac într-un șanț de canalizare. S-a rănit și tremura, dar în loc ca mama lui să-l ia în brațe și să-l aline, așa cum și-ar fi dorit el, aceasta l-a certat. Următoarea amintire accesată a fost de la vârsta de 8 ani, când se afla în casa verișorului lui, sărbătorind Anul Nou chinezesc. Era entuziasmat pentru că mama lui îl lăsase să dăruiască Ang Pow (pachețele roșii umplute cu bani – o tradiție chineză) verișorului său la miezul nopții. Când a venit momentul, a împărțit plin de încântare pachețelele, până când mama lui a coborât de la etaj și l-a admonestat în prezența verișorului. Incidentul l-a supărat extrem de tare. Acestea erau experiențele prin care mama lui îi răpea tandrețea de care ar fi avut nevoie.

În timp ce lucram la transformarea amintirilor, s-a întâmplat un lucru interesant. Jake s-a speriat brusc și a spus „Vine, mi-e frică de el, vine." Apoi întreaga

Integrare și pașii următori

postură, expresie facială și tonul vocii s-au schimbat. Corpul i s-a tensionat și s-a înfoiat, vocea i-a devenit aspră și expresia facială s-a făcut dură. După mai multe insistențe, această parte ieșită la suprafață a fost identificată ca fiind Jake Furios (JF), al cărui rol era să-l protejeze pe Jake de a fi rănit, dar care l-a împiedicat să construiască relații sănătoase, iubitoare cu cei dragi. Era un caz clasic de autosabotaj al relațiilor, în scopul protecției personale.

Am întrebat apoi unde era Jack Iubitorul (JI) și dacă aș putea vorbi cu el. JI a ieșit la suprafață cu un ton încet, timid, șoptit. Am dus ceva muncă de convingere până JF *i-a permis* lui JI sa crească mare, însă într-un final a acceptat, cu condiția să asiste la acest proces, iar JI a fost și el de acord. Folosind regresia copilului interior și ducându-l la sursa problemei (la vârsta de cinci ani), i-am dăruit lui JI baloane colorate pentru a-l face mai puternic – baloane care conțineau calități precum încredere, protecție și siguranță – astfel încât JI a putut să se dezvolte. Pe măsură ce progresa trecând prin diferite vârste, JI s-a oprit de câteva ori, de fiecare dată primind mai multe baloane, devenind și mai puternic, astfel încât a putut să se dezvolte complet, până a devenit perfect integrat cu vârsta lui actuală.

JF și-a făcut apariția în mijlocul procesului pentru a-l împiedica pe JI să crească. JF era convins că Jake devenea vulnerabil, și că JI nu era în stare să-l protejeze. Așadar, a fost necesar ca JF și JI să aibă o discuție, JI fiind capabil să facă acest lucru după ce a devenit suficient de puternic. După o rezistență aprigă JF a cedat și JI a reușit să-și impună punctul de vedere.

Până la urmă JI a putut să crească atât cât să cuprindă întreg corpul lui Jake. Când sentimentul de iubire a ajuns la intensitate maximă, am ancorat starea cu uleiuri și afirmații pozitive. După încheierea ședinței, i-am dat uleiurile lui Jake și i-am spus ce afirmații să folosească, recomandându-i să le utilizeze în fiecare dimineață timp de o lună. L-am rugat să scrie zilnic în jurnalul recunoștinței, astfel încât să devină conștient de propria valoare.

De-a lungul celor șase luni de după ședința care durase patru ore, Jake reușise să evite contactul cu prostituatele. Ne spune acest lucru chiar el :„Câteodată simt dorința de a face același lucru, însă miros uleiurile și repet afirmațiile pozitive, așa că reușesc să mă calmez și să mă relaxez. Când trec prin situații care înainte m-ar fi enervat și m-ar fi împins să caut satisfacție sexuală, mă opresc, încerc să-mi gestionez emoțiile intense, și mă întreb, „Ce ar vrea să facă JI ?". Și mă duc pe drumul pe care l-ar alege JI, care de regulă este ceea ce am nevoie.

Ședința nu i-a oferit înțelegerea profundă referitoare la relațiile cu fosta soție și cu fosta prietenă, pentru că s-au întâmplat alte lucruri în acele ore. Am reușit însă să le obținem într-o altă ședință de regresie, în viața dintre vieți.

Continuarea drumului este un element cheie în procesul de transformare a clientului. Acest studiu de caz demonstrează fără tăgadă cum regresia, terapia părților și regresia copilului interior au transformat mintea inconștientă, în timp ce stabilirea obiectivelor, afirmațiile pozitive, uleiurile și jurnalul recunoștinței au apelat la mintea conștientă pentru a lucra coerent împreună în scopul depășirii de către client a adicției cu care se confrunta. Clientul a continuat să aibă acele impulsuri și câteva luni după ședință, însă intensitatea lor era mult diminuată, clientul reușind să-și gestioneze reacțiile de răspuns. Prin faptul că nu le-a dat curs, Jake a contribuit la sentimentul de iubire față de el însuși și la cel de putere personală.

Vreau să subliniez din nou faptul că nu am descris o listă exhaustivă de tehnici. Sunt atâtea modalități de a lucra cu mintea conștientă. Este vorba doar de câteva abordări pe care le-am utilizat de-a lungul timpului, și care și-au dovedit eficiența. Una dintre bucuriile muncii pe care o facem este descoperirea a noi tehnici prin care putem să ne ajutăm clienții.

O ABORDARE INTEGRATĂ A VINDECĂRII

Înțelepciunea ezoterică antică acordă o importanță mare abordării integrate, holistice a vindecării. Medicina tradițională chineză și Ayurveda, de exemplu, evaluează întregul flux energetic al individului – fluxul mental, corporal și sufletesc, care colaborează unitar – pentru a verifica starea de bine și de sănătate. Mintea, trupul și sufletul sunt atât de interconectate, încât chiar dacă putem corela o anumită schimbare sau tulburare cu un blocaj energetic parțial sau total, există posibilitatea ca întregul sistem să fie afectat.

În opinia mea, este important ca terapia complementară să aibă în vedere o abordare holistică asupra individului. Fluxul curat și neîntrerupt de energie din corp, minte și suflet asigură starea de bine si sănătatea persoanei. Trebuie să inspectăm întreaga țesătură pentru a identifica cauza unei boli, acest lucru facilitând apoi transformarea clientului într-o persoană mai sănătoasă și mai echilibrată.

Integrare și pașii următori

Gerber, în cartea sa *Vibrational Medicine*, afirmă următoarele:[3]

Medicina care este direcționată către înțelegerea energiei și vibrației, a modului în care acestea interacționează cu structura moleculară și cu echilibrul organismului, constituie un domeniu emergent cunoscut sub numele de medicină vibrațională. Artele vindecării trebuie reîmprospătate, modelul actual al medicinei, încă newtonian în esență, trebuind a fi completat cu noile perspective din lumea fizicii și a celorlalte științe înrudite. Recunoașterea legăturii noastre cu sistemele energetice de vibrație înaltă, va conduce către o fuziune între înțelepciunea ezoterică și cercetările științifice actuale. Orientarea spre medicina holistică va conduce în cele din urmă profesioniștii vindecării spre recunoașterea faptului că, pentru a fi sănătoși, trebuie să avem o relație integrată a minții cu corpul.

În primul studiu de caz Ginger a avut o abordare integrată asupra propriei vindecări a minții, trupului și sufletului. Combinarea homeopatiei cu Jin Shin Jyut Su, uleiurile esențiale și terapia prin regresie, a provocat rezultate miraculoase, șocante pentru specialiștii în medicină din două țări.

O altă modalitate prin care putem direcționa clienții spre o abordare integrată este prin intermediul semnalizării ideomotorii. După regresie terapeutul poate întreba subconștientul dacă sunt necesare alte forme de terapie în scopul sprijinirii clientului să gestioneze situațiile provocatoare, și totodată ce fel de terapie ar fi potrivită.

Nu este necesar ca o singură persoană să cunoască toate modalitățile de a asigura îngrijire holistică pentru toți

Integrare și pașii următori

clienții. Se poate lucra în colaborare. Când mi-am început munca în Singapore, am avut norocul să fiu înconjurată de un grup de terapeute talentate, nemaipomenit de inteligente, intuitive și iubitoare, cărora le-am spus Surorile mele Zeițe. Fiecare membră a grupului era o extraordinară vindecătoare, având talentul ei specific. Fiecare dintre ele a avut curajul și încrederea să se lase pe mâna mea ca și client în terapie, în vremea în care îmi făceam practica pentru diplomă. Experimentând practicile și abilitățile terapeutice ale celorlalte, ne-am dezvoltat fiecare, reușind să oferim clienților cea mai bună asistență. În egală măsură, am beneficiat astfel de o comunitate în cadrul căreia să direcționăm clienții care aveau nevoie de diferitele abordări individuale. Clienții au primit astfel cea mai completă îngrijire pentru problemele cu care se confruntau.

Din experiența mea personală, crearea unei comunități de terapeuți sau aderarea la ea sunt elemente importante atunci când practici această meserie. Comunitatea se constituie într-un minunat grup de suport personal, iar faptul că am putut să le recomand clienților și colegi de alte specializări, cu alte abilități, m-a ajutat să mă dezvolt ca terapeut și să ofer cele mai bune servicii de asistență clienților mei.

SUMAR

Scopul meu principal a fost să scot în evidență importanța încurajării clientului să meargă înainte. Curățarea și eliberarea energiilor constituie doar unul dintre pașii către procesul de vindecare. Integrarea și capacitatea de a merge înainte sunt un alt pas esențial.

Integrare și pașii următori

Pentru a realiza acest lucru, individul trebuie să fie încrezător în puterile proprii și să aibă convingerea că poate să implementeze schimbările necesare. În Noua Lume în care trăim acum, energiile se organizează de așa manieră, încât individul poate să-și creeze propria realitate. În rolul de terapeut, în afara identificării cauzei unei probleme, și a sprijinirii individului să-și curețe blocajele, este în egală măsură importantă încurajarea clienților, astfel încât aceștia să se bazeze pe propriile lor capacități de vindecare și să-și dezvolte propria încredere.

Atunci când lucrezi cu mintea, este important ca partea conștientă și cea inconștientă să se miște la unison, în direcția atingerii scopului propus. Așadar, scopul trebuie să fie definit clar. Încurajând individul să participe activ la propria vindecare îl motivează să facă eforturi și mai susținute pentru a-și atinge obiectivul. Acest lucru poate fi realizat prin activitățile desfășurate cu mintea conștientă, precum afirmațiile pozitive, ancorele reactivatoare și exercițiul recunoștinței, care remodelează căile neuronale conștiente pentru a le alinia cu inconștientul, transformat astfel într-un mecanism mult mai puternic și mai eficient de transformare.

La fel de importantă ca împletirea dintre mintea conștientă și inconștientă, este integrarea diferitelor modalități de facilitare a fiecărei călătorii de vindecare. Mintea, corpul și sufletul colaborează într-o unitate coerentă, permițând crearea celui mai bun flux de energie pentru client. Este necesară de asemenea și o abordare integrată a vindecării, pentru a asigura puritatea, sănătatea și abundența acestui flux. Combinarea diverselor metode poate naște adevărate miracole.

Integrare și pașii următori

Esența acestui capitol este minunat suprinsă de poezia de mai jos, aparținînd unui poet și caricaturist vizionar, Michael Leunig:

Luptăm, ne plictisim și obosim
Epuizați, abătuți, disperați
Renunțăm, ne prăbușim, fără speranță
Și plângem
Goi acum, în liniște, pregătiți
Așteptăm în tăcere
Sosirea adevărului, timid și mărunt
Ajunge din afară și din înăuntru
Ajunge și se naște
Cu simplitate, credincios și clar
Aidoma unei oglinzi, ca un clopot, ca o flacără
Precum ploaia-n miez de vară
Ne-atinge, adevăr de preț, se naște-n noi
În deșertăciunea noastră
Îl îmbrățișăm, îl cercetăm și-l absorbim
Prizonierii adevărului nostru crud
Suntem hrăniți, ne-am schimbat
Suntem binecuvântați
Ne ridicăm
Și mulțumim.

Integrare și pașii următori

DESPRE AUTOR

Reena Kumarasingham BA (psy), MBA, Dip RT, Ct Hyp, Ct LBL

Reena este licențiată în psihologie, practician NLP, terapeut specializat în terapia prin regresie și în regresia în viața dintre vieți, având o experiență internațională. Este directoarea *Divine Aspect*, organizație care îmbrățișează viziunea responsabilizării oamenilor de a-și îmbrățișa și de a-și onora propria esență autentică. Reena este și un terapeut cu o extraordinară intuiție a energiei, oferind cursuri de formare în domeniul lucrului cu energia. Este membru fondator al *Society for Medical Advance and Research with Regression Therapy*, și trainer certificat în cadrul *Past Life Regression Academy*. Pentru mai multe informații vizitați *www.divineaspect.com* și *www.vibrationnewplane.com* sau trimiteți-i un email pe adresa: *reena@divineaspect.com*.

REFERINȚE

1. Jellinek, J.S., *Psychodynamic Odor Effects and their Mechanisms*, Cosmet, 1997.
2. Breathnach, S. B., *Simple Abundance*, Warner Books, 1995.
3. Gerber, R. *Vibrational Medicine*, Inner Traditions, 2001.

2

LUCRUL CU ENERGIA ÎNTUNECATĂ

Andy Tomlinson

Misiunea ta nu este să cauți iubirea,
Ci doar să cercetezi și să găsești toate piedicile
Îngropate-n tine ca să te aperi de ea.

Jelaluddin Rumi, mistic sufit, secolul al XIII- lea

INTRODUCERE

În 1995, când am început să ofer clienților ședințe de terapie prin regresie, rareori apăreau spirite atașate și, atunci când se întâmpla, îmi era destul de simplu să le înlătur. Am descris tehnicile pe care le foloseam atunci în cartea mea, *Vindecarea sufletului etern*. De-a lungul anilor am observat însă că spiritele atașate au devenit o problemă din ce în ce mai mare și că majoritatea clienților are nevoie de eliberarea lor în timpul terapiei. Se pare că vibrația pământului se schimbă iar vălul dintre lumea noastră și alte dimensiuni a devenit mai subțire și mai ușor de traversat. Dovezi în acest sens ne sunt oferite și de NASA. Deschiderea din aura pământului se lărgește[1], în 2012[2] având loc cele mai

Lucrul cu energia întunecată

puternice furtuni solare din ultimii 50 de ani. Activitățile spirituale ale ființelor de lumină contribuie de asemenea la creșterea vibrației. Deși mulți oameni beneficiază de acest lucru, în acelasi timp se amplifică și energia concentrată a aspectelor nerezolvate pentru spiritele atașate, tulburându-le și provocându-le să vină în apropierea vibrațiilor mai înalte ale oamenilor, crezând uneori că acesta este drumul lor spre „casă". Fenomenul este similar cu cel al moliilor atrase noaptea de lumină.

Din 2010 m-am implicat din ce în ce mai mult în lucrul cu ceea ce numesc „energie întunecată". Vorbim pur și simplu despre energie fără lumină. Din punct de vedere spiritual, ea nu este nici bună, nici rea, pentru că orice lucru conține în el energia Sursei și ajută la îndeplinirea unui scop mai larg. Nu trebuie nici să confundăm energia întunecată cu ceea ce unii numesc „posesie demonică". Am clarificat acest subiect în cercetarea întreprinsă împreună cu Ian Lawton pentru cartea lui *The Wisdom of the Soul*. Cartea s-a bazat pe informații transmise de diferitele „Consilii ale Înțelepților" – ființe de lumină extrem de experimentate, care ajută la desfășurarea planului spiritual al Pământului. Sfatul lor a fost că forțele demonice există doar în mintea oamenilor. Dacă aceaștia se așteaptă să le întâlnească, atunci sigur le vor întâlni. Energia întunecată, pe de altă parte, este un termen colectiv pe care îl utilizez pentru a acoperi atât spiritele atașate care sunt dificil de înlăturat, cât și o gamă de energii intruzive sau de fragmente care au o sursă de energie foarte puternică.

Tehnicile descrise în acest capitol mi-au fost transmise de Consiliul Înțelepților. M-am întrebat, când am început să fac aceast muncă, de ce Consiliul nu rezolvă singur aceste probleme. Se pare că le este dificil să pătrundă în energia densă a Pământului, venind dinspre dimensiunile de vibrație înaltă, ca să înlăture energia întunecată. Uneori am simțit chiar că-mi pierd mințile. Am continuat grație discuțiilor separate pe care le-am avut cu terapeuți pe a căror intuiție m-am bazat, și feedback-urilor pozitive primite de la clienți după acest tip de terapie. Odată, în timpul unei ședințe de chanelling pe care Ian Lawton o desfășura pentru noua sa carte *The Future of the Soul*, am primit mesajul că munca desfășurată de mine în curățarea energiei întunecate era extrem de importantă. Nu am fost prezent la ședință, însă acest lucru mi-a dat impulsul necesar să continui. De atunci am folosit această metodă cu sute de clienți, atât în cadrul sesiunilor individuale, cât și în lucrul la distanță.

Succesul ei a fost atât de mare, încât i-am extins utilizarea și la curățarea energiei întunecate din anumite zone geografice – în special situri arheologice antice și centre energetice – în Marea Britanie, Peru, Singapore, India, Pacificul de sud, Hawaii, Mexic și Noua Zeelendă. Energia întunecată s-a acumulat acolo de-a lungul mileniilor datorită războaielor, torturii în masă și chiar experimentelor energetice desfășurate în civilizații antice străvechi precum Atlantis sau Lemuria. Acest capitol este însă dedicat curățării energiei întunecate a clienților.

CE ESTE ENERGIA ÎNTUNECATĂ?

Energia întunecată se poate manifesta sub forma spiritelor fără trup, energiei emoționale sau pur și simplu ca energie. Adeseori este puternic alimentată de vortexuri de energie, portaluri sau chiar de Sursă. Energia poate veni uneori din afara sistemului nostru solar, necesitând curățarea prin proceduri speciale. De obicei terapeutul discută cu spiritele fără trup atașate clientului, astfel încât să le convingă să plece în lumină. Comunicarea cu energia întunecată de obicei nu este posibilă, așadar aceasta trebuie înlăturată împotriva voinței ei. Trebuie însă să clarificăm câteva aspecte. De obicei lumea spiritelor respectă liberul arbitru al oamenilor sau al spiritelor atașate, pentru că aceasta este modalitatea noastră de experimentare și de învățare sufletească. Cu toate acestea, în aceste vremuri deosebite de transformări prin care trece planeta noastră, energia întunecată acționeaza pur și simplu ca obstacol. În anumite situații nevoile mai înalte ale omenirii trec în fața nevoilor individuale. Ceea ce terapeutul trebuie să facă este să se asigure că Spiritele Înalte îi dau permisiunea și facilitează rezolvarea acestui lucru la un nivel spiritual ridicat.

Efectele fizice ale energiei întunecate asupra clientului poate include un câmp energetic secătuit, oboseală bruscă, incapacitate de a gândi clar, iritabilitate și lipsă a motivației. Expunerea prelungită poate genera probleme grave de sănătate. Dacă energia pătrunde adânc în câmpul energetic al clientului, se poate transforma în posesie.

STUDIU DE CAZ – VIOLUL ASUPRA UNUI DISCIPOL SPIRITUAL

Janet era o femeie de 60 de ani care trăia într-o comunitate spirituală din sudul Angliei. Intensitatea poveștii ei vorbește de la sine:

> Am fost victima unui viol în grup în India. Înainte de această experiență am trecut prin cinci episoade psihotice maniaco-depresive, cu zece internări în spital, medicamente antipsihotice, electroșocuri și doi ani petrecuți într-o comunitate de terapie alternativă. Cred

Lucrul cu energia întunecată

că experiența cea mai traumatizantă pentru mine a fost când am fugit de acasă în mijlocul unui episod psihotic și am spart vitrina unui magazin, ajungând în închisoarea Holloway. Într-o stare psihotică, mi s-a pus cămașa de forță și am fost aruncată într-o celulă izolată. Am trecut prin niște halucinații sălbatice și înspăimântătoare – scorpioni care se târau pe podea și imenși șerpi boa constrictori croindu-și drumul prin celulă. Myra Hindley se strecura de-a lungul pereților, într-o teroare neagră, vâscoasă, iar noaptea a fost una de turtură reală și vie, așa cum numai o stare psihotică poate să fie. După ce am fost eliberată, am vrut să plec în Franța, însă am sfârșit într-un spital de boli mentale din Lille, unde am fost legată de pat cu chingi la piept, încheieturi și glezne, și lăsată să mă chinui fără medicamente.

În 1975 am plecat în India și am petrecut șase ani cu un Maestru spiritual, pentru întâia dată experimentând bucurie și vindecare, în ciuda acelui viol în grup. În primii mei ani acolo obișnuiam să merg la râu în asfințit și să meditez lîngă un mic bazin natural, cu lumina jucându-se și desenând modele minunate pe suprafața apei. Însă într-o zi, cum mergeam spre locul meu obișnuit, un grup de indieni Sikh, mari și purtând turbane, au coborât spre râu cu motocicletele. M-au urmărit, m-au prins și m-au violat unul după altul – erau opt sau nouă. Am ieșit din corp și mă uitam la ei de sus, iertându-i pentru ce îmi făceau. M-au tărât apoi în apă, acolo unde era mai mică, și unul dintre ei m-a violat în râu. Simțeam apa acoperindu-mi fața și m-am lăsat să alunec în moarte.

A fost o experiența transcendentală, acea compasiune pentru bărbații care mă violaseră, iertându-i și, în același

Lucrul cu energia întunecată

timp, trăind o pace profundă, bucuria care vine la întâlnirea cu moartea. Însă mintea, corpul și emoțiile îmi erau distruse, iar frica și-a croit drum în interiorul meu. Frica de bărbați și o lipsă de toleranță pentru abuzurile lor, indiferent dacă erau mentale, fizice, emoționale sau spirituale, îndreptat asupra mea sau a oricărei alte persoane.

Am vrut să-mi revizuiesc contractul sufletului și să-l înțeleg mai bine, în special legătura cu boala mentală cu care luptasem toată viața. Aproape că nu credeam că eram o ființă de lumină, după ce trecusem prin atâtea traume și evenimente negative. Simțeam că mă acoperă un văl și uneori nu puteam să mă conectez cu spiritul.

În prima ședință am discutat despre aceste amintiri, conștientă fiind că energia îmi era suptă din corp, însă fiind atât de absorbită de povestea mea, încât nu-mi dădeam seama ce se întâmplă. Am simțit totuși efectele ședinței zilele următoare. M-am simțit extraordinar de ușoară și de curată, și când m-am dus la pensiunea unde stăteam, femeia de acolo mi-a deschis ușa și m-a privit cu uimire. M-a întrebat apoi ce s-a întâmplat, de arătam atât de tânără și de luminoasă, cum nu fusesem când am ajuns acolo. Am descoperit că meditația mă deschisese și m-am simțit reconectată cu sufletul. Am devenit totodată și mai îngăduitoare cu bărbații abuzivi. A trecut mai mult de un an de la acele ședințe și în continuare mă simt mai ușoară și mai pură, ca și când vălul care mă acoperea se dizolvase, iar trecutul fusese pus la păstrare, înțeles și integrat.

De-a lungul vieții încărcate de evenimente traumatizante, incluzând psihoza, spitalizările și violul, Janet acumulase energie întunecată sub forma a numeroase spirite atașate, dar și forme de gând sau emoții puternic încărcate

Lucrul cu energia întunecată

energetic, încâlcite într-un ghem de amintiri nerezolvate. O parte din ele puteau fi tratate de-a lungul a mai multe ședințe, cu ajutorul regresiilor tradiționale și a curățarilor energetice, însă dacă am fi utilizat o abordare convențională ar fi trebuit să dedicăm mult timp revizitării și recadrării atâtor amintiri traumatice.

Așadar, prima ședință ghidată de Consiliul Înțelepților a inclus eliminarea imediată, cu ajutorul unui vortex, a unei părți din energia întunecată și apoi desprinderea reminiscențelor energiei întunecate din amintirile conștiente – cea mai importantă fiind violul. Acest lucru a implicat slăbirea energiei întunecate și expedierea ei printr-un vortex, după explorarea fiecărei amintiri. Nu am petrecut mult timp în dobândirea unei noi perspective spirituale, deoarece Janet îi iertase deja pe bărbații care o violaseră. Suprinzător, nu a fost nevoie nici să facem terapia corpului, pentru că energia păstrată în amintirile corpului fusese automat eliberată în momentul curățării energiei întunecate.

A doua ședință cu Janet, în care am făcut o regresie în viața dintre vieți, a ajutat-o să-și înțeleagă contractele spirituale din viața curentă. A descoperit că psihoza fusese planificată în avans, pentru ca sufletul ei și cel al tatălui să poată colabora și să vindece o luptă de putere în care fuseseră implicate de-a lungul mai multor vieți. Tatăl ei era de asemenea maniaco-depresiv, și, împărtășindu-i durerea, a putut să înceapă să-l iubească. Așa cum ne spune chiar ea, „Uniți de lipsa noastră de putere, toate luptele dintre noi s-au dizolvat într-o iubire necondiționată". Violul fusese planificat cu rolul de a-i trezi lui Janet într-un mod dramatic spiritualitatea, în acea perioadă petrecută într-o comunitate spirituală care a putut să-i ofere sprijin pentru a vedea lucrurile dintr-o perspectivă spirituală.

Lucrul cu energia întunecată

VERIFICAREA INTUITIVĂ INDEPENDENTĂ

Înainte de a ne apleca asupra tehnicilor de curățare a energiilor întunecate, există o tehnică universală de care are nevoie orice terapeut. Este vorba despre o comunicare de tip da/nu, care nu ține de client. Dacă terapeutul este familiarizat cu utilizarea pendulului, acesta poate fi folosit, însă semnalizarea ideomotorie este mai rapidă. Folosesc personal această tehnică a semnalizării ideomotorii și o predau de asemenea cursanților din modulele de terapie prin regresie, fiind extraordinar de utilă pentru verificarea independentă a răspunsurilor ideomotorii ale clientului în terapia convențională. Este important ca terapeutul să se bazeze pe propria sa semnalizare, deoarece energia întunecată poate bloca sau contamina răspunsurile ideomotorii ale clientului. Pentru cei care nu sunt familiarizați cu tehnica pașii sunt următorii:

1. Liniștirea minții conștiente. Celor care practică regulat meditația sau autohipnoza le va fi mai ușor să o facă.

2. Emiteți intenția către binele superior de a ridica un deget de la mâna dreaptă sau stângă pentru a indica răspunsul „da".

3. Lăsați mintea conștientă să se detașeze și așteptați ridicarea degetului.

4. Emiteți intenția către binele superior de a ridica un alt deget de la aceeași mână pentru a indica răspunsul „nu".

5. Lăsați mintea conștientă să se detașeze și așteptați ridicarea degetului.

6. Stabiliți intenția de a utiliza acealeași degete pentru a primi răspunsuri de tip da-nu în orice comunicare viitoare.

Cea mai dificilă parte poate fi detașarea minții conștiente. Daca nu se ridică nici un deget, este din cauză că mintea conștientă este activă iar analiticul controlează răspunsurile intuitive. Uneori este posibil ca un spirit atașat, aflat în câmpul energetic al terapeutului, să blocheze mișcarea degetelor.

Este important să ne asigurăm că semnalizarea este independentă de mintea analitică și că ne putem baza pe acuratețea ei. Putem să facem acest lucru doar prin verificări. Rog studenții să lucreze în perechi și să verifice cu pendulul, prin întrebări precum „Protecția mea energetică este suficientă ?", „Am vreo energie care nu îmi aparține?" sau „Am aspecte nerezolvate în viața curentă ?". Cu cât exersați mai mult tehnica, cu atât devine mai exactă, fiind în același timp mai ușor să evităm interferența minții conștiente.

Atunci când răspunsul vine imediat după întrebare, uneori chiar înainte s-o finalizăm, este puțin probabil ca mintea conștientă să fi interferat.

CURĂȚAREA CLIENȚILOR DE ENERGIA ÎNTUNECATĂ

O să ne îndreptăm acum atenția asupra detaliilor procesului în cinci pași prin care putem curăța clienții de energia întunecată. Acesta se desfășoară în tăcere, în timp ce clientul se află într-o stare de relaxare, cu ochii închiși, și durează doar câteva minute.

PASUL 1 – PERMISIUNI ȘI VERIFICĂRI

Curățarea energiei întunecate necesită ajutorul Consiliului Înțelepților, a ghizilor spirituali sau a altor ființe de lumină specializate. În rândurile următoare voi folosi termenul de „Înțelepți" ca nume colectiv pentru toți aceaștia. Toți avem o legătură cu Înțelepții, cel puțin în etapa de planificare din viața dintre vieți. Această legătură poate fi întărită prin meditație, tehnici energetice și regresii. Cu toate acestea, fragmente de spirite atașate eliberate anterior, sau energia întunecată pot bloca sau interfera cu adevărul informațiilor venind dinspre zonele de vibrație înaltă ale lumii spiritelor. Acesta este motivul pentru care trebuie să purificăm toate legăturile intuitive care vor fi folosite înaintea unei ședințe care implică energie întunecată.

Putem face rapid acest lucru, iar daca terapeutul lucrează frecvent cu subiectul, atunci poate să includă tehnica în meditația zilnică:

- Vizualizează legătura intuitivă cu Înțelepții și trimite în gând energie albă purificatoare care să se rotească în vârtej de-a lungul legăturii. Dacă intuiția vă spune să utilizați energie colorată de curățare, atunci puteți face acest lucru. Terapeutul poate verifica ideomotor dacă legătura este curățată.

Înainte de a elimina energia întunecată a clientului, terapeutul trebuie să verifice dacă are permisiunea Înțelepților:

- Transmiteți Înțelepților intenția respectivă și verificați ideomotor dacă primiți permisiunea de a înlătura energia întunecată.

În mod normal energia întunecată derivă din energia Sursei și trebuie trimisă acolo. Uneori o parte din ea, sau

Lucrul cu energia întunecată

chiar întreaga energie poate proveni din vibrațiile înalte ale Sursei din afara sistemuui planetar – Sursa Cosmică – și trebuie redirecționată înapoi. Puteți verifica acest lucru ideomotor.

* Verificați cu ajutorul degetelor dacă energia întunecată trebuie trimisă Sursei sau Sursei Cosmice.

Toate verificările de mai sus pot fi efectuate înaintea sosirii clientului. În timpul interviului, clientul trebuie totuși să-și dea și el acordul.

* Le spun clienților că au acumulat energie în câmpul lor energetic, care trebuie înlăturată, așa cum o haină adună câteodată praful pe care îl scuturăm. Uneori folosesc termenul de energie întunecată și verific dacă și alți membri ai familiei o au.

PASUL 2 – PROTECȚIA TERAPEUTULUI ȘI A ALTOR PERSOANE

Unul dintre principiile protecției este că energia urmează gândul. Cea mai simplă formă de scut energetic este să emiți intenția de a avea o protecție energetică în jurul aurei. De exemplu, poți vizualiza cum stai sub o cascadă de energie protectoare, sau cum îmbraci o mantie de energie albă.

Cu toate acestea, atunci când lucrezi cu energie întunecată, s-ar putea ca protecția energetică obișnuită să nu fie suficientă. Este foarte periculos din punct de vedere energetic pentru terapeuți să-și imagineze că se pot baza doar pe protecția lor uzuală – oricare ar fi forma ei. Deși energia întunecată poate fi înlăturată din aura terapeutului, chiar și fragmentele remanente au capacitatea de a genera

Lucrul cu energia întunecată

secătuiri energetice serioase, astfel încât este de preferat să evităm acest lucru.

O modalitate de a crea o barieră energetică mai puternică este prin emiterea intenției de a aduce energia direct din univers prin chakra coroanei terapeutului, și de a o scoate prin chakra inimii, pentru a se înconjura cu ea. Dacă terapeutul și-a rezolvat majoritatea aspectelor neterminate, atunci fluxul de energie este extrem de eficient.

Bineînțeles că, aflându-ne în corpuri umane, cu aspecte nerezolvate, putem percepe și emoții negative. Acest fapt poate provoca vulnerabilizarea aurei, astfel încât trebuie aplicată o protecție energetică mai specifică, implicând selectarea energiilor de diferite culori, cu diferite proprietăți vibraționale, pentru ca protecția să se poată ajusta în funcție de diferitele părți ale aurei. Puteți verifica dacă acest lucru este necesar utilizând semnalizarea ideomotorie. Pașii prin care puteți să o creați sunt următorii:

1. Într-o strare de transă ușoară, contactați-vă ghidul spiritual sau sinele superior. Transmiteți intenția de a avea protecția personală cea mai potrivită pentru a curăța energia întunecată.

2. Concentrați-vă pe centrul cel mai profund al sufletului și întrebați ce culoare este necesară în jurul lui pentru a-l proteja. Răspunsul va veni prin intermediul intuiției sau a sfatului ghidului. Emiteți intenția ca energia de această culoare să fie adusă pentru a înconjura centrul sufletului.

3. Întrebați ce alte culori sunt necesare și repetați procedura, aducând energiile de diferite culori, una câte una.

Lucrul cu energia întunecată

4. Amestecarea energiilor colorate poate genera o protecție suplimentară, așadar întrebați daca este necesar să o faceți. Dacă da, puteți vizualiza amestecarea culorilor laolaltă, ca într-un vârtej. Această operațiune perfectează protecția centrului sufletului. Următoarele zone pe care trebuie să vă concentrați sunt chakrele. Spiritele atașate merg întotdeauna spre punctele slabe. Adeseori acestea sunt chakrele alăturate zonelor în care se stochează amintiri emoționale nerezolvate, astfel încât este important să aduceți o protecie suplimentară în jurul lor:

5. Întrebați dacă este necesară aducerea unei energii colorate pentru chakra coroană. Dacă răspunsul este da, atunci transmiteți intenția de a o coborî pentru a înconjura chakra. Verificați dacă sunt necesare și alte culori, și dacă da, aduceți-le una după alta. Dacă trebuie, amestecați-le într-un vârtej pentru a genera protecție suplimentară.

6. Repetați pentru celelalte șase chakre – al treilea ochi, gâtul, inima, plexul solar, chakra sacrală și chakra rădăcină.

Acest lucru finalizează protecția chakrelor. Următoarea etapă urmărește protejarea aurei.

7. Întrebați ce culoare de energie este necesară pentru aură și aduceți-o prin intermediul intenției, pentru a înconjura aura. Verificați dacă sunt necesare și alte culori și dacă da, coborâți-le una după alta. În cazul în care este necesar, amestecați-le laolaltă pentru o protecție adițională.

Lucrul cu energia întunecată

8. Verificați dacă sunt necesare energii colorate suplimentare atunci când lucrați în zone cu energie densă, sau cu oameni care sug energie.

9. Verificați ideomotor dacă protecția este completă.

Protecția împotriva energiei întunecate este un domeniu pe care Consiliul Înțelepților l-a rafinat în ultimii ani. De exemplu, au adăugat utilizarea uleiurilor esențiale adăugate sub forma unor picături pe cele trei chakre superioare, sau sub forma unei diluții presărate peste câmpul energetic. Ele generează vapori care umplu imediat aura terapeutului pentru a împiedica atașarea fragmentelor de energie. Metoda cea mai bună este să utilizați uleiuri amestecate special, într-un mod intuitiv, sub ghidajul Consiliului Înțelepților.[3]

- De fiecare dată când terapeutul lucrează cu energie întunecată, este necesară o verificare ideomotorie finală pentru a ne asigura că beneficiem de o protecție personală suficient de puternică.

Un alt aspect al protecției este crearea unui spațiu de siguranță pentru protejarea persoanelor din încăperile alăturate:

- Cu ajutorul intenției, aduceți energie din univers pentru a crea o barieră energetică în jurul cabinetului de terapie.

Ultimul pas este ca toate legăturile personale cu cei care nu sunt implicați în ședința de terapie să fie rupte pentru a împiedica fragmentele de energie întunecată sa ajungă la ei:

- Acest lucru se poate realiza cu ajutorul intenției, individual, pentru fiecare dintre cei cu care terapeutul are o legătură personală apropiată, și în masă pentru

Lucrul cu energia întunecată

ceilalți. Sigilarea legăturilor cu energie roșie asigură protecție suplimentară împotriva fragmentelor de energie. După ce faceți acest pas, este important să nu vă mai gândiți la acești oameni până când curățarea este completă, pentru că puteți recrea legătura cu ei.

Celălalt principiu al protecției este depășirea fricilor personale. Vreau să subliniez că solicitarea prezenței a sute de arhangheli și personaje religioase nu este necesară și poate să dăuneze, deoarece se bazează pe o frică ascunsă care se poate transforma într-un cârlig pentru spiritele atașate. Cum am menționat mai devreme, spiritele atașate și toate aspectele energiei întunecate sunt tot energie din Sursă, fără de lumină, așa că atâta vreme cât suntem atenți, nu trebuie să ne facem griji atunci când desfășurăm astfel de activități. Este ca atunci când luăm o tigaie încinsă de pe aragaz.

PASUL 3 – CREAREA DE PORTALURI ȘI DE CANALE ENERGETICE

Această activitate necesită lucrul direct cu vibrațiile de energie înalte ale Sursei. Verificați dacă există această legătură utilizând pendulul sau semnalizarea ideomotorie proprie, și daca nu există, cereți-o Consiliului Înțelepților. Dacă aveți aspecte personale nerezolvate s-ar putea să nu fie posibil să realizați legătura până la rezolvarea acestora.

Utilizez cuvântul *Portal* ca termen pentru canalul energetic creat *de la* client *catre* Sursă, cu scopul înlăturării energiei întunecate. Când terapeutul se află în aura clientului, Portalul poate fi creat pur și simplu de la terapeut cître Sursă. Trimiterea de vârtejuri de energie prin intermediul canalului creat va ajuta la deschiderea Portalului și curățarea lui în scopul utilizării:

Vreau sa creez un Portal de la mine către Sursă și să-l curăț cu lumină albă.

Utilizez termenul de *Legătură energetică* pentru a desemna canalul de aducere a energiei proaspete *dinspre* o sursă energetică *prin intermediul* terapeutukui *către* client. Prin folosirea chakrelor terapeutul se transformă într-un agent de transformare care ajustează intuitiv nivelele înalte de energie, aducându-le la vibrația necesară pentru curățarea energiei întunecate.

Prima Legătură energetică este *dinspre* Sursă. Ea este canalizată spre chakra coroană a terapeutului și apoi trece *prin intermediul* chakrei inimă către client.

Vreau să creez o legătură energetică de la Sursă către chakra mea coroană și de la chakra inimii mele către .... (client) cu scopul de a curăța energia întunecată.

Se poate crea o energie naturală înaltă a Pământului atunci când liniile câmpului energetic se unesc iar energia formează vârtejuri. Acest fenomen se numește *vortex*.[4] Exemple de vortex se găsesc în Sedona (Statele Unite) și Machu Pichu (Peru). Dacă terapeutul a vizitat și a experimentat existența unui vortex sau a altor centre energetice terestre, acest lucru poate constitui o ancoră atunci când se crează o Legătură energetică. O altă variantă este ca terapeutul să solicite ajutorul Consiliului Înțeepților pentru conectarea la o sursă energetică terestră. Energia este adusă în chakra rădăcină a terapeutului și este transmisă prin intermediul chakrei inimă către client.

Vreau să creez o legătură energetică *de la* ... (vortex) către chakra mea rădăcină și *de la* chakra mea inimă *către* ... (client) cu scopul de a curăța energia întunecată.

PASUL 4 – CURĂȚAREA ENERGIEI ÎNTUNECATE

Nivelul energetic utilizat în curățare este important. Avem nevoie de suficientă energie pentru a slăbi și a înlătura energia întunecată, însă prea multă poate copleși corpul fizic al clientului, sau fragmenta energia întunecată. Deoarece se emite intenția curățării energiei întunecate prin intermediul Legăturii energetice, acest lucru se va realiza intuitiv:

Creștem nivelul de energie din Legăturile energetice pentru a înlătura energia întunecată.

Pe măsură ce energia întunecată părăsește clientul, terapeutul poate ajuta procesul dacă își folosește mâinile *ca și cum* ar mătura-o către Portal. Trimițând energia întunecată sub formă de vârtejuri prin intermediul Portalului către Sursă va ajuta în curățare, în caz contrar este posibil ca o parte din ea să rămână înțepenită, să se fragmenteze și să se atașeze pământului:

Trimite-o sub formă de vârtej înapoi la Sursă.

Dacă terapeutul face mișcări de rotire a capului, poate ajuta procesul. Pe măsură ce energia întunecată este transferată prin intermediul Portalului către Sursă, terapeutul poate s-o perceapă intuitiv sau s-o vadă.

Uneori este necesară energie adițională. O să simțiți intuiv acest lucru. Este posibil să fie nevoie de un nivel vibrațional mai înalt, astfel încât se poate utiliza Sursa cosmică.

Vreau să creez o altă legătură energetică *de la* Sursa cosmică spre chakra mea croană și *de la* chakra mea inimă *la* ... (client) cu intenția de a curăța energia întunecată.

Este necesară uneori energie suplimentară terestră. Veți simți intuitiv acest lucru.

Vreau să creez o altă legătură energetică *de la* ... (vortex) către chakra mea rădăcină și *de la* chakra mea inimă *la* ... (client) cu intenția de a curăța energia întunecată.

Utilizați semnalizarea ideomotorie cu ajutorul degetelor pentru a verifica dacă toată energia întunecată a fost înlăturată.

PASUL 5 – VINDECARE FINALĂ, VERIFICĂRI ȘI ÎNCHIDERE

- Canalizați energie universală către aura clientului așa cum se face în mod normal după eliberarea de spirite atașate, folosind vindecarea spirituală sau Reiki.

- Emiteți intenția de a închide Portalul și Legătura energetică.

- Curățați legătura intuitivă creată cu Consiliul Înțelepților.

- Verificați ideomotor dacă terapeutul sau persoanele cunoscute acestuia nu au rămas cu energie întunecată. Dacă detectați o contaminare a terapeutului, înlăturarea energiei este descrisă în continuarea acestui capitol.

Lucrul cu energia întunecată

* Legăturile energetice dintre terapeut și persoanele cunoscute acestuia, care fuseseră tăiate la începutul procesului, pot fi reconectate, iar scutul energetic din jurul camerei înlăturat prin emiterea acestei intenții.

STUDIU DE CAZ - SPIRIT ATAȘAT REZISTENT

Rebecca avusese o copilărie dificilă. Mama ei era alcoolică și o bătea frecvent. Sărise cu cuțitul de carne la gâtul Rebecăi și o amenințase la un moment dat că o omoară. Modelul s-a repetat și cu un partener care fusese de asemenea alcoolic și dependent de droguri. În prima ședință de regresie au fost curățatate mai multe spirite atașate, cu excepția unuia, care părea imposibil de înlăturat. Rebecca a fost trimisă apoi la mine. Aceasta este povestea ei:

Dacă nu ar fi existat clarvăzatori sau vindecători, nu aș fi aflat niciodată despre Abe. De-a lungul timpului, toate informațiile primite de la oamenii care au încercat să mă ajute s-au transformat într-un soi de listă de succese și încercări, care întărea adevarul posibil al descoperirilor lor. Zece oameni au încercat să mă ajute cu Abe, folosind diferite metode pentru a tăia legăturile energetice, precum vizualizări, ghizi, informații obținute de la entități specializate, vindecare prin sunete, practici șamanice, cristale, pietre sau lucrul în stare de transă. În timpul unei ședințe cu un terapeută extrem de intuitivă, aceasta a observat că Abe m-a părăsit pentru câteva momente pentru a „o observa". În timp ce se mișca în jurul ei, i-a simțit energia, iar el i-a atins piciorul. I-am simțit dezgustul și sentimentul de a fi fost pângărită, atunci când mi-a povestit ce i se întâmplase.

Lucrul cu energia întunecată

Am început să iau în serios toată istoria doar după ce un al cincilea clarvăzător l-a perceput pe Abe. Tocmai ce mă întorsesem din Burma și mă simțeam tare rău, cu simptome ca de malarie, deși doctorii nu putuseră să-mi pună un diagnostic. M-am dus la un vindecător. Ce mi-a spus era similar, dacă nu identic, cu ce-mi spuseseră ceilalți înaintea ei, și m-am gândit atunci că probabil era o sămânță de adevăr în cuvintele ei. Vindecătoarea mi-a spus că nu putea să îl îndepărteze pe Abe pentru că era mai puternic decât ea, iar cunoașterea care îl adusese acolo era veche și din afara timpului nostru. Apoi m-a trimis către mentorul ei. M-am dus la el, a încercat să-l înlăture pe Abe, dar s-a întors înapoi.

Mă odihneam odată pe pat când deodată m-am simțit imobilizată. Ceva încerca să mă strângă de gât și am perceput o greutate care mă încăleca. Ochii îmi erau închiși și nu puteam să-i deschid, deși eram trează. Mă chinuiam să mă ridic. O auzeam pe mama mea vitregă cântând la etaj. Apoi, tot așa de brusc, senzația a încetat. Am stat o perioadă de timp întinsă pe pat, fixând tavanul, într-o stare de șoc. De fiecare dată când meditam, mă simțeam ca și cum m-ar strangula cineva și nu eram în stare să o duc până la capăt. Cu cât mă adânceam mai mult în meditație, încercând să ignor senzația de sufocare din fundal, cu atât mai greu îi era să-mi revin. Uneori trebuia să renunț, ca să trag aer în piept.

Clarvăzătorii care l-au văzut sau l-au perceput pe Abe au descris o prezență masculină întunecată în câmpul meu energetic. Avea ochi pătrunzători, care parcă tăiau. În secunda în care îl vedeau, li se schimba expresia feței, ca și cum și-ar fi văzut pieirea.

Lucrul cu energia întunecată

Când Andy a început să lucreze m-am chinuit să mă relaxez într-o transă meditativă. În această stare mi-am dat seama că „simțeam" cum entitatea pe care o credeam a fi Abe se mișca în corpul meu, împotrivindu-se plecării. Simțeam cum părți diferite ale corpului meu erau apucate cu disperare, ca și cum ar fi încercat să se fixeze înăuntru, să se prindă de orice parte putea. Senzația a devenit și mai puternică atunci când am început și eu să particip la înlăturarea lui. După ce a plecat Abe, am simțit „rămășițe" din el lipite de zone ale spatelui meu, și am ajutat la eliminarea lor împingându-i energia afară.

După ședință, o parte din mine s-a simțit fericită că Abe plecase, iar o altă parte se temea că s-ar fi putut întoarce. Am observat de atunci schimbări subtile în energia mea și în modelele mele de gândire. Mi-am dat seama câtă influență avusese Abe. Andy avusese dreptate când îmi spusese că odată ce eram „curățată", o să observ rapid modificări ale nivelului de energie. Nu mult după ședință, în timpul unei meditații în tăcere, am simțit cum o altă entitate intră în câmpul meu energetic. Schimbarea de energie care a urmat a fost și mai evidentă. Într-o sesiune ulterioară cu un terapeut specializat pe regresii, am înlăturat și această entitate. Am avut mai multe ședințe cu ea și lucrăm acum pe viața curentă, pe problemele din copilărie și pe blocajele din meditație, încercând diferite metode de vizualizare pentru a-mi asigura protecția. Una din schimbările majore pe care le-am observat este legată de energia mea sexuală. Abe avea un apetit sexual ridicat, dar de când a plecat pot spune că sunt mai împăcată și mai în control cu energia promiscuă care m-a tulburat și m-a blestemat atâta timp.

Lucrul cu energia întunecată

Originea sau natura precisă a acestei „energii Abe" este mai puțin importantă decât efectul profund pe care l-a avut asupra Rebeccăi. Verificările ideomotorii au confirmat faptul că puteam s-o tratăm ca pe o energie întunecată, înlăturând-o așadar cu ajutorul tehnicilor de care am discutat. Un aspect neobișnuit al procesului de curățare a fost că în timpul acestuia Rebecca a simțit spasme musculare și senzații corporale care s-au redus ulterior în mod gradual. Verificările ideomotorii au validat faptul că în câmpul ei energetic rămăseseră fragmente de energie, astfel încât am repetat procesul până le-am eliminat pe toate. Acestea ar fi putut fi legate de Abe sau puteau veni din trecutul ei traumatizant. I-a fost necesară o terapie mai îndelungată pentru a o ajuta să-și rezolve și celelalte probleme.

CURĂȚAREA ENERGIEI ÎNTUNECATE DIN CÂMPUL TERAPEUTULUI

Bineînțeles că întregul demers al utilizării protecției și al respectării întocmai a pașilor recomandați, are ca scop evitarea contaminării de către energia întunecată, a câmpului energetic al terapeutului. Se pot face însă greșeli și dacă există energie întunecată atașată, trebuie înlăturată cât mai rapid posibil. De obicei este vorba doar de fragmente, așadar putem urma o procedură simplă imediat după ce clientul a părăsit cabinetul:

Lucrul cu energia întunecată

PASUL 1 – PERMISIUNI ȘI VERIFICĂRI

- Curățați legăturile intuitive cu Consiliul Înțelepților.
- Verificați dacă există energie întunecată sau fragmente energetice în câmpul vostru energetic.

PASUL 2 – PROTEJAREA CELORLALȚI

- Tăiați și sigilați legăturile energetice cu toți cei pe care îi cunoașteți și ridicați un scut energetic în jurul cabinetului.

PASUL 3 – CANALE ENERGETICE

- Creați Portalul și Legăturile energetice așa cum am discutat anterior, cu emiterea intenției de a curăța energia întunecată din câmpul vostru energetic.

PASUL 4 – CURĂȚAREA ENERGIEI ÎNTUNECATE

- Pe măsură ce energia întunecată este înlăturată, este posibil să simți intuitiv nevoia de a-ți mișca mâinile în jurul aurei tale energetice în timp ce energia întunecată este absorbită prin Portal. Acest lucru te va ajuta să-ți concentrezi intenția. Continuă să mărești fluxul energetic până la eliminarea energiei întunecate.

PASUL 5 - VINDECARE FINALĂ ȘI VERIFICĂRI

- Verificările finale pot stabili dacă toată energia întunecată a fost înlăturată. Puteți închide canalele energetice și restabili legăturile energetice cu persoanele cunoscute.

CURĂȚAREA LA DISTANȚĂ A ENERGIEI ÎNTUNECATE

Înlăturarea energiei întunecate poate fi realizată și de la distanță, chiar dacă clientul se află de cealaltă parte a globului. Terapeutul trebuie însă să își ia masuri de siguranță suplimentară pentru a se asigura că fragmentele de energie întunecată nu îi contaminează câmpul energetic. Utilizarea uleiurilor cu scopul protecției energetice devine și mai importantă în această situație.

Pașii sunt asemănători celor discutați anterior, cu câteva diferențe minore:

- Dacă este posibil, se recomandă stabilirea unei date și ore când clientul este singur și pregătit pentru acest proces. Acest lucru permite clientului să fie conștient de schimbările în aură pe măsură ce energia întunecată este înlăturată.

- Crearea Portalului se face de la clientul aflat la distanță *către* terapeut și apoi *către* Sursă. Legăturile energetice sunt cele descrise anterior.

- Atunci când înlătură energia întunecată, terapeutul poate să-și folosească intuitiv mâinile pentru a trage energia de la client. Chiar dacă se află la distanță, acest lucru va întări intenția terapeutului.

- Ulterior terapeutul poate trimite un mesaj, e-mail sau să confirme telefonic faptul că procesul a fost implementat, și să obină feedback-ul clientului.

CURĂȚAREA RAPIDĂ A SPIRITELOR ATAȘATE

Tehnica poate fi utilizată și la curățarea spiritelor atașate obișnuite, care pot fi înlăturate cu alte tehnici – avantajul este că procesul de curățare se desfășoară mai rapid. După ce s-a identificat că există un spirit atașat clientului, și că aveți permisiunea de a-l înlătura fără să vorbiți cu el, puteți crea Portalul și Legăturile energetice pentru a-l elimina. Majoritatea verificărilor și protecțiilor energetice utilizate în cazul energiei întunecate nu sunt necesare.

CURĂȚAREA BLOCAJELOR ENERGETICE ALE CLIENTULUI

Și blocajele energetice emoționale pot fi rezolvate. Trebuie să emitem intenția clară de a curăța blocajele. Sunt necesare doar Portalul și Legătura energetică de la Sursă. Desprinderea fiecărui strat de energie și trimiterea lor către Portal, pentru a fi vortexate spre Sursă, vor curăța blocajele. Când terapeutul își folosește mâinile într-o mișcare de fărâmițare a blocajului și duce fragmentele în căușul mâinii către Portal, acest lucru ajută la întărirea intenției. Cauza blocajului clientului va trebui însă rezolvată cu ajutorul terapiei prin regresie.

Lucrul cu energia întunecată

SUMAR

Energia întunecată este energie puternic încărcată, care poate veni dinspre mai multe surse din cadrul și din afara sistemului nostru planetar. Deoarece curățarea ei de la client necesită o înțelegere specifică a lucrului cu energia, am stabilit o tehnică specială, cu ajutorul Consiliului Înțelepților. Aceasta necesită ca terapeutul să stabilească o legătură intuitivă cu membrii Consiliului, care trebuie purificată înaintea și după terminarea acestei activități. Acuratețea acestei comunicări este vitală, astfel încât terapeutul să se asigure că au fost înlăturate toată energia și fragmentele remanente. Crearea unei izolări energetice asigură protecția prietenilor și colegilor. Terapeutul trebuie de asemenea să se asigure că are protecție suplimentară, care include utilizarea unor uleiuri esențiale amestecate.

Această tehnică de curățare se bazează pe principiul conform căruia energia urmează gândul. Chiar dacă energia întunecată este în mod normal trimisă către Sursă, este necesară o verificare pentru a ne asigura că destinația e cea corectă. Nivelul de energie necesar pentru înlăturarea energiei întunecate trebuie stabilit și ajustat intuitiv. Sunt necesare legături energetice dinspre Sursă și de la un vortex energetic terestru. Trebuie de asemenea efectuate verificări după încheierea procesului, pentru a ne asigura că toată energia întunecată a fost curățată și că nu au rămas fragmente în câmpul terapeutului.

Curațarea la distanță este asemănătoare lucrului cu clientul față în față, însă Portalul și Legăturile energetice trebuie prelungite de la terapeut către clientul aflat la distanță. Este necesar să avem grijă atunci când facem acest lucru, pentru a fi siguri că orice fragmente de energie întunecată care se pot alipi terapeutului, sunt identificate și înlăturate imediat.

LISTA FINALĂ DE VERIFICARE – CURĂȚAREA ENERGIEI ÎNTUNECATE DE LA CLIENT

PASUL 1 – PERMISIUNI ȘI VERIFICĂRI

- Purificarea legăturilor intuitive cu Consiliul Înțelepților.
- Obținerea permisiunii și a sprijinului Consiliului în curățarea energiei întunecate.
- Verificarea dacă Sursa este destinația finală a energiei întunecate.
- Obținerea permisiunii clientului.

PASUL 2 – PROTECȚIA TERAPEUTULUI ȘI A CELORLALȚI

- Verificarea protecției energetice personale – folosiți uleiuri de protecție.
- Crearea unui scut energetic al încăperii pentru a-i proteja pe ceilalți.
- Toate legăturile personale cu cei neimplicați trebuie tăiate pentru a împiedica fragmentele de energie întunecată să îi atingă. Se poate realiza individual pentru cei aflați într-o relație personală apropiată, și în grup pentru ceilalți. Sigilarea legăturilor asigură protecție împotriva fragmentelor energetice.

Lucrul cu energia întunecată

- După ce realizați acest pas, e important să nu vă mai gândiți la ei până după finalizarea curățirii, în caz contrar existând posibilitatea ca legăturile să fie recreate.

PASUL 3 – CREAREA CANALELOR ENERGETICE

- Creați un Portal de energie *de la* terapeut *către* Sursă și trimiteți energia prin el, sub forma unui vârtej.
- Creați o Legătură energetică *de la* Sursă la chakra coroană, și *de la* chakra inimă către client, cu intenția de a curăța energia întunecată.
- Creați o Legătură energetică *de la* un vortex terestru către chakra rădăcină, și apoi *de la* chakra inimii către client, cu intenția de a curăța energia întunecată.

PASUL 4 – CURĂȚAREA ENERGIEI ÎNTUNECATE

- Creșteti gradual nivelul acestei energii până când energia întunecată începe să intre în Portal.
- Dacă este necesar, creați o Legătură energetică la Sursa Cosmică prin intermediul chakrelor coroană și a inimii, și adăugați o altă Legătură energetică terestră prin chakrele coroană și a inimii.
- Terapeutul poate ridica, cu ajutorul mâinilor, energia întunecată de la client, direcționând-o spre Portal, și cu ajutorul intenției să trimită energia către Sursă, sub formă de vârtej. Acest pas poate fi văzut sau perceput în mod intuitiv. Trimiterea energiei sub formă de vârtej în Portal va ajuta procesul de transfer energetic, în caz contrar existând posibilitatea ca o parte a energiei

întunecate să rămână blocată și să se fragmenteze. Fragmentele se pot reîntoarce ulterior și pot rămâne alipite spațiului terestru.

- Verificați că toată energia întunecată a fost eliminată de la client.

PASUL 5 – VINDECARE FINALĂ ȘI VERIFICĂRI

- Aduceți energie vindecătoare penntru a sigila aura clientului.
- Puteți închide Portalul și Legăturile energetice, utilizându-vă intenția.
- Verificați dacă și voi și colegii voștri nu sunteți contaminați cu energie întunecată.
- Legăturile energetice dintre voi și celelalte persoane, tăiate anterior, pot fi acum reconectate.

DESPRE AUTOR

Andy Tomlinson BSc (psy), Dip RT, Dip HYP

Andy este formatorul principal al *Past Life Regression Academy*, vezi website: *www.regressionacademy.com*. Este absolvent de Psihologie, psihoterapeut și terapeut specializat pe terapia prin regresie. Printre cărțile scrise de Andy sunt *Vindecarea sufletului etern* și *Exploring the Eternal Soul*. Din 2009 călătorește de-a lungul globului pentru a curăța o gamă largă de energii intruzive și interdimensionale din locații religioase străvechi, și din portaluri energetice din toată lumea. Pentru mai multe informații despre tehnicile vibraționale înalte pe care le practică, vizitați *www.vibrationnewplane.com*.

REFERINȚE

1. Science News, *NASA's AURA Satellite Peers Into Earth's Ozone Hole* (2005), vezi website: www.sciencedaily.com/releases/2005/12/0512071059 11.htm.
2. Science News, *NASA Solar Storm Warning* (2006), vezi website: http://science.nasa.gov/science-news/science-at-nasa/2006/10mar_stormwarning.
3. Power of Light, *Divine Aspect*, disponibil pe website: www.divineaspect.com.
4. Of Spirit and Soul, *Earth Vortices, Ley Lines and Tectonic Plates*, 2004, website: http://www.ofspiritandsoul.com/earth%20vortices/vortice.html.

3

VINDECAREA SPIRITUALĂ A COPILULUI INTERIOR

Hazel Newton

Călătoria spirituală începe, pentru majoritatea oamenilor, ca o căutare a sensului.

Marilyn Ferguson

INTRODUCERE

Revizitarea amintirilor dureroase din copilărie și reinterpretarea evenimentelor timpurii din perspectiva adultului, pot fi uluitor de transformaționale. Putem folosi înțelepciunea pe care ne-au dat-o timpul, experiențele de viață și cunoștințele noastre, și să creăm oportunitatea unei profunde înțelegeri, eliberări și vindecări. Cu ajutorul unui terapeut experimentat, evenimentele care ne-au părut atât de dureroase în copilărie pot fi reanalizate, pentru ca lecțiile de viață să fie înțelese, adevărurile profunde exprimate, iar energia înghețată să poată fi transformată.

Dețin o cunoaștere detaliată a diferitelor tratamente de vindecare medicale și holistice, și a rezultatelor lor. Am lucrat anterior ca asistentă medicală autorizată, apoi ca specialist clinic în cadrul unei companii farmaceutice, iar acum sunt hipnoterapeut clinic, terapeut specializat pe regresii, practicând și regresia în viața dintre vieți.

Studiind și practicând vindecarea copilului interior timp de atâția ani cu un entuziasm din ce în ce mai crescut, recent am devenit foarte pasionată de integrarea unei noi abordări spirituale, care ajută clienții să își transforme perspectiva asupra evenimentelor din copilăria lor, într-o manieră extrem de profundă. Pentru întâia dată aceștia își percep adevărata natură de ființe spirituale, înțelegând și călătoria sufletelor lor de-a lungul a nenumărate vieți în căutarea experienței și a auto-înțelegerii.

În afara oferirii unei descrieri a tehnicilor mai tradiționale, bine fundamentate, de vindecare a copilului interior, acest capitol vă va face cunoștință și cu altele noi, de natură spirituală. Deși putem urmări firul care leagă gândurile negre, emoțiile negative, bolile sau lipsa noastră de armonie, de cauzele lor din copilărie sau din viețile trecute, uneori acestea pot fi transformate cu adevărat doar printr-o investigare amănunțită a planului de viață intricat și deliberat al sufletului nostru. Acest aspect mai spiritualizat al muncii cu copilul interior s-a dezvoltat ca urmare a experienței mele personale de lucru cu clienții pe viața dintre vieți, și se bazează pe înțelegerea contribuțiilor importante aduse de către pionieri, în special Michael Newton (fără a avea o relație de rudenie). Toate aceste eforturi oferă terapeuților un instrument nou, pe care îl pot folosi în conjuncție cu metodele tradiționale de vindecare a copilului interior, sau ca tehnică independentă.

Vindecarea spirituală a copilului interior asigură o înțelegere adâncă a situațiilor din trecut, prin examinarea unei perspective sufletești care naște o alinare profundă și transformațională. Am utilizat această metodă atât cu clienții, cât și cu studenții în cadrul *Past Life Regression Academy*, și am urmărit cu atenție numeroasele rezultate transformaționale pozitive.

PRINCIPII FUNDAMENTALE

Ce înseamnă de fapt vindecarea copilului interior? De-a lungul copilăriei putem trece prin traume – aspecte ale vieții extrem de dureroase și uneori aproape imposibil de suportat. În astfel de momente psihicul are diferite modalități de a proteja și sprijini copilul, astfel încât acesta sa le supraviețuiască. Conștiența poate să părăsească temporar corpul, în timp ce acesta îndură disconfort sau abuzuri, călătorind în alte realități – un loc de joacă, sau o încăpere plină de păpuși și jucării. Poate chiar sta în apropiere și cerceta evenimentul dureros într-o manieră foarte disociată și detașată, de la distanța unei perspective exterioare corpului, observând situația:

> Linda a regresat la vârsta de șapte ani, într-un moment în care era abuzată sexual de tatăl ei. Și-a părăsit corpul și s-a așezat pe scări, rămânând în afara dormitorului de fiecare dată când se intâmpla. Și-a spus în viața adultă că pe ea o cheamă „Lynne", pentru că nu putea sau nu vroia să se asocieze cu partea ei mai tânără care, în mintea ei, permisese ca abuzurile să aibă loc. Astfel, în esență, Linda a devenit copilul interior blocat al lui Lynne.

Atunci când se detașează de acea parte a sa care trece prin traumă, psihicul se protejează. În cazul evenimentelor din copilărie, cel mai probabil copilul victimă rămâne blocat în timp, în timp ce restul personalității continuă să crească. Uneori amintirile sunt îngropate sub nivelul înțelegerii conștiente. Cu toate acestea, ele sunt capabile să influențeze inconștient individul aflat în dezvoltare, adeseori într-un mod puternic și semnificativ, de-a lungul întregii lui vieți.

Acest lucru se poate manifesta în mai multe feluri:

> Credințele micuței Linda s-au manifestat într-o neîncredere profundă față de bărbați; o opinie solidă că bărbații o vor abuza cumva, și că pe de altă parte abuzul era singura modalitate prin care putea experimenta sentimentul de dragoste. Aceste credințe au devenit parte din Lynne, pe măsură ce creștea. Cum viețile pe care le ducem sunt reflecții ale credințelor noastre personale, credințele s-au materializat și în viața ei. A fost abuzată constant de mulți bărbați de-a lungul copilăriei și adolescenței, ajungând chiar să se mărite cu un bărbat care a agresat-o sexual în fiecare zi timp de 25 de ani, cât a durat căsnicia. O să vă istorisesc povestea lui Lynne un pic mai încolo.

Principiul fundamental al terapiei copilului interior este reîntoarcerea la sursa traumei pentru a-i permite clientului să reintegreze aspectul blocat din interiorul său. Evenimentele pot fi apoi recadrate într-o nouă perspectivă, care transformă vechile credințe și comportamentele asociate.

John Bradshaw este una dintre somitățile internaționale din domeniul psihologiei și recuperării, și un mare pionier al vindecării copilului interior. Bradshaw a ajutat mii de oameni să descopere adevărul despre secretele și traumele copilăriilor lor. A dezvoltat tehnici excelente pentru vindecarea și reintegrarea copilului pierdut și blocat, în personalitatea sa adultă. Cartea lui, *Homecoming*, este un izvor de informații practice și tehnici transformative, și o recomand cu mare căldură, alături de cărțile sale ulterioare.[1]

În practica mea am încorporat de asemenea idei dezvoltate de Brandon Bays în cartea ei *The Journey*.[2] Ea a creat tehnici excepționale de revizitare a sursei traumei pentru eliberarea și transformarea situațiilor respective. A predat și a vindecat sute de oameni prin intermediul cărților și seminariilor ei comprehensive.

Relativ recent am integrat munca lui Debbie Ford, care se centrează pe principiile vinei umane și a sub-personalităților. Acestea sunt măști pe care le creăm mai târziu în viață pentru a ne ascunde „umbra" rușinoasă de ceilalți, și adeseori chiar de noi înșine. Cartea ei *The Dark Side of the Light Chasers* este revelatoare și extrem de informativă[3], la fel ca *Why Good People do Bad Things*.[4] Ideile de față pot fi explorate mai detaliat în cartea lui Caroline Myss, *Sacred Contracts*.[5]

Arhetipurile copilului interior

Am descris mai jos câteva modele comportamentale arhetipale care se manifestă în viețile noastre, datorită copilului intern blocat:

- **Îndatoritorul (The Pleaser)** : Îmi înabuș sentimentele ca să mulțumesc pe toată lumea. Dacă mulțumesc oamenii, atunci ei mă vor plăcea, și dacă toată lumea se simte bine, atunci n-o să mă respingă. Mai târziu în viață nu mă voi autovaloriza. Voi face tot ce îmi stă în putință pentru o viață liniștită și adeseori mă simt vinovat. Pot să mă relaxez doar când toată lumea are ce-și dorește.

- **Performantul (The Achiever)**: Încerc din toate puterile să demonstrez părinților că sunt destul de bun pentru a fi iubit. Mai târziu în viață devin obsedat de muncă și extrem de stresat. Succesul este o problemă de viață și de moarte. Dacă nu sunt perfect, înseamnă că am dat greș și nimeni nu mă va iubi.

- **Rebelul (The Rebel)** : Părinții mei erau obsedați de control. Singura modalitate prin care pot să atrag atenția este să fac năzbâtii sau scandal, ceea ce mă bagă în belele, dar cel puțin primesc atenție. Mai târziu în viață ajunge să-mi placă să șochez și adeseori mă enervez ușor. De obicei mi se întâmplă pentru că oamenii nu fac ce vreau eu.

- **Victima (The Victim)** : Primesc atenție atunci când plâng, când îi spun mamei că m-a lovit cineva sau că nu mă simt bine. Dacă plâng suficient de mult, o să primesc afecțiune. Mai târziu în viață, ce se întâmplă este din vina celorlalți. Nu sunt în stare să-mi asum responsabilitatea pentru propria mea viață pentru că dacă fac acest lucru, nimeni nu o să mai aibă grijă de mine. Întotdeauna este vina altora dacă lucrurile nu merg bine în viața mea.

- **Raționalul (The Rationalizer)** : Trăiesc doar în mintea mea pentru că este locul cel mai sigur. Emoțiile din familie au fost atât de copleșitoare, încât mi-a fost mai bine să mă deconectez de propriile emoții. Familia mea nu recunoaște emoțiile, mi s-a spus întotdeauna să nu plâng sau să nu mă enervez, astfel încât nu știu cum să-mi gestionez sentimentele. Mai târziu, nu mi-am putut aminti ultima dată când m-am simțit supărat sau trist.

- **Salvatorul (The Rescuer)**: Faptul că mi-am mulțumit părinții i-a făcut să mă iubească. Ceilalți copii mă strigau „ăla bun" sau „favoritul profei". Mai târziu în viață am început să apreciez victimele, pentru că pot să am grijă de ele. Salvez oamenii pentru a mă asigura că sunt dependenți de mine, ceea ce mă face să mă simt util și în control.

VINDECAREA CLASICĂ A COPILULUI INTERIOR

Prin intermediul regresiei hipnotice, clientul poate să se întoarcă în timp la evenimente adeseori necunoscute minții conștiente. Aceste evenimente din copilărie sunt responsabile pentru comportamentele și credințele disfuncționale, nesănătoase, care pot provoca haos în viața adultă.

Întâlnirea și colaborarea cu copilul interior în timpul unei ședințe de regresie în viața curentă, crează o oportunitate de transformare, vindecare și integrare a părții clientului care rămăsese înghețată sau „blocată" în urma unei traume din copilărie sau chiar de la naștere. Așa cum am menționat anterior, copilul interior blocat controlează și influențează adeseori credințele, gândurile, comportamentul și emoțiile adultului. Ghidând clientul înapoi la sursa problemei, permite o eliberare semnificativă și o nouă înțelegere a situației inițiale. Reunirea copilului interior cu personalitatea sa adultă devine posibilă datorită oportunității oferite clientului de a reexamina evenimentul dintr-o nouă perspectivă.

Odată ce evenimentele din copilărie care cauzează problema prezentă au fost dezvăluite corespunzător, iar gândurile copilului interior despre ele au fost înțelese, pot avea loc dialoguri intuitive cu toți cei implicați.

Personalitatea adultă este adusă în trecut, pentru a întâlni copilul interior, creându-se astfel posibilitatea conectării lor afective, iar adultul putând să ofere copilului o vigoare nouă și calități transmițătoare de putere. Cei doi sunt ghidați apoi să-și întâlnească energetic abuzatorul, care adeseori este tatăl sau mama. Copilul interior are posibilitatea de a-și exprima propriul adevăr asupra evenimentului traumatizant, fiind ascultat pentru întâia oară de către abuzator, asigurându-ne totodată că acesta din urmă înțelege cu adevărat impactul devastator pe care evenimentul (sau evenimentele) l-a avut asupra întregii vieți a victimei. Copilul interior observă și simte apoi schimbarea care are loc în abuzator, care pare a dobândi instantaneu o nouă înțelegere și perspectivă a situației și a impactului asupra copilului. Acestă transformare nouă care are loc în abuzator ajută imens de mult copilul interior.

Alternativ, copilului interior i se poate oferi o explicație a motivelor care l-au determinat inițial pe abuzator să se comporte în modul în care a făcut-o- poate izvorând din evenimente dureroase similare din propria copilărie. Această nouă înțelegere oferită tuturor părților implicate este extrem de puternică și adeseori se finalizează cu îmbrățișări, lacrimi și expresii ale înțelegerii și iubirii. Având această înțelegere, copilul interior este încurajat să lase evenimentul în trecut, și să ofere în sfârșit iertare, o experiență profund vindecătoare.

Terapeutul poate ghida clientul adult să dea copilului interior calități care să confere putere, precum forța interioară, iubirea și siguranța de sine, încrederea și liniștea interioară, pe care să le încorporeze în psihicul său. Copilul interior este liber apoi să se dezvolte în interiorul clientului,

Vindecarea spirituală a copilului interior

până la atingerea vârstei actuale a acestuia, generând o imensă transformare energetică și o vindecare remarcabilă.

STUDIU DE CAZ – COPILA CARE ȘI-A PIERDUT TATĂL

Rosie avea 41 de ani când a ajuns la mine. Suferea de depresie profundă, căsnicia îi era pe butuci, soțul o abuza verbal, iar ea simțea că nu-l mai iubește și respectă. Stătea cu el doar de frica de a se descurca singură în viață. Nu avea copii și simțea că nu are nici un scop pentru care să trăiască.

Și-a evaluat nivelul de anxietate la 10/10, episoadele având o frecvență de apariție de patru sau cinci ori pe zi și durând aproximativ 20 de minute, uneori chiar până la o oră. Lua cu mare reticență antidepresive care păreau a nu o ajuta cu nimic.

După discuția inițială am dus-o cu ușurință pe Rosie în trecut, la un eveniment mai recent care avusese loc cu câteva săptămâni înainte, și în care se simțise anxioasă. Episodul avusese loc la birou, unde șeful ei se enervase pe ea din cauză că nu primise niște informații la timp. S-a simțit inutilă, incapabilă și neajutorată, și a început să plângă.

I-am cerut să intre în contact cu sentimentele ei și să se întoarcă în timp, la un eveniment mai vechi în care s-a simțit la fel. Am numărat până la trei și Rosie s-a regăsit într-o scenă de la vârsta de 17 ani, când primul ei iubit o tachina pentru că nu era suficient de tonifiată și de atletică, și pentru faptul că era supraponderală. Rosie mi-a spus că la acel moment avea doar câteva kilograme în plus față de greutatea ideală, și nu era interesată să facă sport pentru că îi plăcea să citească, având un interes deosebit pentru istorie. Însă cuvintele lui au rănit-o ca un cuțit și s-a simțit nesemnificativă, neimportantă, inutilă și neajutorată. A plâns din tot sufletul.

Am întrebat-o dacă a fost un sentiment familiar pentru ea, sau un șoc (acest lucru ajută la descoperirea rădăcinii problemei) și mi-a spus că era un sentiment foarte familiar, așadar am regresat-o și mai demult, la un eveniment anterior semnificativ. S-a descoperit la locul de joacă, când avea șase ani. Rosie se mutase la o școală nouă și toți copiii aveau deja prieteni. Le făcea o deosebită plăcere să o tachineze și să o hărțuiască, punându-i piedici și spunându-i lucruri crude și neplăcute. Nu avea nici un prieten și se simțea complet părăsită, neajutorată, nesemnificativă, inutilă și total în afara societății. Inclusiv învățătoarea o trata cu răceală, sâcâind-o în clasă, punându-i întrebări la care nu știa să răspundă, sau umilind-o în fața celorlalți colegi.

Am crezut că aceasta era sursa problemei, însă în continuare simțea că sentimentul era familiar, așa că am regresat-o și mai mult în timp. La vârsta de trei ani s-a descoperit într-o scenă în care mama urla la tatăl ei, în timp ce acesta se năpustea afară din casă, pentru ultima oară. Rosie era în sufragerie și mama ei a început să-i arunce cuvinte grele, spunându-i că era vina ei că tatăl le părăsise, că era inutilă, și că-și dorea să nu se fi născut niciodată. Episodul fusese un șoc pentru ea, și a înghețat atunci, pentru că o parte din ea a crezut în vorbele mamei – că era o pacoste inutilă. În acest moment a luat naștere credința care s-a înrădăcinat apoi în subconștientul ei.

Am rugat-o pe micuța Rosie să aștepte și am bătut ușor cu vârful degetelor pe fruntea lui Rosie, cerând să vorbesc cu Rosie adultă. Am sugerat ca Rosie cea mare să o ia pe micuța Rosie în poală, să o cuprindă cu brațele și să o aline, exact cum ar fi dorit să fie alinată când era mică. I-am dat lui Rosie cea mare o pernă pe care s-o îmbrățișeze pentru a adânci experiența. Au curs lacrimi din belșug, iar Rosie a suspinat îndelung, în timp ce o încurajam să elibereze toată durerea. Apoi suspinele au încetat.

I-am cerut lui Rosie adultă să discute cu micuța Rosie, imaginându-și cum se uită în ochii ei și îi spune că o iubește. A făcut-o cu dragoste, în timp ce o mângâia cu tandrețe pe micuță, o alina și îi spunea cât de mult o iubește și cum va avea grijă de ea pe viitor, într-o scenă minunată la care m-am simțit atât de bucuroasă să asist. Am vorbit apoi cu micuța Rosie și am întrebat-o de ce anume ar fi avut nevoie de la Rosie cea mare. Mi-a spus că nu înțelege de ce e vina ei. Cu ce a greșit?

Rosie adultă a putut să-i explice micuței Rosie adevărul, cu înțelegerea și perspectiva ei de om mare. Cu multă grijă și atenție, i-a spus că în nici un caz nu era vina ei, și că mami suferea atât de rău, încât s-a descărcat pe ea pentru că îi era cea mai la îndemână. Și pentru că nu vroia să se confrunte cu faptul că ea însăși era responsabilă pentru plecarea tatălui lui Rosie de acasă. Micuța Rosie s-a simțit foarte bine să audă aceste lucruri, și din nou s-au luat în brațe.

Am rugat-o apoi pe Rosie adultă să ia un mânunchi mare de baloane colorate, explicându-i că fiecare balon conținea o calitate dătătoare de putere, și că putea să aleagă câteva pe care să le dăruiască micuței Rosie. Întâi a dorit să-i dea un balon roșu plin de curaj. I-am cerut micuței Rosie să îl primească și să inspire profund esența curajului, pe care să-l simtă cum curge de-a lungul picioarelor ei, în corp, brațe, mâini, până la creștet. Ne-a

Vindecarea spirituală a copilului interior

spus că i-a plăcut foarte mult senzația și că deja se simțea mai puternică. (Culoarea roșie are și proprietăți energetice. Cei dintre voi care studiază terapia culorilor știu valoarea fiecărei culori în parte. Consider că este important ca adulții clienți să își aleagă singuri culorile pentru personalitatea lor din copilărie, și să nu li se impună anumite culori de către terapeut. Unele sugestii sau idei poti fi însă utile pentru a ghida o parte din clienți atunci când nu sunt siguri.)

Rosie cea mare i-a dăruit apoi balon după balon, fiecare cu calitățile de care avea nevoie – un balon roz închis pentru a fi demnă de iubire, un balon purpuriu umplut cu iscusința de a-și face ușor prieteni, un balon albastru plin cu înțelepciunea și abilitatea de a vedea imaginea de ansamblu, un balon portocaliu pentru distracție, și un balon de culoarea liliacului încărcat cu înțelegerea faptului că era perfectă și trebuia iubită exact așa cum era. A inspirat adânc și a absorbit energia fiecăreia dintre aceste calități și puteri de care Rosie adultă a simțit că micuța avea nevoie pentru a crește mare. Am sugerat și eu la final un balon în culorile curcubeului, care să conțină toate celelalte calități de care ar avea vreodată nevoie, astfel încât să le găsească permanent în interiorul ei.

Micuța Rosie ne-a spus că se simțea minunat și că era pregătită acum să o întâlnească pe mami. Având la îndemână toate puterile nou primite, i-a spus mamei că-i părea rău că Tati a plecat și că Mami suferea atât de mult, dar că nu-i plăcea că Mami o învinovățea pentru ceva ce nu era vina ei. Ascultând-o pe micuța Rosie cum îi spune adevărul în felul ei, Mami și-a aplecat capul, copleșită de rușine pentru ce făcuse. Rosie i-a putut simți părerea de rău, și i-a trimis o scânteie de dragoste direct în inimă, iar Mami și-a cerut mii de scuze și a îmbrățișat-o pe micuță. Rosie cea mare a fost următoarea care a discutat cu Mami, explicându-i care a fost impactul asupra vieții ei și cât de nedrept fusese totul. Din nou Mami și-a plecat capul de rușine și i-a spus că nu și-a imaginat cât de adânci fuseseră consecințele cuvintelor și acțiunilor ei, imporându-i iertarea, pe care Rosie cea mare i-a dăruit-o fără ezitare. Rosie cea mare și mami s-au îmbrățișat apoi, folosind ca recuzită o pernă, o îmbrățișare extrem de vindecătoare pentru amândouă.

Odată ce dialogul s-a încheiat, cele două Rosie se împăcaseră cu Mami. I-am cerut apoi lui Rosie cea mare să o micșoreze pe micuța Rosie astfel încât să o poată cuprinde în palmă, după care să o vâre în inima ei, ca să poată acum să crească și să devină o parte a ei sănătoasă, perfect integrată. După ce a făcut acest lucru, am trecut-o pe Rosie prin anii ei de creștere la vârsta de patru, cinci și șase ani, unde am ajutat-o să își reviziteze evenimentul semnificativ petrecut la locul de joacă, de lângă noua școală. Micuța Rosie s-a reconectat cu puterile nou primite, și de data aceasta s-a descoperit în centrul atenției, înconjurată de toți copiii care vroiau sa-i devină prieteni. Emana o energie diferită, iar copiii nu mai simțeau nevoia s-o hărțuiască. Micuța Rosie se simțea fantastic și s-a vizualizat imediat în sala de clasă, răspunzând cu ușurință tuturor întrebărilor pe care i le adresa învățătoarea, cu încredere și șarm. Trecea de la o putere la alta, descoperind cât de sclipitoare era în realitate.

Am rugat-o pe Rosie cea mare să experimenteze cum era ca micuța Rosie să craescă având toate calitățile nou primite. Ne-am oprit la vârsta de 17 ani când prietenul ei de atunci îi spusese că era grasă. De data aceasta i-a râs

Vindecarea spirituală a copilului interior

în nas, spunându-i, „Sunt minunată așa cum sunt și pentru că tu nu mă apreciezi, poti să pleci, pentru că o să-mi caut un prieten mult mai de treabă, care va fi în stare să vadă cât de specială sunt." I-am sugerat apoi să se vizualizeze într-o relație mai sănătoasă, și s-a simțit extraordinar de fericită.

A continuat să crească și să treacă prin evenimentele mai dificile ale căsniciei. La fiecare dintre ele ne-am oprit ca să-și transforme amintirile, exprimându-și propria valoare și ignorând cuvintele abuzive adresate de către fostul soț. La final, am vizitat un eveniment mai recent, petrecut alături de șeful ei, în care finalizase la timp o anumită sarcină de servici. Se simțea plină de energie și de încredere acum, pe măsură ce își amintea cum o lauda șeful pentru eficiența de care dăduse dovadă.

Construind pe aceste experiențe, am dus-o pe Rosie în viitor, la o lună de la momentul ședinței, unde a vizualizat intuitiv cum beneficia de o promovare. Apoi la șase luni în viitor, unde și-a creat imaginea unei vacanțe minunate alături de prietena ei cea mai bună. Iar în cele din urmă am călătorit un an în viitor, unde s-a imaginat de Crăciun, ținându-i companiei mamei ei, înconjurate de dragoste, fiind în același timp într-o relație cu un bărbat tandru, bun la suflet și care o aprecia.

Am adus-o apoi pe Rosie în prezent și și-a deschis ochii. I-am văzut zâmbetul larg și sentimentul de scepticism de pe față. „Uau!" a spus, „deja mă simt atât de diferit. Mult mai pozitivă și mai puternică." Am discutat despre următoarea ședință și am trecut-o în calendar.

S-a reîntors după o lună și rezultatele ședinței erau extraordinare – nivelul de anxietate era zero ! Îi făcea plăcere să meargă la muncă, doctorul îi dăduse acceptul să nu mai ia antidepresive, și decisese să-și părăsească soțul. Despărțirea lor părea amiabilă și ea se simțea încântată la gândul unei vieți noi și a perspectivei de a întâlni pe cineva care să o trateze ca pe o prințesă!

În următoarea ședință am lucrat pe o altă problemă, și anume dorința ei de a nu-și mai roade unghiile. După șase luni, am primit de la ea următorul e-mail:

> Bună Hazel, nu știu cum să te răsplătesc pentru ședința pe care am avut-o la începutul anului, pentru că viața mea este total schimbată. Înainte de ședința cu tine, eram deprimată, anxioasă și nu vedeam nici un viitor pentru mine. Viața mea este cu 100% mai bună de când am avut prima ședință împreună. Simt că sunt o persoană complet diferită, mai liberă și mai încrezătoare în puterile mele. Am o relație foarte plăcută cu mama – s-a îmbunătățit enorm și acum îmi face plăcere să stau cu ea. Și am cunoscut un bărbat minunat, un văduv cu doi copii mici, de cinci și șase ani, absolut adorabili. Sunt fericită peste poate! Suntem tare îndrăgostiți, pot să-i spun orice și mă apreciază într-un fel în care nu m-am mai simțit până acum! Și ghici ce, am fost promovată, exact cum am vizualizat în ședință. Primesc și mai mulți bani – mult mai mulți bani! Am făcut și un desen cu toate acele baloane minunate, ca să-mi aduc aminte permanent de calitățile pe care le am și care mi-au schimbat viața.
>
> Nu știu cum să-ți mulțumesc pentru acest miracol. Te recomand tuturor prietenilor mei.

Acest studiu de caz este foarte tipic, de fapt, și am mulți clienți care au suferit din cauza unor experiențe similare din copilărie, care le-au schimbat viața – abuzuri, hărțuire, abandon, cruzime și altele asemenea. Nu toți clienții au rezultate după o singură ședință, unii având nevoie de trei sau mai multe ședințe, atunci când este necesar lucrul cu diferitele aspecte ale unei probleme. Unii clienți răspund mai bine atunci când terapia copilului interior este aplicată în conjuncție cu regresia în viețile anterioare. Rădăcinile unei probleme complexe sau provocatoare se află adeseori într-o traumă nerezolvată dintr-o viață anterioară, pe care sufletul a adus-o în viața curentă pentru a o lucra, transforma și pentru a elibera emoțiile blocate.

Vindecarea copilului interior este o modalitate extrem de rapidă pentru majoritatea clienților, de a transforma rapid credințele nefolositoare și de a reintegra personalitatea copilului blocat. Îi ajută sa se elibereze și să se bucure de restul vieții.

PERSPECTIVA SPIRITUALĂ

Cel mai semnificativ aspect al noii vindecări *spirituale* a copilului interior, pe care vreau să-l împărtășesc cu voi, este împletirea abordării tradiționale cu înțelegerea adevăratului nostru scop sufletesc. În cărțile sale de pionierat *Journey of Souls* și *Destiny of Souls*, Michael Newton descrie cum a regresat mii de oameni într-un loc aparținând dimensiunii spirituale, în care sufletele se retrag după fiecare încarnare terestră – în starea „vieții dintre vieți" [6,7] Această dimensiune spirituală este adevărata noastră casă, din care plecăm spre vibrațiile mai dense are Pământului pentru a experimenta provocările vieții umane.

În această stare dintre vieți, subiecții descriu cum li se oferă vindecare, se întâlnesc cu ghizii lor spirituali, își revizuiesc ultima viață, analizează diferite opțiuni pentru următoarea viață și sunt ghidați de un Consiliu al Înțelepților în procesul de luare a deciziilor pentru viața aleasă. Descoperirile lor din cadrul ședintelor de regresii, le-au dezvăluit noi perspective spirituale și un obiectiv nou, mai profund, legat de traiul pe Pământ. Adeseori acest lucru conduce la schimbări transformaționale ale stării de sănătate, comportamentelor, relațiilor și credințelor.

Newton descrie de asemenea cum însuși sufletul este cel responsabil de fiecare aspect al vieții lumești. Sufletele își aleg lecțiile de viață din care doresc să învețe și care să le ajute să crească. Există de regulă o temă generală, comună sufletelor aparținând unui grup mai mare, cuplată cu lecții de viață individuale asupra cărora sufletul lucrează de-a lungul a mai multe vieți. Așadar, un suflet care lucrează pe tema controlului, de exemplu, poate decide să aleagă o viață unde să se simtă controlat, experimentând înainte o alta în care să fie el cel care exercita controlul. Alte suflete sunt selectate, sau în mod voluntar vor singure să lucreze cu noi, ajutându-ne să avem experiențele pe care ni le dorim, în timp ce-și desfășoară simultan propriile lecții de viață; înțelegerile pe care le facem cu ele sunt denumite contracte între suflete.

Poate fi foarte dificil să vedem durerea și chinul care constituie o parte necesară a multor experiențe de aici, de pe Pamânt. Putem însă să ne dăm seama că fiecare, în orice formă și-ar face apariția, este doar un suflet care își îndeplinește planul de viață, exact ca actorii dintr-un film. Sufletele joacă întreaga paletă de roluri pentru a explora toate aspectele vieții umane, cu scopul de a crește și a evolua. Chiar și viețile deosebit de grele sunt de obicei *alese* de suflete foarte curajoase sau experimentate.

Acest fragment anonim numit *Călătoria unui suflet*, surprinde esența contractelor dintre suflete:

Vindecarea spirituală a copilului interior

A fost odată un suflet căruia i-a venit timpul să se nască în formă umană, așa că s-a dus la peștera măreață a golului infinit, unde mergeau toate sufletele ca el. În peșteră se aflau sute de mii de suflete, fiecare manifestându-se sub forma unei mici flăcări albastre.

Și sufletul spuse, „Pe Pământ, dacă trebuie să învăț cele mai grozave dintre lecții, lecțiile umilinței, toleranței la provocare, și să-i iubesc pe cei care mă detestă, atunci am nevoie de dușmani. Am nevoie de oameni care să mă urască, să mă chinuie și să mă supună violenței. Cine va face asta pentru mine? Care vor fi dușmanii mei pe Pământ?"

Se lăsă atunci tăcerea în peșteră până când, în sfârșit, se apropie un mic grup și spuse, „Suntem grupul tău de suflete. Te cunoaștem și te iubim de milioane de ani, iar creșterea și învățarea ta ne sunt tot atât de dragi ca ale noastre. Acestea sunt cele mai dificile și mai delicate sarcini, și dacă trebuie să fii rănit și chinuit, mai bine să fie făcute de prietenii care te iubesc. O să fim noi dușmanii tăi pe Pământ."

Așadar, toți am încheiat astfel de înțelegeri înainte de viața actuală? Cred că da. Ne creăm singuri provocări, prin lecțiile și situațiile care oferă sufletului nostru șansa de a învăța și de a crește. Și de-a lungul acestei călătorii, ajutăm și alte suflete cu propriile lor lecții de viață.

Haideți să vedem cum această abordare spirituală poate fi integrată în vindecarea copilului interior.

Vindecarea spirituală a copilului interior

STUDIU DE CAZ – COPILUL AL CĂRUI PRIETENI ERAU INVIZIBILI

Vindecarea spirituală a copilului interior oferă clienților o oportunitate rapidă de a dobândi o perspectivă nouă, mai înaltă, asupra evenimentelor din viețile lor. În timpul ședinței de lucru cu copilul interior, cu clientul aflat într-o hipnoză profundă, putem să-l ghidăm spre tărâmul spiritelor, la experiențele vieții dintre vieți. Se poate duce la momentul creării contractelor, înțelegând astfel a cui a fost ideea unui anumit contract, și ce a vrut fiecare participant să trăiască și să învețe din el.

Brian era un bărbat spre patruzeci de ani, care tocmai ce începuse să lucreze ca terapeut, fiind în același timp un clarvăzător talentat. În copilărie, văzuse adeseori spirite, fără a înțelege că era diferit de ceilalți copii și de părinții săi. Cu toate acestea, tatăl său l-a hărțuit și l-a îndepărtat, într-o copilărie care semăna aidoma scenelor de început ale primului volum din Harry Potter. Părinții îi spuneau frecvent să tacă din gură și îl trimiteau departe pentru că nu-l înțelegeau, se temeau de spusele lui și de ce ar fi putut să creadă ceilalți oameni. Au chemat chiar și un preot să-l exorcizeze, și trăia sub spaima abuzului verbal al tatălui său. Era adeseori confuz și speriat de ce percepea în jurul său, spirite și stafii care veneau să-l viziteze și să comunice cu el. Intuitiv, știa că toate acestea erau reale, însă nu era crezut sau acceptat, fiind ridiculizat pentru că vorbea cu prietenii săi invizibili.

Relația cu tatăl fusese extrem de dificilă de-a lungul întregii sale vieți, cu o existență lipsită de iubire sau afecțiune paternă. Pentru a părea mai normal, Brian a ales un loc de muncă tradițional în oraș, imediat după ce a terminat școala, ascunzând acea parte din el care vedea și vorbea cu spiritele. Era foarte motivat de fapt să blocheze și să pună deoparte acel aspect personal, de frică să nu se simtă și mai ridiculizat sau rănit. Când l-am cunoscut, tatăl său murise, iar el era sătul de sentimentul că nu poate fi el însuși.

În timpul primei noastre ședințe de terapie a copilului interior, l-am ghidat să treacă prin câteva evenimente dureroase, până am ajuns la primul, care constituia „șocul" inițial. Fusese încuiat în camera lui la vârsta de șase ani, pentru că vorbise cu voce tare cu spiritele care-i deveniseră prieteni. I-am cerut să meargă în lumea spiritelor, în locul în care încheiase contractul de suflete între el și viitorul lui tată. Brian s-a descoperit într-o încăpere minunată, ca un templu, alături de sufletul tatălui său și de ghidul spiritual pe care îl întâlnise de atâtea ori până atunci.

L-am întrebat ce se întâmpla, și mi-a spus că se pregătea pentru viața lui curentă, în care va dobândi o înțelegere spirituală profundă, dar în care dorea de asemenea să fie controlat, restricționat și presat, până când și-ar descoperi puterea și curajul să-și exprime adevărata esență. Când ar fi făcut acest lucru, adevărul său ar fi avut un impact pozitiv și semnificativ asupra unui număr mare de oameni. Se pregătea să își aranjeze multe aspecte ale vieții pentru a reuși să-și atingă obiectivul, dar avea nevoie ca sufletul pe care-l alesese să-i fie tată, să-și îndeplinească fără ezitare sarcina.

În trei dintre viețile dinaintea acesteia, fusese omorât pentru că-și exprima adevărul personal, așadar aceasta era o încercare dificilă pentru sufletul său. Perspectiva pe care ar fi dobândit-o din experiența de descoperire personală, și de descoperire a vocii și puterii interioare, i-ar fi permis sufletului său să dobândească o experiență de învățare neprețuită. L-am întrebat ce se întâmplă în continuare, și mi-a spus că avea discuții profunde cu tatăl lui, care îi spunea că va fi extrem de dificil pentru el să joace acest rol crud, când îl iubea atât de mult, și când trăiseră atâtea vieți pline de iubire până atunci. Cu toate acestea, rolul de tată i-ar fi permis acelui suflet să experimenteze cum e să fii un abuzator crud și dominator, un rol pentru care atât el, cât și ghizii lui spirituali, simțeau că ar fi fost pregătit, anticipându-l cu nerăbdare – ca un actor care își alege următorul rol, dur, aspru, însă demn de marele ecran.

L-am întrebat pe Brian ce părere avea, și mi-a spus că simțea o iubire necondiționată și atâta recunoștintă pentru tatăl său – un bărbat de care fusese terifiat în viața actuală. S-au îmbrățișat apoi, cu ajutorul unei perne-recuzită, ceea ce a adâncit experiența și emoțiile. Îmbrățișându-și tatăl, l-a cuprins un sentiment copleșitor de iertare și a plâns, spunându-mi că acum înțelege adevărul relației pe care o avuseseră. În timpul îmbrățișării, tatăl i-a spus că-i părea rău pentru toate actele de cruzime și abuz, și că fusese cea mai grea viață pe care o trăise.

Dialogul dintre ei a fost minunat, cu atâta iubire și înțelegere reciprocă. Brian și-a dat seama în acel moment special, că fusese integral responsabil pentru viața lui, pentru lecțiile pe care și le alesese, și pentru scopul mai înalt pe care îl aveau. Și-a dat de asemenea seama că tatăl său îl iubea necondiționat și pentru totdeauna. Tatălui îi părea cu adevărat rău, dar pe de altă parte jucase un rol crucial și important în istoria acestei vieți curente.

I-am cerut apoi lui Brian să treacă din nou prin evenimentele dureroase ale copilăriei, având această

Vindecarea spirituală a copilului interior

nouă înțelegere și perspectivă, cu toate informațiile pe care le dobândise. Am revizitat cinci dintre evenimentele care inițial îi provocaseră atâta durere, dar de data aceasta a fost capabil să zâmbească și să observe, cu iubire, că tatăl său își jucase într-adevăr rolul foarte bine. Pe măsură ce asista la evenimente, cu o perspectivă superioară, s-a simțit mai puternic, mai înțelept și mai conștient de imaginea de ansamblu, trecând prin fiecare dintre ele cu calm și înțelegere. Când a ajuns la vârsta pe care o avea în prezent, s-a caracterizat ca mai liber, mai ușor, mai fericit și mai calm, ca și cum ar fi fost pregătit acum să-și continue misiunea vieții, aceea de a-i ajuta pe ceilalți și de a-și exprima propriul adevăr.

După ședință Brian a început să apară în public, vorbind despre călătoria lui de viață și transmițând mesajele de înțelepciune și de iubire primite de la ghizii spirituali cu care lucrează, pentru a-i ajuta pe oameni să înțeleagă cine sunt, ca suflete. Și-a pus numele pe o carte în care a jucat un rol vital, și pentru prima dată în viață se acceptă, ca ființă spirituală cu o misiune de îndeplinit, nu doar pentru a-și înțelege adevărata natură, ci și pentru a-i ajuta pe ceilalți să înțeleagă cine sunt cu adevărat. Iată feedback-ul primit de la Brian:

Ședința de terapie a copilului interior m-a schimbat cum nu mi-aș fi imaginat că e posibil. Perspectiva sufletească și înțelegerea dificultăților prin care am trecut în copilărie, au avut un efect profund și imediat asupra mea. Mi-am dat seama ce curaj am, ca suflet, să mă îmbarc în acest rol, și ce curaj ieșit din comun am avut copil fiind, ca să reintegrez acea parte ascunsă în viața mea. Am realizat că n-o făceam doar pentru mine, ci și pentru mulți alți oameni. Dacă m-aș agăța de anonimat, mi-aș face singur rău, și asta mi se pare atât de ridicol acum.

De la ședință viața mea a mers înainte, pe atâtea căi minunate, cum nu puteam să-mi imaginez înainte. Nu mai am limite sau bariere și mă simt binecuvântat pentru viața pe care mi-am ales-o, în totalitatea ei – nu aș fi crezut că voi ajunge să spun asta!

Transformarea lui Brian a fost rapidă, înțelegerile pe care le-a absorbit într-o singură ședință schimbându-i viața. Însă așa cum am menționat deja, o parte a clienților are nevoie de mai multe ședințe, în funcție de situația lor personală unică. Lynne, clienta de care v-am povestit mai devreme, cea care fusese abuzată sexual, este un exemplu potrivit:

Lynne trecuse deja prin mai multe ședințe cu mine până ca durerea îndurată de-a lungul unei vieți întregi de abuzuri să-și facă simțită prezența. Adoptase rolul victimei așa de bine, încât nu știa cum poate să fie altfel.

Când am discutat pentru prima oară cu Micuța Linda cea blocată, am descoperit o fetiță doritoare să le facă pe plac tuturor, prietenoasă și vorbăreață, tânjind cu disperare după iubire și afecțiune, o fetiță abandonată, abuzată și neglijată, care, în ciuda tuturor acestor lucruri, făcea tot ce îi stătea în putință să îi mulțumească pe cei din jurul ei, inclusiv să le permită celor dragi s-o abuzeze sexual – pentru a primi acea percepție de iubire pe care o căuta. Durerea îndurată de Micuța Linda era enormă, cu toate acestea spiritul ei era viu și adorabil.

La început, când am întrebat-o pe Linda cea mare – Lynne – dacă ar vrea s-o îmbrățișeze pe Micuța Linda, oferindu-i o pernă mică, a aruncat-o literalmente în capătul încăperii și a urlat. Era furioasă pe Micuța Linda că permisese ca abuzurile să aibă loc. I-au trebuit câteva ședințe să-i descopere Micuței Linda adevărata inocență și frumusețe. Și să înțeleagă cu adevărat situația imposibilă în care se aflase. Era vital să își ierte copilul interior, folosind apoi tehnicile de recăpătare a puterii pe care le-am descris anterior, baloanele și noile calități, pentru a-și integra complet copilul interior.

Dar ce a ajutat-o cel mai mult a fost descoperirea faptului că și-a ales chiar ea părinții naturali, adoptivi și din plasament, abuzatorii și soțul actual, și totodată lecțiile de viață și planul de desfășurare al acesteia, astfel încât sufletul ei să experimenteze astfel viața terestră.

Iată ce mi-a spus Lynne la încheierea terapiei : „ Înaintea ședințelor cu tine eram moartă, iar acum am reînviat. Am putut să dau drumul trecutului, și sunt plină de speranța și de bucuria că pe viitor voi putea ajuta alți oameni care au fost abuzați, spunându-mi povestea despre cum m-am reîntors la viață mulțumită ție și hipnoterapiei."

TEHNICI PENTRU VINDECAREA SPIRITUALĂ A COPILULUI INTERIOR

Vindecarea spirituală a copilului interior include o abordare în trei pași. Este important însă să ne aducem aminte că fiecare persoană este unică, fiind uneori necesar să schimbăm ordinea acțiunilor din cadrul fiecărui pas. Cheia este să ne urmăm intuiția și să lucrăm cu inima.

PASUL 1 – REGRESIA LA SURSĂ

Primul instrument de transformare completă a problemei sau complexului, este identificarea sursei problemei – adeseori numită eveniment sensibilizator initial (ESI). Când ajungem la rădăcina problemei și o transformăm, putem preveni total revenirea ei, spre deosebire de situația în care reușim să atingem doar ramurile sau trunchiul, iar rădăcinile rămân tot acolo.

- Duceți clientul la evenimentul semnificativ din copilărie sau viața intrauterină, și explorați situația în care se află. De obicei eu folosesc un pod emoțional, ceea ce înseamnă amplificarea sentimentelor dureroase sau a fricilor curente. Cereți-le să amplifice aceste sentimente în timp ce măsurați până la zece, până când devin atât de puternice, încât de-abia pot fi suportate, apoi trimiteți-i direct la sursa lor cu comanda 1... 2... 3... **acum!**.

- Oriunde vor merge, investigați ce vârstă au și vorbiți-le corespunzător vârstei. Dacă au cinci ani, vorbiți-le cum o faceți cu un copil de cinci ani.

- S-ar putea să fie necesar să revizitați câteva evenimente semnificative pe firul timpului, pe măsură ce călătoriți către sursa reală a problemei.

- Cereți clientului să **Meargă la prima dată când s-a simțit așa**. Va trebui însă să vă dați seama dacă se află sau nu la adevăratul eveniment sursă. După ce colectați informații despre scenă și despre emoțiile pe care le simte, întrebați, **Este un sentiment familar, sau este un șoc ?** Dacă este familar, va trebui să mergeți și mai în spate, pentru a ajunge la sursă. Dar notați-vă informațiile colectate la fiecare eveniment, deoarece vor fi utile în timpul transformării.

- Dacă emoția este un șoc pentru client, probabil ați ajuns la sursă. După ce verificați acest lucru, puteți să confirmați utilizând semnalizarea ideomotorie (prin stabilirea răspunsurilor de „da" și „nu", folosind degetele, cu ajutorul sinelui superior). Apoi colectați informații referitoare la situația în care se află, incluzând celelalte personaje care apar, ce aude clientul, ce simte, șamd. Pemiteți-i clientului să conștientizeze adevărurile percepute în copilărie, și sentimentele sau credințele care s-au născut în interiorul său în acele momente, precum „Nu sunt iubit/ă", „Nu mă vrea nimeni" sau „Niciodată n-o să fiu suficient de bun/ă".

PASUL 2 – TRANSFORMAREA

Etapa de transformare are ca obiectiv dobândirea unei înțelegeri noi. Trebuie gestionată intuitiv, pentru că fiecare client și fiecare problemă sunt unice, uneori nefiind necesare toate tehnicile descrise în continuare. Nu există o ordine specifică, conectați-vă cu clientul și faceți ce simțiți că este potrivit. Este bine să vă familiarizați cu toate instrumentele acestei etape, pentru a le avea la îndemână atunci când este necesar.

Întâlnirea Copilului Interior

- Cereți clientului să părăsească pentru câteva clipe scena și să revină la momentul prezent. Explicați-i că îl veți atinge ușor cu degetele pe frunte ca să discutați pe rând

Vindecarea spirituală a copilului interior

cu „copilul interior", respectiv cu „personalitatea adultă".

- Informați clientul că vă reîntoarceți la evenimentul pe care tocmai ce l-ați accesat, și că se va reîntâlni acolo cu copilul interior care era la momentul petrecerii evenimentului. Numărați 1... 2... 3... acum!

- Cereți clientului să se conecteze cu copilul său interior. Puteți să spuneți de exemplu, **Uite-te în ochii lui**, sau **Îmbrățișează-l**, sau **Așează-l în poală**. Folosiți ca recuzită o pernă mai mică pentru a facilita îmbrățișarea copilului.

- Cereți adultului să privească în ochii copilului și încurajați-l să-i perceapă inocența, drăgălășenia, unicitatea și abilitatea de a se face iubit. Momentul poate fi unul emoționant, așadar permiteți-i clientului să își descarce lacrimile. Trebuie să fiți creativi cu unii clienți, pentru a le facilita ajungerea la acest moment – de exemplu le puteți cere să transmită și să simtă iubirea reciprocă dintre adult și copil. Însă niciodată să nu-i forțați – s-ar putea să aveți nevoie de mai multe ședințe ca să ajungeți în acest punct.

- În pasul următor, spuneți-i adultului că are la îndemână un mănunchi imens de baloane, și că fiecare balon reprezintă o calitate pe care și-ar dori ca pesronalitatea copilului interior s-o aibă – de obicei calitățile pe care și e-au dorit când erau mai mici. Este important să-și aleagă clientul propriile calități pentru copilul interior, așadar nu le indicați voi, cel puțin nu la început. Puteți să le faceți mai târziu câteva sugestii.

- Începeți prin a cere clientului să aleagă prima calitate și ce culoare a balonului reprezintă, de exemplu un balon

Vindecarea spirituală a copilului interior

roșu plin de curaj. Cereți-i să-i dăruiască balonul copilului interior. Cu degetele, apăsați ușor fruntea ca să faceți trecerea către dialogul cu copilul interior, și sugerați-i copilului să inspire adânc energia roșie din balon și să simtă valul proaspăt, puternic, de curaj care îi străbate corpul. Ajutați-l să experimenteze efectiv cum se simte să fii plin de curaj.

- Repetați procesul cu mai multe baloane. Calitățile cele mai întâlnite sunt puterea, iubirea/ valoarea/ stima de sine, abilitatea de a spune nu, și capacitatea de a înțelege și a ierta. După ce clientul și-a exprimat toate preferințele, verificați dacă s-au oferit copilului toate calitățile importante.

- O alternativă finală este să sugerați oferirea unui balon în toate culorile curcubeului, care să conțină toate calitățile care i-ar putea fi necesare pe viitor. După ce copilul interior a absorbit această energie, reamintiți-i că acum are în interiorul său tot ce ar putea avea nevoie vreodată.

- Aduceți-i aminte pe rând de fiecare calitate care i-a fost dăruită și rugați-l să simtă această diferența acum, cu ele ca parte integrantă a personalității sale. Explicați-i că vor rămâne întotdeauna acolo, și le va putea folosi de câte ori va avea nevoie.

Întâlnirea cu abuzatorul/ abuzatorii

- Ghidați clientul să-și ducă personalitatea adultă și copilul interior într-un loc de siguranță, de exemplu un parc, lângă un foc de tabără sau pe o plajă frumoasă. Adultul poate ține copilul de mână, sau putem să aducem putere suplimentară sub forma spiritelor de animale sau a ghizilor spirituali, astfel încât copilul interior să aibă tot sprijinul de care are nevoie pentru a vorbi cu abuzatorul/ abuzatorii. Adeseori aceștia sunt propiii părinți.

- Cereți copilului să le zică tot ce ar fi vrut să le spună în acele momente din copilărie, și nu a reușit. Cel mai bine este să-l încurajăm să formuleze propozițiile la timpul prezent, pentru a se asocia experienței. Cereți de asemenea un răspuns și de la abuzator. Puteți încuraja copilul interior să își redobândească puterea interioară, prin proiectarea tuturor sentimentelor negative asupra abuzatorului, ca să-i dea acestuia din urmă posibilitatea de a experimenta cum se simt cu adevărat. Acestă tehnică este extrem de puternică și de multe ori abuzatorii cad în genunchi, copleșiți de rușinea a ceea ce au făcut, și implorând iertare.

- Copilul interior poate fi încurajat să vizualizeze cum trimite o scânteie de lumină sau iubire vindecătoare spre abuzator. Le sugerez s-o trimită direct către inimă. Aceasta simbolizează totodată propria iertare și abilitatea de a lăsa în urmă vechile credințe și sentimente, în timp ce actul de a primi energia de către abuzator ajută energia sufletească a acestuia din urmă.

- Cereți adultului să se adreseze copilului și să îi spună adevărul despre situația respectivă. Explicațiile pot fi extrem de variate, dar în general încercați să-l ghidați să vadă adevărata față a incidentului. De exemplu, dacă părinții au țipat la el, adultul poate să-l liniștească pe copil spunându-i că nu fusese vina lui, și că este normal ca adulții să aibă propriile lor probleme și să strige uneori unii la alții.

- Încurajați adultul să aline copilul oferindu-i multe îmbrățișări și iubire, atât cât are nevoie. S-ar putea să aveți nevoie de creativitate și asertivitate în acest punct, care constituie, din nou, un moment emoționant. Acordați suficient timp pentru diminuarea emoției.
- Înainte de a continua, asigurați-vă că iertarea și iubirea au fost exprimate și acceptate. Verificați dacă adultul și copilul sunt pregătiți să lase abuzatorul să plece.

Întâlnirea cu abuzatorul/ abuzatorii atunci când erau mici

- Pentru a încuraja inițierea dialogului cu abuzatorul, uneori este necesară o strategie alternativă. În aceste situații îi cerem copilului interior să vizualizeze abuzatorul la aceeași vârstă ca a copilului.
- Adeseori percep că mama sau tatăl lor fusese în copilărie la fel de nefericit, abuzat sau speriat de proprii părinți. Suferiseră poate aceeași durere. Scena poate fi deosebit de vindecătoare, pentru că oferă posibilitatea stabilirii unui nou nivel de conectare.

Care sunt lecțiile de viață?

- În momentul în care au înțeles imaginea de ansamblu și motivele pentru care s-au întâmplat acele evenimente, întrebați-i care sunt învățămintele pe care le extrag de acolo. Care au fost beneficiile lor din acele experiențe? Adeseori s-ar putea să spună, „Din cauza lucrurilor trăite atunci, am devenit un părinte mai bun."

Tăierea corzilor

- Tăierea corzilor energetice este o modalitate utilă de completare a procesului. Are ca efect creșterea puterii clientului și permite reîntregirea fragmentelor de energie.

- Cereți copilului interior să vizualizeze o coardă argintie între el și abuzator. Ghidați-l să-i trimită înapoi abuzatorului orice energie pe care o deține și care îi aparține celuilalt, apoi să vadă cum energia călătorește prin această coardă, către locul ei de origine. Apoi cereți-i copilului să ceară orice energie care îi aparține lui, și care se află la cealaltă persoană. La fel, trebuie s-o urmărească intorcându-se în câmpul său energetic. Întrebați copilul cum se simte, având toată energia reîntregită cu bine.

- Cereți copilului să taie coarda. De regulă le sugerez să folosească un foarfece de cristal și să sigileze apoi fiecare capăt cu o culoare la alegere. Culorile selectate vor avea rezonanță energetică, fiecare cu proprietăți de vindecare unice.

Contractele între suflete

- Ghidați clientul să meargă înainte de naștere, în locul din lumea spiritelor unde a încheiat contractul cu sufletul abuzatorului. Ghidul spiritual poate însoți clientul.

- Cereți-le să exploreze contractul pe care l-au încheiat și încurajați-le dialogul din perspectiva spirituală cea mai înaltă. Întrebați clientul la ce lecții de viață a fost de acord abuzatorul să îl ajute. Această etapă poate fi deosebit de revelatoare, generând uneori aproape instantaneu o nouă abordare asupra relației lor anterioare.

- De asemenea, puteți să întrebați, **Au avut și alte vieți împreună?** Dacă da, **Ce roluri au jucat?**

- Permiteți-le să conștientizeze starea de iubire necondiționată pentru abuzator în lumea spiritelor.

- Întrebați-i ce părere au despre această viață și despre provocările asupra cărora s-au înțeles.

Vizitarea unei alte vieți anterioare

- Puteți ajuta clientul să viziteze o altă viață anterioară, ca resursă pozitivă. Uneori doar urmărind în treacăt câteva scene pozitive dintr-o viață anterioară, clientul poate avea o experiență vindecătoare, creându-se încă o schimbare de perspectivă.

- De obicei ajută foarte mult să duceți clientul într-o viață anterioară plină de dragoste. Oferiți-le posibilitatea să se simtă cu adevărat iubiți, doriți, acceptați, sau în orice fel au nevoie să se simtă.

- Ancorați-le aceste sentimente și cereți-le să-și aducă în viața actuală resursele pozitive și utile din acea viață anterioară, pentru a le integra.

PASUL 3 – INTEGRAREA

Odată cu facilitarea transformării perspectivei clientului asupra evenimentului inițial, aveți nevoie să integrați noile informații și experiențe, pentru a permite o vindecare completă și permanentă.

Creșterea copilului interior

- Cereți adultului să își imagineze cum copilul său interior se micșorează până ajunge să fie cuprins în palmă. Apoi rugați-l să își pună copilul interior în inimă, simțind cum se înconjoară de iubire și acceptare. Este un moment în care pot apărea emoții intense, așadar permiteți din nou să fie exprimate.

- Rugați clientul să simtă, să vadă sau să-și imagineze copilul crescând, până ajunge la vârsta curentă a clientului. Opriți-vă la fiecare eveniment traumatic din copilărie sau adolescență, descoperit în timpul ședinței sau interviului. Ajutați clientul să îl recadreze, folosindu-se de noile calități și perspective dobândite și observați copilul interior, manifestându-se diferit și experimentând liber aceste scene, într-un mod pozitiv.

- Numărați de-a lungul procesului de creștere al bebelușului sau copilului, până la vârsta actuală. Dacă nu sunteți sigur ce vârstă are clientul, opriți-vă la o vârstă mai tânără decât cea pe care credeți că o are acum, și spuneți, **Crești până la vârsta ta actuală... minunat, ești complet crescut la vârsta pe care o ai acum...complet integrat, aducând cu tine toate calitățile pozitive în viața ta adultă!**

Pas în viitor

- Duceți clientul în viitor, folosindu-vă de calitățile pe care le au are în interiorul lui. Adăugați sugestii hipnotice pozitive construite în jurul noilor calități aduse de baloane, a noilor înțelegeri, șamd. Ajutați clientul să se vizualizeze acționând și comportându-se diferit, încrezător în puterea personală.

- Mergeți eventual șase luni în viitor, un an și trei ani, sau la oricare moment care vi se pare potrivit. Sprijiniți clientul să experimenteze un comportament mai pozitiv, complet eliberat de problema și de emoțiile pe care le avusese anterior.

- Puteți încheia rugând clientul să meargă într-un loc special, și încurajându-l să simtă emoțiile pozitive de iubire și acceptare completă din interiorul ființei lui.

VINDECAREA BEBELUȘULUI INTERIOR

- Dacă evenimentul-sursă este în viața intrauterină, procesul este doar ușor diferit. Perioada intrauterină este o cauză comună a problemelor, deoarece bebelușii preiau emoțiile mamei și ale tatălui și pot să fie extrem de conștienți dacă nu sunt doriți. Ei pot chiar auzi toate conversațiile sau certurile, din perspectiva conștienței lor sufletești. Aceste lucruri pot fi extrem de stresante, sufletul conectându-se complet la realitatea lecțiilor de viață pe care și le-a ales, și la dificultățile vieții care îl așteaptă.

- Treceți clientul prin momentul nașterii și obțineți mai multe informații. Prima întâlnire cu mama și tatăl poate fi adeseori extrem de stresantă și încărcată emoțional pentru bebeluș.

- Cereți clientului sa-și privească părinții în ochi și să perceapă emoțiile implicate – de multe ori frică, anxietate sau alte emoții negative. Apoi cereți-i să vadă când au au luat naștere aceste emoții în fiecare dintre părinți.

- Cum v-am descris mai devreme, rugați clientul să-și vizualizeze părintele din ipostaza de copil și să recunoască durerea pe care și el a simțit-o, la rândul lui. Acest lucru crează o schimbare de percepție, generând un nou nivel de înțelegere. Dacă este necesar, călătoriți în trecut, de-a lungul generațiilor anterioare. Încurajați clientul să se vizualizeze transmițând scântei vindecătoare de lumină sau iubire.

- Reîntoarceți-vă apoi în uter și cereți-i adultului să discute cu copilul și să-i aducă aminte că este perfect și iubit, și că vor veni cu toții să-l întâmpine când se va naște.

- Ajutați copilul să treacă prin naștere. Simulați nașterea cu ajutorul psihodramei, așezând copilul în postura de dinaintea nașterii și utilizând o pătură care să simuleze trecerea prin canalul vaginal. De data aceasta personalitatea adultă îl întâmpină pe bebeluș când iese, luându-l în brațe cu ajutorul unei perne. Încurajați adultul să vorbească blând copilului și să-i spună exact ce are nevoie să audă. Totul va veni din interiorul clientului, care va ști instinctiv de ce anume este nevoie.

- Încurajați adultul să își manifeste dragostea față de bebeluș și să-l privească în ochi, pentru a-i percepe adevărata esență, sufletul, iubirea necondiționată, perfecțiunea și puritatea.
- Puteți folosi aici și celelalte tehnici discutate anterior, incluzând dialogul cu mama adultă, baloanele, contractele dintre suflete, și așa mai departe.

SUMAR

Cauzele originare ale gândurilor tulburătoare, ale emoțiilor negative, bolilor și dizarmoniei pot fi adeseori legate de momente din copilărie și, investigând în profunzime, de planul de viață intricat și deliberat al sufletului.

Tehnicile de vindecare a copilului interior, descrise în capitolul de față, au la bază munca pionierilor din acest domeniu, în special al lui John Bradshaw și Brandon Bays. În plus, adăugarea conștientizării existenței contractelor dintre suflete, dăruiește clientului o perspectivă mai înaltă asupra istoriei de viață și a rolurilor jucate de toate personajele ei. Mulți mi-au spus că se simt ca niște actori dintr-un film sau dintr-o piesă de teatru, care audiază alte suflete pentru a le acorda diferite roluri, și pentru a crea un plan de bătaie în scopul desfășurării carierei propriilor suflete. Sunt scenarii similare având loc cu mulți dintre clienții mei, care își dau seama brusc că povestea lor de viață dramatică și adeseori dureroasă a fost pe de-a-ntregul propria creație – și că tatăl, mama, fratele sau sora lor au fost parte a unui contract de care cu toții erau responsabili.

Înțelegerea profundă a țelului spiritual al relațiilor din viața noastră ne poate elibera astfel încât să îi înțelegem și să îi iertăm pe toți cei care ne-au chinuit în vreun fel, acest lucru făcând loc unei stări de iubire necondiționată pentru toți cei care sunt parte din viețile noastre. Această perspectivă nouă asupra înțelesului vieții și a călătoriei sufletului, poate fi aplicată tuturor situațiilor și relațiilor actuale. Prin faptul că ne asumăm responsabilitatea alegerilor făcute la nivelul sufletului, putem elibera sentimentele de victimizare, pășind spre adevărul propriei noastre puteri. În același timp sentimentul interior de iubire necondiționată crează o stare de armonie, pace interioară și sănătate optimă a corpului. Sistemul nostru imunitar devine mai puternic, relațiile sunt mai fericite și putem aplica această înțelepciune spirituală în toate situațiile noastre viitoare.

Am lucrat cu Rosie înainte de a dezvolta aspectul spiritual al vindecării copilului interior, însă dacă aș fi dus-o în locul în care și-a creat contractele dintre suflete, ce credeți că am fi descoperit? Ce ar fi trebuit să descopere și să depășească, și care ar fi fost sufletele care ar fi trebuit s-o ajute să-și învețe lecțiile pe care și le-a ales pentru această viață? Ar fi fost într-adevăr necesar să folosim această tehnică nouă cu ea? Nu neapărat, pentru că în realitate ea a avut o vindecare și o transformare profunde doar prin aplicarea tehnicilor tradiționale de vindecare a copilului interior. Cu alți clienți însă, poate fi un instrument suplimentar foarte valoros.

Clienții pot învăța că o viață care în trecut părea de victimă este în realitate cea a unui suflet curajos și determinat care își ia asupra-și provocări imense. Această înțelegere generează o putere fantastică, iar efectele repercutate de-a lungul tuturor aspectelor vieții clientului pot fi transformaționale și de durată.

DESPRE AUTOR

Hazel Newton Dip HYP, Dip RT, Ct LBL, RGN

Hazel a lucrat ca asistentă certificată și specialist clinic în cadrul industriei farmaceutice. Locuiește în Bristol și este acum hipnoterapeut clinician, terapeut specializat pe regresiile în viețile anterioare și pe viața dintre vieți. Pasiunea și țelul ei în viață sunt să-i ajute pe alții să-și descopere călătoria sufletelor, adevărul despre cine sunt cu adevărat și de ce au decis să se reîncarneze, în special în această etapă a istoriei noastre. Pentru mai multe informații vizitați site-ul ei *www.radiantsouls.co.uk* sau contactați-o pe adresa de e-mail *hypnoticchanges@yuhoo.co.uk*.

REFERINȚE

1. Bradshaw, J., *Homecoming: Reclaiming and Championing Your Inner-Child*, Piatkus, 1991.
2. Bays, B., *The Journey*, Thorsons, 1999.
3. Ford, D., *The Dark Side of the Light Chasers*, Hodder and Stoughton 1998.
4. Ford, D., *Why Good People do Bad Things*, Harper Collins 2008.
5. Myss, C., *Sacred Contracts*, Bantam Books, 2002.
6. Newton, M., *Journey of Souls*, Llewellyn, 1994.
7. Newton, M., *Destiny of Souls*, Llewellyn, 2000.

4

TERAPIA PRIN REGRESIE APLICATĂ ÎN PRACTICA MEDICALĂ

Peter Mack

*Tu, însăți tu, ești clipa;
Simțurile tale îți sunt ceasuri.*

Angelus Silesius, mistic german, secolul al XVII-lea

INTRODUCERE

Iubesc studiul medicinei și îmi face plăcere fiecare aspect al meseriei de chirurg în care m-am format. Pasiunea pentru investigație și cercetare m-au condus spre obținerea unui doctorat în științe medicale în 1988, după care am continuat activitatea de cercetare de-a lungul mai multor ani. Însă în adâncul meu tânjeam după dorința de a căuta cunoașterea prin alte metode, ca de exemplu empirism sau observație.

Vindecarea este o practică veche de secole, întâlnită în toate culturile umane, acestea dezvoltând metode dedicate recuperării sănătății fizice, consolidării integrității emoționale și atingerii serenității spirituale. Tradițional, conceptul de vindecare implica un ansamblu de tehnici având scopul de a asigura robustețea personală prin adresarea dezechilibrelor din corpul, mintea și spiritul oamenilor. De-a lungul timpului, tehnicile din medicina modernă s-au aplecat mai mult asupra științei corpului uman, corectând tulburările fizice și restabilind echilibrul, poate uneori în detrimentul stării de bine a minții și a sufletului. Punctul meu de vedere, în acest context, a fost că terapia prin regresie, datorită specificității ei holistice, are potențialul și rolul de a acoperi această lipsă.

Abilitatea de a muta cronologic conștiența pacienților adulți către copilărie, pentru a accesa amintirile timpurii, a fost cunoscută lumii medicale încă de când urmam facultatea de medicină. Îmi amintesc cu acuratețe cum am asistat pentru întâia oară la un proces de regresie hipnotică în studenție în 1972. Pe acele vremuri stomatologia era proactiv interesată de hipnoză, datorită potențialului acesteia de a reduce durerea. Fusese un seminar dintr-o după-amiază, livrat de către un hipnoterapeut specializat în stomatologie din Marea Britanie. Și-a adus pacientul, o adolescentă care se voluntariase pentru demonstrație. Am fost impresionat de cât de rapid a alunecat într-o stare hipnotică, câteva minute după începerea inducției. Cu ajutorul instrucțiunilor hipnoterapeutului, a regresat în perioada școlară timpurie. Am observat cu uimire cum i s-a schimbat tonul vocii, devenind din ce în ce mai copilăresc, pe măsură ce mintea îi călătorea în trecut, sincronizată cu sugestiile terapeutului.

Mecanismul legăturii dintre minte și spirit este fascinant și poate părea mistic multor oameni. Mult timp minții și sufletului le-au fost alocate tărâmuri diferite. Dacă medicii se simțeau confortabili tratând fiziologia corpului, aspectele care implicau mintea se presupunea că intră în domeniul psihologiei sau psihiatriei. Aplicarea terapiei prin regresie în medicină a avut loc foarte încet, chiar eretic, până de curând. Conceptul de vindecare din medicina modernă este adânc împământenit în știință, iar direcția acestuia este cu predilecție fizică. Prim planul a fost pus pe biologia leziunilor țesuturilor, reparare și regenerare. Tulburările emoționale asociate cu o sănătate precară erau automat exilate spre domeniul psihiatriei. În general se descurajau călătoriile în mintea inconștientă, fiind privite cu uimire din cauza potențialului lor de a deschide ușile către o lume a ezotericului, aflată în afara explicațiilor științei tradiționale. Cu toate acestea medicina nu a înlăturat paradigma holistică asupra vindecării. Învingerea bolii prin încorporarea tuturor tehnicilor de atenuare a suferinței din corp, minte și suflet, părea atractivă, deși îndepărtată de așteptările științei medicale. Ezitările de a îmbrățișa tehnicile holistice își aveau sursa în felul în care profesioniștii domeniului medical se așteptau ca acestea să-și dovedească eficiența – dovezi care ar fi trebuit să fie pe măsura robusteții impuse de abordarea științifică.

CĂLĂTORIA MEA

După exact trei decenii de la prima mea întâlnire cu procesul de regresie hipnotică, m-am oprit și am început să mă uit în „oglinda retrovizoare", ca să văd imaginea de ansamblu a progresului medicinei din ultimele decenii. Am văzut multe evenimente în oglinda timpului, între care secvențializarea genomului uman, progresul exploziv al tehnicilor medicale imagistice, dezvoltarea transplantului de ficat și apariția terifiantei epidemii SARS (sindromul respirator sever acut) care a luat prin suprindere întreaga comunitate medicală internațională. Îmi aduc aminte cum, lucrând în domeniul medical, a trebuit să trec prin carantină de două ori în timpul epidemiei, în timp ce virusul ucigător a sindromului respirator i-a luat viața unui coleg, la locul de muncă. Din acel moment am început să privesc altfel viața, boala și vindecarea. Era ca și cum aș fi atins un moment de cotitură al vieții mele, în care vroiam să fac ceva diferit. Am simțit un impuls puternic de a mă înscrie la cursuri de vindecare prin Reiki, în ciuda faptului că eram perfect conștient că „vindecarea energetică" nu era acceptată în medicina convențională. Undeva în interiorul meu, începuse o călătorie profundă.

Într-o zi, în cabinetul meu de consultații a intrat un pacient cu o expresie posomorâtă, într-un scaun cu rotile. Cu un an în urmă, îi extirpasem o tumoră a mușchiului stomacal, și venea periodic la control. Când l-am operat, era un doctor pensionat. În timpul recuperării după operație, a avut neșansa să se îmbolnăvească de Parkinson, o boală degenerativă a sistemului nervos care îi afectase posibilitatea de mișcare și de comunicare. În ciuda faptului că era sub tratament medicamentos, starea i s-a înrăutățit, devenind dependent de scaunul cu rotile. Imaginea stării sale precare m-a emoționat. M-am ridicat de pe scaun, am mers în spatele lui și instinctiv mi-am pus palmele pe umerii săi. A fost un moment pe care nu-l voi uita niciodată. În jumătate de minut a simțit o infuzie puternică de energie revitalizantă, exclamând de uimire. Energia îi curgea de-a lungul pieptului și al spatelui, iar el s-a simțit deodată refăcut.

Cu altă ocazie, o tânără atrăgătoare spre treizeci de ani a intrat șchipătând în cabinetul meu, cu pași chinuiți. Îi fusesem recomandat de unul dintre colegii mei ortopezi, care o trata pentru o problemă degenerativă la coloana lombară. Lucra în domeniul aeronautic, ca stewardesă. În timpul unui zbor se aplecase să ridice un obiect căzut, iar unul din colegii ei a izbit-o din greșeală în spate cu căruciorul cu mâncare. Tomografia a indicat o deplasare a discurilor intervertebrale, dar medicii i-au recomandat să nu facă operație, pentru că era prea tânără. De-a lungul timpului durerea din coloana lombară a iradiat spre partea dreaptă a abdomenului inferior, și i s-a recomandat să vină la mine pentru un consult. S-a întins pe masa de examinare, iar eu am început să o consult, palpându-i abdomenul, când fața i s-a luminat brusc:

> Domnule doctor, cred că recunosc senzația. Îmi transmiteți un soi de energie vindecătoare. Simt cum curge de-a lungul piciorului drept și pulsează spre talpa piciorului.

A recunoscut că era familiarizată deja cu energia Reiki de la un alt practician, și de aceea a recunoscut-o imediat. Experiența anterioară îi permisese să-și înregistreze în minte cum se simțea această energie, astfel îcât a putut imediat să conecteze pozitiv cele două situații. M-a întrebat dacă poate veni pentru mai multe tratamente Reiki și în viitor. Din acel moment, perspectiva mea asupra vindecării s-a schimbat pentru totdeauna.

VINDECAREA HOLISTICĂ

Au trecut anii și am perceput o schimbare graduală a conceptelor intelectuale despre cauzele bolii și vindecare. Legătura minte-suflet părea că primește o recunoaștere mai mare, pe măsură ce medicii au acceptat și au acordat o mai mare atenție problemelor umane care puteau fi descrise doar printr-o combinare a limbajului psihologic al sentimentelor și intențiilor, cu limbajul fiziologic al organelor și celulelor. Odată cu aceste schimbări, a crescut și conștientizarea simptomelor asociate problemelor psihologice și sociale care se află dedesubtul tulburărilor medicale. Din păcate conceptul medicinei psihosomatice continuă să se lupte împotriva valului predominant al descoperirilor medicale, fiind favorizate tratamentele farmaceutice și chirurgicale din ce în ce mai sofisticate. Rolul minții inconștiente în durerile fizice a rămas în continuare ambiguu. Până la ora actuală nu există o teorie medicală adecvată, care să ghideze activitatea clinicienilor în eforturile lor terapeutice de adresare a problemele legate de dualitatea minte-corp. Cu toate acestea, s-a diferențiat totuși părerea comună conform căreia stresul poate fi un contributor major la anumite boli.

Întotdeauna stresul a fost un construct dificil de definit. Știm că are loc ca urmare a schimbărilor rapide sau neașteptate în principalele tipare ale viețil3or noastre, în special dacă aceste schimbări au consecințe importante asupra înțelegerii propriei persoane. Cu toate acestea definirea adecvată a constructului de stres în contextul terapiei, a fost dificilă datorită faptului că impactul acestuia asupra sănătății individuale s-a bazat mai degrabă pe răspunsuri personale, decât pe circumstanțe exterioare. Un element central al reacției la stres a fost modul în care pacienții se percepeau pe ei înșiși în raport cu situațiile date. Când măsura solicitărilor externe depășea abilitatea lor percepută de a-și satisface nevoile fizice, personale și sociale, modul lor de adaptare devenea inadecvat, rezultând astfel stresul.

În activitatea mea clinică alături de studenții din anii terminali, am început să folosesc din ce în ce mai multe exemple de pacienți la care starea mentală negativă influența semnificativ starea imunologică a organismului, și unde lipsa speranței intârzia vindecarea sau grăbea moartea. Cu toate acestea, devierea de la modelul biomedical și biochimic al bolii nu a fost facilă. Contextul medical modern nu încuraja punerea accentului pe emoțiile, atitudinile și sistemul de credințe al pacientului, ca parte a unei abordări holistice.

Noua paradigmă a „sănătății holistice" susținea că bolile organice sunt o reflectare directă a tulburărilor emoționale. Ca urmare, dacă vindecăm disfuncționalitățile emoționale, la nivel energetic corpul se va vindeca în cele din urmă singur. În continuare este dificil pentru lumea medicală să-și imagineze cum o intervenție psihologică poate avea un impact semnificativ asupra a ce par a fi pur și simplu doar reacții fiziologice. Cu toate acestea, cercetările au stabilit de exemplu, că folosirea tehnicilor de relaxare, a imageriei ghidate și a biofeedback-ului reduc semnificativ simptomele de greață pe care le au de obicei pacienții aflați în chimioterapie[1,2].

În centrul paradigmei de vindecare holistică se află credința că funcționarea corpului fiecărui individ este împletită strâns cu mintea și sufletul. În termeni poetici, muzica esenței noastre trebuie să rezoneze cu aspectele fizice, sociale, psihologice și spirituale, pentru a țese textura bogată a vieții. Când individul nu poate să reacționeze la o anumită situație utilizând un răspuns emoțional corespunzător, se mobilizează corpul pentru a compensa. Acest fapt declanșează mecanismul de stres și contribuie la ivirea mai multor simptome „psihosomatice", care pot include ulcer peptic, hipertensiune, migrene, probleme de inimă și așa mai departe, toate reprezentând consecințele fizice ale inabilității personale de a gestiona aspectele sociale, psihologice și emoționale ale vieții. Adeseori însăși teama unui pericol iminent poate fi suficientă pentru a genera aceleași răspunsuri fiziologice ca situația în sine.

Paradigmele bolii

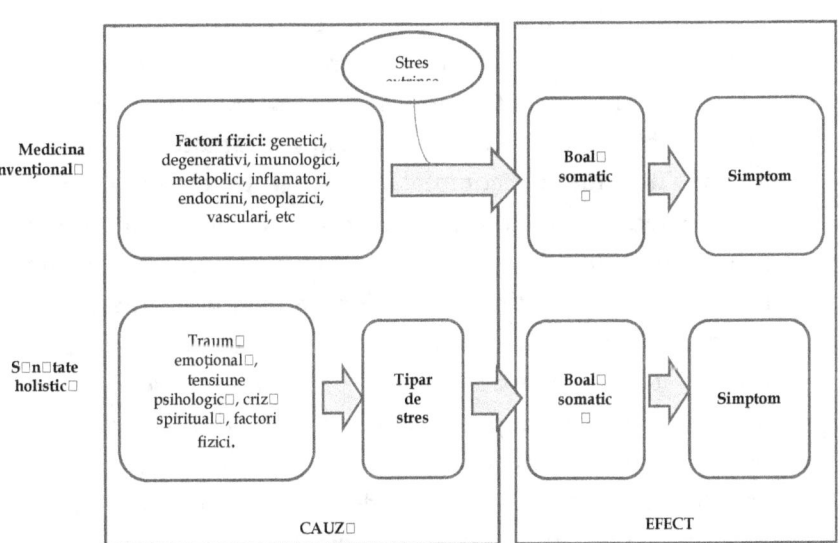

Figura 1: Cauzele stresului și ale bolilor

În cartea *The Creation of Health,* Caroline Myss identifică opt tipare ale stresului care iau naștere din astfel de disfuncționalități.[3]

Acestea pot include aspectele personale nerezolvate, credințe și atitudini negative, inabilitatea de a oferi și de a primi iubire, renunțarea la sine, abilitatea de a face alegeri eficiente, ignorarea nevoilor fizice și pierderea sensului vieții. Unele din aceste tipare pot fi identificate în studiile de caz descrise în paginile care urmează.

STUDIU DE CAZ 1 - PROBLEME GASTRICE INTRATABILE

Am decis să mă dedic studiului hipnoterapiei, și nu la mult timp după, mi-am dat seama că rezultatul cel mai satisfăcător al artei relaxării și regresiei, era extraordinarul lor potențial de vindecare. Pacienți cu simptome cronice inexplicabile au sesizat îmbunătățiri dramatice și clare, uneori cu vindecare completă, odată ce bazele emoționale ale problemei erau dezvăluite. Prima mea lecție în terapia prin regresie m-a învățat că adeseori cauza problemei poate fi ingropată în amintirea inconștientă a unei vieți anterioare.

Printre colegii mei de la cursul de hipnoterapie se afla o doamnă foarte sugestibilă, care se numea Clarisse, care s-a dovedit a avea un impact major asupra modului în care am perceput mai târziu vindecarea. Avea peste patruzeci de ani, și suferea de la cinci ani de o durere ascuțită, ca un cuțit, în abdomenul superior. Asocia durerea cu senzația de foame. Provenind dintr-un mediu mai sărac, familia ei nu a putut asigura suficientă mâncare membrilor săi, astfel încât ea renunța la alimente în favoarea fraților. Era flămândă majoritatea timpului.

De-a lungul timpului, tendința de a lua mesele în mod neregulat i-a accentuat durerea, pe care o descria ca fiind „permanentă, ca și cum nu s-ar sfârși niciodată", La vârsta de 20 de ani și-a făcut o endoscopie gastrointestinală superioară, care a dezvăluit doar existența unei ușoare inflamații a peretelui duodenal, fără ulcerare peptică. Durerea a rămas severă și nu răspundea la medicație. S-a dus la un naturopat care a sfătuit-o să evite pâinea. Ajustându-și dieta, a observat o diminuare parțială a simptomelor, dar în continuare durerea epigastrică i-a dat bătăi de cap. La momentul la care se înscrisese la cursul de

Terapia prin regresie aplicată în practica medicală

hipnoterapie, era afectată de relația din ce în ce mai proastă cu soțul, și explora posibilitatea unei cauze metafizice a necazurilor ei.

În timpul workshopului s-a oferit ca voluntară pentru o regresie în viețile anterioare, și s-a descoperit în Japonia, la 34 de ani, ca gheișă îmbrăcată într-un kimono roșu. Fusese însă o viață nefericită, cu furie și tristețe. Într-o altă viață trăise în orașul Chengdu din China, și prin contrast, avusese un trai mult mai fericit și mai strălucitor. S-a perceput purtând un kimono japonez, un model floral alb, cu o umbrelă în mână, dansând pe o scenă în fața unei largi audiențe. Când spectacolul s-a încheiat, s-a înclinat și a coborât de pe scenă cu grație, escortată de oamenii care o păzeau. Din păcate strălucirea artistică a fost de scurtă durată. Iubitul ei, care era posesiv, a decis că frumusețea și alura ei îi aparțineau doar lui, și nu putea fi împărtășite cu alți bărbați. Pentru a-și asigura posesia totală asupra ei, a înjunghiat-o, ucigând-o. Cuțitul i-a străpuns abdomenul superior în același loc în care simțea durerea intratabilă din viața ei actuală. În ultimele momente ale acelei vieți a țipat în agonie : „nu vreau să mor, sunt încă tânără". Tot în transă, a descoperit că iubitul din acea viață era soțul ei din viața actuală, iar în lumea spiritelor a trebuit să învețe iertarea.

Din acea zi, durerea epigastrică a lui Clarisse a cedat, iar ea i-a fost extrem de recunoscătoare terapeutului care a ajutat-o. Doi ani mai târziu, când am reluat legătura cu ea, mi-a confirmat că nu a mai simțit deloc acea durere. Tot așa de miraculos i s-a îmbunătățit și relația cu soțul, simțindu-se binecuvântată în toate aspectele vieții ei.

Experiența m-a învățat că regresia înseamnă cu adevărat înțelegere și transformare. Corpul ne poate spune care sunt lecțiile pe care trebuie să le învățăm ca să ne transformăm, însă responsabilitatea procesului de vindecare se află chiar la pacient. Medicamentele nu pot înlătura durerea emoțională sau resentimentele care se pot afla în interior. Cauza și efectul sunt conectate atât la nivel fizic, cât și metafizic, în spațiu și timp. Deformarea timpului este fundamental prezentă în toate stările hipnotice, astfel încât e ușor a înțelege cum legăturile cauzale se pot întinde de-a lungul erelor și vieților. Scopul principal este să lămurim în ce măsură informațiile culese dintr-o viață anterioară pot îmbunătăți starea de bine a pacientului în viața actuală.

Indiferent dacă povestea lui Clarisse este percepută ca o viață anterioară reală, sau ca plăsmuire a imaginației ei fertile, cu rol de metaforă a conflictelor ei interioare, aceasta i-a dezvăluit problemele profunde, oferindu-i o lecție pe care a putut s-o aplice cu succes în viața actuală.

Clarisse m-a contactat la doi ani după tratamentul inițial, pentru că avea nevoie de ajutorul meu ca terapeut. Așa cum v-am povestit deja, relația cu soțul se îmbunătățise semnificativ, și simțea o legătură puternică între ei din viețile anterioare. Deși nu mai avea dureri epigastrice, o deranjau acum un nivel ridicat de aciditate gastrică, indigestie și poftă de mâncare. Împunsăturile de foame apăreau frecvent, trebuind să mănânce la fiecare două ore pentru a-și atenua senzația de disconfort. O supăra frecvența meselor și, din nou, simptomul nu ceda tratamentelor medicamentoase. Simțea că găzduia o altă problemă nerezolvată și era nerăbdătoare să-i descopere rădăcina.

A regresat în două vieți anterioare, ambele având o legătură semnificativă cu simptomele curente. În prima, se născuse într-o familie nomadică și fusese efectiv vândută pentru căsătorie cu fiul unei familii înstărite, la vârsta de opt ani. Din nefericire, fusese abuzată de soț, fiind la un moment dat lovită puternic în stomac. Apoi într-o bună zi, soțul a plecat și nu s-a mai întors, lăsând-o singură și fără alimente. Și-a căutat părinții, dar nu a reușit să-i găsească. A întâlnit un prinț îmbrăcat într-o ținută arabă, care i-a oferit mâncare, apoi a dus-o la palatul lui și a cerut-o în căsătorie. I-a refuzat însă cererea, pentru că nu se simțea demnă de el.

În a doua viață Clarisse s-a descoperit în Bulgaria, măritată cu un alt prinț. De data aceasta tatăl lui nu era de acord cu căsătoria, pentru că și-ar fi dorit ca fiul să se însoare cu o prințesă. A fost așadar despărțită de soțul ei cu forța, în ciuda faptului că se iubeau. Mai târziu s-au reîntâlnit, de data aceasta plecând împreună în lume și stabilindu-se într-un loc liniștit, o junglă, ducând o viață plină de pace și împlinire. Au avut un fiu care a crescut și i-a părăsit pentru a lucra într-un oraș, la vârsta de 25 de ani, din păcate nemai auzind nimic despre el după aceea. Soțul a murit când ea ajunsese la 70 de ani, apoi a murit și ea în dezamăgire și furie, fără a înțelege de ce fiul nu s-a mai întors niciodată, deși mai târziu și-a dat seama că acesta fusese victima unei găști, și fusese omorât în bătaie. După moarte, corpul i-a rămas la cheremul animalelor sălbatice care i-au mâncat o parte a stomacului. A putut să vizualizeze cum intestinele îi erau smulse din abdomen de o pasăre, care apoi a zburat cu ele. Pe tărâmul spiritelor a înțeles că fiul din viața anterioară era soțul din această viață.

Așa cum menționează Roger Woolger:[4] „Una din trăsăturile remarcabile ale terapiei în viețile anterioare este că în spatele fiecărui simptom fizic cronic care rezistă tratamentului convențional, este o poveste veche despre dezastru, lipsuri sau moarte violentă, încastrată în simptom". Acest lucru a fost foarte bine ilustrat de cazul lui Clarisse. Corpul ei părea să înmagazineze inconștient niște complexe adânc îngropate. Imediat după ședință, am dus-o să mâncăm la un restaurant din apropiere. Și-a dat seama imediat că simptomul și disconfortul chinuitor al indigestiei gastrice dispăruseră. A reflectat un pic și și-a dat seama că viețile ei anterioare îi influențaseră comportamentul actual în două moduri : (a) admițând că personajele din viețile trecute se manifestau ca subpersonalități în viața curentă și (b) istoria din viața trecută era cumva retrăită în viața ei actuală, rămânând astfel nerezolvată.

De fiecare dată când îmi aduc aminte de povestea Clarissei, îmi răsună în minte ecoul următorului citat din Caroline Myss:

> Un principiu de bază din medicina holistică este faptul că suferința nu se naște întâmpător. Fiecare boală sau disfuncționalitate pe care o dezvoltă o persoană, este un indiciu al unui tip specific de stres emoțional, psihologic sau spiritual. Fiecare dintre caracteristicile unei boli, ca de exemplu localizarea ei în corpul fizic, este simbolic importantă.

STUDIU DE CAZ 2 – SINDROMUL COLONULUI IRITABIL

Revelația că amprentele psihice, emoționale și fizice lăsate asupra noastră într-o altă viață, pot fi cumva transmise vieților viitoare, mi-a deschis fereastra spre un teritoriu vast și în mare parte necunoscut al vindecării. Interesant este că tractul gastrointestinal este foarte sensibil la stres, fiind denumit uneori „al doilea creier", deoarece conține o multitudine de terminații nervoase, activitățile sale incluzând aspecte hormonale și transmițători neurochimici. Oamenii obișnuiți vorbesc adeseori de „senzații în stomac", iar medicii continuă să fie intrigați de ceea ce se numește Sindromul colonului iritabil (SCI). Această boală funcțională comună este caracterizată de durere abdominală cronică, discomfort cauzat de balonare, și modificări ale activității intestinale, în absența unei cauze organice identificabile. Independent de natura stresului, cei care suferă de SCI par a avea un nivel redus de toleranță la stres, și o reacție mai inconfortabilă în prezența acestuia.

Diagnosticarea SCI se face în baza simptomelor. Boala afectează pacienții în mai multe feluri. Dacă unii pacienți experimentează simptomele doar ocazional, alții pot avea diaree și constipație atît de severe, încât suferința poate afecta multe din aspectele vieții lor. Simptomele pot varia ca frecvență și intensitate la același individ, de la o zi la alta, de la o lună la alta. Faptul că nu poți ști ce se poate întâmpla mâine, constituie un element al specificului frustrant al acestei boli. Știința medicală este de ani buni derutată de problemă, și ceea ce pot face doctorii este cel mult să asigure pacientul că boala nu este letală. Deși medicația poate ameliora parțial simptomele, nu poate adresa rădăcina problemei.

Una dintre cele mai timpurii regresii în viețile anterioare pe care am făcut-o a fost un exemplu de eficiență a acestei terapii în eliminarea SCI. Deborah era o doamnă de vârsta mijlocie, ea însăși doctor, suferind de mulți ani din cauza simptomelor incurabile ale SCI. În timpul vieții școlare trecuse prin nivele ridicate de stres din cauza examenelor, asociată cu o nevoie de a fugi tot timpul la toaletă. Ca adult, suferea de crampe abdominale și simțea nevoia de a merge

Terapia prin regresie aplicată în practica medicală

la toaletă de fiecare dată când era stresată. Investigațiile colonoscopice erau normale și gastroenterologul care o trata îi recomandase dieta standard, medicație antidiareică și tratament cu antispastice.

Recent întoarsă dintr-o vacanță, Deborah se confrunta cu accese zilnice de durere abdominală și diaree, declanșate doar de gandul la mâncare, de perspectiva de a lua masa într-un restaurant departe de casă, sau de ideea că nu se află în apropierea unei toalete publice.

În prima noastră ședință a regresat într-o viață de adolescentă săracă, în zdrențe și sandale, bântuind singură într-o piață. Și-a dat seama că era însărcinată și a decis să avorteze copilul, regretând apoi decizia, și pierzându-și treptat vederea. Fusese o viață de suferință și durere. A trăit până la 80 de ani și la momentul morții s-a simțit ușurată și obosită. În lumea spiritelor și-a întâlnit bebelușul, pentru a-i cere iertare, iar când și-a revenit din transă mi-a spus că fiul din viața ei actuală avea, coincidental, o deficiență de vedere din cauza miopiei severe, confruntâmdu-se cu pericolul unei desprinderi iminente de retină. Vestea bună a fost că Deborah s-a bucurat de cinci zile fără dureri, imediat după ședință. De asemenea, episoadele diareice s-au redus semnificativ.

În a doua ședință a regresat într-o viață de băiat orfan, în India. Mama și fratele mai mic muriseră într-un accident de căruță, iar cea mai bună prietenă, o chinezoaică, fusese torturată de niște polițiști până pierise. Confruntându-se cu aceste pierderi emoționale, a crescut copleșit de o ură extremă, la douăzeci de ani răzbunându-se pe aceeași polițiști printr-un atac sinucigaș cu bombă. La momentul morții ura pe care o simțea a făcut-o să refuze iertarea, astfel încât, pentru a o ajuta să-și redobândească pacea interioară, am dus-o într-un loc al vindecării. După ședință a avut loc o reducere semnificativă a nivelului ei de anxietate, așa că a decis să meargă într-o scurtă vacanță în Filipine. În timpul călătoriei s-a întâmplat să vâslească într-o canoe, care s-a răsturnat, însă ea și-a amintit cât de calmă a fost în timpul acestei crize. A fost șocată de liniștea pe care o simțise într-o situație pe care a descris-o ca fiind „unul dintre cele mai negre coșmaruri" ale vieții.

În a treia ședință Deborah a accentuat un simptom diferit, dar conex. L-a descris ca fiind „anxietate de aeroport", pentru că fiecare drum la un aeroport, sau doar gândul la unul, îi declanșau crampe abdominale severe și diaree. În timpul regresiei a experimentat un flashback al tsunami-ului ucigaș din decembrie 2004, și a regresat într-un moment în care se uita la televizor cum valurile imense ale tsunamiului ștergeau de pe fața pământului victimele din Tailanda. Șocată de această tragedie, și-a dorit foarte mult să ajute victimele, dar boala nu i-a permis să se alăture misiunii umanitare. O lună mai târziu, împreună cu soțul ei, s-a dus într-o vacanță în Phuket, pe coasta Tailandei, și s-a simțit vinovată pentru că a beneficiat de prețurile mici ale biletelor de avion, post tsunami. A fost totodată tulburată puternic de mirosul corpurilor în putrefacție și descompunere. Pe măsură ce ședința a continuat, a regresat într-o scenă a unei vieți trecute de femeie de treizeci și ceva de ani. Se îmbarca într-un avion mic, împreună cu un bărbat, destinația fiind o stațiune de vacanță. Avionul a decolat, trecând deasupra unei mări și îndreptându-se spre o insulă, când o turbulență neașteptată l-a facut să se prăbușească și să izbucnească în flăcări. În momentul morții gândurile i s-au îndreptat către cei doi copii, de șapte și nouă ani, pe care îi ignorase în majoritatea timpului din cauza călătoriilor frecvente. Le-a cerut iertare pe tărâmul spiritelor. Deborah s-a reîntors la o a patra ședință în care a regresat într-un sat african. S-a descoperit în corpul unei femei de 20 de ani, care avea grijă de un soț handicapat și bolnav mental, și de șase copii. Trebuia să vândă legume în piață, să aibă grijă de un bebeluș gălăgios și să gătească familiei, simțindu-se foarte stresată. Frustrată și nervoasă, și-a lovit soțul în cap, omorându-l din greșeală. Suspinând, s-a vizualizat apoi arestată de către săteni pentru crima pe care o comisese. Mâinile i-au fost legate la spate, a fost dusă pe un câmp deschis și arsă de vie. În lumea spiritelor a regretat că nu a luptat mai mult în acea viață, alegând în schimb calea cea mai ușoară. A obținut iertarea celorlalți, dar și mai important este faptul că a început să observe același tipar în viața ei actuală, în care simțea o frustare similară față de soț și copii.

După cea de-a patra sesiune simptomele anxietății față de aeropoarte i-au dispărut complet. Am verificat un an mai târziu și mi-a confirmat că nici simptomele SCI nu mai reveniseră. Ce fusese transferat de la o viață la alta părea a fi un tipar care se născuse din acțiunile, dorințele și motivațiile ei, sau din ceea ce unii numesc „karma". După ședințele repetate de terapie prin regresie, s-a simțit mai conectată la planul ei spiritual de viață, cu valori personale mai puternice. Diferitele ei vieți trecute păreau legate printr-un fir comun, iar lecția era să-și prețuiască membrii familiei și să profite cât mai mult de oportunitățile care apar de-a lungul vieții.

STUDIUL DE CAZ 3 - VERTIGO

Există cazuri în care simptomele inexplicabile ale unui pacient nu răspund decât parțial sau deloc la terapia prin regresie. Un motiv oarecum controversat este prezența energiilor spiritelor intruzive, fără corp, care se atașează clientului. În general, când boala este provocată de un spirit atașat, nu este suficientă doar terapia pentru a elimina simptomul.[5]

Tannie suferea de anxietate și de sindromul colonului iritabil de mai mult de zece ani, având ocazional atacuri de panică din cauza cărora ajungea destul de des la spital, la Urgențe. Avea probleme cu soțul, care aduna datorii, în timp ce ea se chinuia să câștige suficienți bani să-i plătească facturile. Cu șapte ani în urmă, făcuse tinitus după o călătorie cu avionul, iar de trei ani lua lecții de Qigong (energie vitală), cu speranța de vindecare, boala agravându-se în schimb. În paralel, a început să sufere și de vertigo. Se simțea amețită, buimacă, și trăia cu o senzație de clătinare, ca și cum „s-ar fi prăbușit dintr-un carusel". Apoi, a început să perceapă o senzație inexplicabilă de „coadă care îi ieșea din spatele capului", de fiecare dată când își întorcea capul. Doctorii nu au descoperit nimic anormal la sistemul nervos central și vestibular. Ulterior, a început să sufere și de insomnie, observând că simptomele i se agravau în perioada premenstruală. De parcă nu era suficient, avea un tipar constant de vise în care inevitabil căuta o toaletă.

Tannie a trecut prin câteva ședințe de hipnoterapie de relaxare, cu ajutorul cărora a învățat să-și controleze starea de amețeală vizualizându-se pe bicicletă, ca o modalitate de reechilibrare. După o reticență inițială, a fost de acord să încerce și terapia prin regresie, deși de câte ori discutam despre acest tip de terapie, respingea

Terapia prin regresie aplicată în practica medicală

ideea, spunând că are suficiente probleme în viața ei actuală.

În prima ședință am regresat-o pe Tannie la vârsta de patru ani, și s-a văzut alături de sora ei, vizitându-și mama, care tocmai ce îl născuse pe fratele lor mai mic. A intrat imediat într-un catharsis, la vederea mamei, și nu înțelegea de ce : „Plâng văzând-o pe mama și bebelușul ei. Știu că ar trebui să mă simt fericită, dar pur și simplu nu mă pot opri din plâns."

Din mijlocul acestor emoții, a ieșit la iveală o poveste împovărată de vină. Mama ei murise când Tannie avea 28 de ani. La momentul morții, Tannie și sora ei se aflau într-o vacanță în China. Sora ei era plecată de acasă de câteva luni, iar mama îi aștepta reîntoarcerea. Tannie era între două job-uri și se hotărâse să-și însoțească sora în călătorie. Imediat după plecarea ei în China, mama făcuse un control de rutină, care ieșise bine. O săptămână mai târziu, au primit vestea decesului din cauza unui atac cardiac, și s-au grăbit să ajungă acasă pentru înmormântare. Mi-a spus, „Am fost șocată. Nu-mi venea să cred că a murit." Părea că nu reușise să treacă peste sentimentul de vină. În cadrul regresiei, a retrăit scena înmormântării, simțind că ar fi trebuit să petreacă mai mult timp cu mama.

Tannie a beneficiat de o îmbunătățire semnificativă după prima regresie, iar problema amețelilor s-a ameliorat. Povestea ei mi-a adus aminte de cuvintele lui Charles Whitfield din *Healing the Child Within*:[6]

Vina poate fi redusă semnificativ prin recunoașterea prezenței ei, iar apoi prin procesare. Acest lucru înseamnă că o retrăim, și discutăm despre ea cu cei apropiați, sau cu persoanele în care avem încredere.

Soluția cea mai simplă este să ne cerem scuze persoanei pe care am rănit-o sau pe care am înșelat-o, solicitându-i iertarea. Rezolvările mai complexe implică discutarea sentimentului de vină în profunzime, în cadrul terapiei, sau cu persoana implicată.

Tannie s-a reîntors după o lună la a doua ședință. Aflată într-un lift aglomerat, suferise un atac de panică. A consultat un doctor la o zi după incident, și acesta îi prescrisese antidepresive, însă medicamentele nu o ajutaseră, ci dimpotrivă, îi provocaseră insomnii.

Deoarece senzația de „clătinare" încă o mai chinuia, am decis să-i cer să se concentreze pe această senzație și, din nou, a intrat direct într-un catharsis, regresând într-o perioadă pe care a descris-o ca fiind cea mai neagră a vieții ei. Era perioada în care a început să meargă la cursurile de Qigong, care ulterior îi declanșaseră amețelile. S-a vizualizat așezată pe podea, în timp ce profesorul de Qigong se plimba în jur. Se simțea foarte speriată la gândul că era la curs, atmosfera din sală era întunecată, și se temea de profesor. Simțea cum inima îi bate rapid, respira cu dificultate, iar corpul îi tremura din cauza tensiunii.

Ghidându-mă după simptomele ciudate, vocea tremurătoare și frica intensă de pe chip, am suspectat că are un spirit atașat în câmpul ei energetic. Pentru a-i crea o senzație de confort, i-am adâncit starea de transă înainte de a iniția dialogul cu entitatea fără corp. Era o fetiță care nu a vrut să-și divulge numele, dar care se atașase corpului lui Tannie cu trei ani în urmă, când începuse cursurile de Qigong. Mi-a spus că scopul ei era să-i provoace suferința gazdei, însă fără a-mi explica de ce. După ceva insistențe din partea mea, spiritul a izbucnit în lacrimi și a acceptat să părăsească trupul gazdei, dacă venea mama s-o ia. Tensiunea fizică a lui Tannie a dispărut pe măsură ce o urmărea pe fetiță plecând din corpul ei.

După ce a ieșit din transă, mi-a spus că în momentul în care entitatea a plecat, a simțit o bucurie spontană și o relaxare inconfundabile.

A doua zi, Tannie mi-a scris încântată:

M-a durut capul și m-am simțit balonată după ce am plecat ieri de la tine, dar senzația de clătinare s-a redus semnificativ, iar mintea nu mi-a fost niciodată atât de clară! Mă simt atât de relaxată când merg.

Opt luni mai târziu a trecut printr-o experiență pe care a perceput-o ca extraordinară. S-a dus în vacanță în Dubai și și-a adunat destul curaj ca să urce pe o cămilă și să se plimbe în deșert. Descoperind că putea să-și depășească frica acelei senzații de clătinare, simțea că în sfârșit revenise la normalitate.

STUDIU DE CAZ 4 – ECZEMĂ ȘI HIPERHIDROZĂ

Thomas era un manager de marketing de vârstă mijlocie care de trei ani suferea de eczemă la degete. Starea avea tendința de a se accentua din cauza stresului, deși Thomas observase că de câte ori călătorea, fie în interes de serviciu, fie în vacanță, boala se domolea temporar.

Cerându-i lui Thomas să se concentreze pe emoțiile asociate bolii, acesta a regresat spontan într-o perioadă timpurie a vieții, când se afla singur în dormitor. Își evita părinții, și se simțea îngrozitor. A trecut prin câteva relații și despărțiri, acuzându-se pentru eșecuri. A fost trimis apoi în China, unde s-a luptat cu stresul asociat presiunii pe care o ducea ca să gestioneze vânzările companiei. În același timp, sănătatea tatălui său se deteriora, iar iubita îi aștepta reîntoarcerea pentru a se putea căsători. Eczema a apărut când Thomas simțea stresul de a încerca să facă pe plac tuturor. Nu a durat mult până când eczema s-a înrăutățit, în așa măsură încât nu mai era confortabil să atingă nimic, simțindu-se „ca un lepros". Au urmat sentimentele de furie.

Cu ajutorul imageriei ghidate, l-am dus pe Thomas într-o grădină vindecătoare și i-am cerut să vizualizeze proprietățile alinătoare ale tufelor, florilor și heleșteului din jurul lui. Îmbăindu-se și cufundându-se în fântâna vindecătoare, a experimentat un moment neașteptat de revelație a lecției vieții. În ultimii cinci ani ai vieții sale profesionale extrem de active, s-a forțat să meargă înainte, confruntând stresul, dar niciodată nu se oprise pentru a-i permite corpului să se revitalizeze și să se vindece.

Thomas a revenit o săptămână mai târziu, cu eczema degetelor vindecată. Se simțea optimist datorită terapiei și mi-a cerut să abordăm și cealaltă problemă, a transpirației excesive (hiperhidroză). Era o problemă care-l supăra de mulți ani, și care se accentua din cauza stresului. Pentru a o gestiona, Thomas pornea aerul condiționat în dormitor în fiecare dimineață, după trezire. Cu toate acestea, până ajungea în parcare, cămașa îi era invariabil îmbibată de transpirație.

Thomas a regresat la un moment din trecut în care trăise un stres emoțional puternic din cauza transpirației excesive. A retrăit momentele din trecut în care a trebuit să țină pasul cu ritmul rapid de la servici și cu tempoul de viață accelerat pe care și-l crease el însuși. Și și-a dat seama brusc cum modul în care acest stres autoindus și autoperpetuat i-a provocat transpirația excesivă.

A doua zi, Thomas m-a informat cu entuziasm că dimineața respectivă nu mai trebuise să-și pornească aerul condiționat, în timp ce se îmbrăca. Reușise să ajungă în parcare cu cămașa uscată. Când l-am întâlnit o săptămână mai târziu, mi-a spus că miraculos, transpirația i se oprise complet.

SUMAR

Terapia prin regresie are un imens potențial de vindecare și de transformare a pacientului, și există o varietate de tehnici care pot fi folosite. Dar stăpânirea acestor tehnici este doar un aspect al obținerii rezultatelor prin acest tip de terapie. Ceea ce este de asemenea important, este ca terapeutul să îmbogățească procesul cu compasiune, iubire, inspirație, și cu propria lui experiență de viață, pentru beneficiul pacientului.

În ultimii ani medicina a reușit să îmbrățișeze o abordare holistică a omului, în mediul său complet, incluzând o varietate de tehnici de vindecare complementare. Boala este treptat percepută ca pe o schimbare inconștientă a corpului uman, cauzată de lipsa curajului de a confrunta ceea ce nu funcționează în viețile noastre. Această abordare circumscrie medicina umanistă, comportamentală și integrativă, și include caracterizarea pacientului ca ființă fizică, dar și emoțională, mentală, socială și spirituală. Schimbarea de paradigmă îmbogățește capacitatea pacienților de a trece dincolo de boală, pentru a descoperi un mod de viață care să le permită atingerea potențialului, ca persoane împlinite din punct de vedere spiritual, balansate emoțional și conectate social, respectându-le totodată acestora capacitatea de autovindecare și privindu-i mai degrabă ca parteneri activi decât pasivi ai procesului de vindecare.

DESPRE AUTOR

Dr Peter Mack MBBS, FRCS(Ed), FRCS(G), PhD, MBA, MHlthEcon, MMEd

Peter este chirurg generalist, practicând medicina în cadrul unui spital public din Singapore de mai bine de trei decenii. Are un doctorat în științe medicale și trei masterate, în administrarea afacerilor, economie în sănătate, și educație medicală. De asemenea, este hipnoterapeut certificat, cu diplomă în Terapia prin regresie. Peter este autorul cărților *Healing Deep Hurt Within* și *Life Changing Moments in Inner Healing*. Este membru fondator al *Society for Medical Advance and Research with Regression Therapy*. Cititorii care doresc să-l contacteze pot s-o facă pe adresa de e-mail *dr02162h@yahoo.com.sg*.

REFERINȚE

1. Carey, M.P., & Burish, T.G., *Etiology and Treatment of the Psychological Side Effects Associated with Cancer Chemotherapy: A Critical Review and Discussion.* Psychological Bulletin, 104, 307–325. 1988.
2. Burish, T.G., & Jenkins, R.A., *Effectiveness of Biofeedback and Relaxation Training in Reducing the Side Effects of Cancer Chemotherapy.* Health Psychology, 11, 17–23, 1992.

3. Myss, C., & Shealy, N., *The Creation of Health – The Emotional, Psychological and Spiritual Responses that Promote Health and Healing*. Bantam Books, 1988.
4. Woolger, R., *Other Lives, Other Selves. A Jungian Psychotherapist Discovers Past Lives*. Bantam Books, 1988.
5. Ireland-Frey, L., *Freeing the Captives*. Hampton Roads Publishing Company, 1999.
6. Whitfield. C., *Healing the Child Within*. Health Communications, Inc. 2006.

Terapia prin regresie aplicată în practica medicală

5

LUCRUL CU CLIENȚII DIFICILI

Tatjana Radovanovic Küchler

*Dăruiește-mi seninătatea de a accepta lucrurile pe care nu le pot schimba,
curajul de a schimba lucrurile ce stau în puterea mea
și înțelepciunea de a face diferența între ele.*

Dr Reinhold Niebuhr

INTRODUCERE

Practic hiponoterapia ca profesie din 2004 și o predau din 2006. Încă din copilărie am fost atrasă de viețile anterioare, și mai târziu de terapia prin regresie. Dar primul lucru a fost să acumulez tot ce puteam despre hipnoterapie. Într-unul din workshopuri am învățat cât de puternică este regresarea pacienților la cauza rădăcină a problemelor lor din viața curentă, folosind-o de atunci cu succes în practica mea terapeutică. În alt workshop am făcut cunoștință cu regresia în viețile anterioare, și am știut că este un subiect pe care doresc să-l aprofundez. Mi-a dat acea verigă lipsă, și instrumentele valoroase de care aveam nevoie, și mi-a transformat munca în ceva mult mai profund.

Lucrul cu clienții dificili

Îmi întâmpin clienții în cabinetul meu din Geneva, dar mulți dintre ei nu sunt deschiși hiponoterapiei sau regresiei. Unii au o natură analitică, iar la alții fondul cultural nu este „deschis". Așadar am dezvoltat câteva metode de lucru cu acești clienți așa zis „dificili". Cu toate acestea, nu lucrez cu clienții care au probleme mentale serioase. Cred că aceștia ar trebui îndrumați către terapeuții experimentați care au pregătirea specială pentru a aborda aceste cazuri. După cum probabil vă imaginați, nu pot oferi aici un rețetar după care să vă ghidați pentru fiecare caz dificil. Scopul meu este mai degrabă să vă ofer idei și poate să vă stimulez imaginația pentru a descoperi singuri cum puteți lucra cu ei.

Așadar, ce este mai exact un client dificil ? Poate este doar egoul rănit al terapeutului pentru că pacientul nu răspunde cum ar trebui, sau pentru că terapeutul nu poate să-l ajute ? Sau este situația în care clientul se teme că abordarea terapeutului nu va funcționa? Uneori este câte puțin din amândouă.

Poate fi frustrant, în special pentru terapeuții juniori, să lucreze cu clienții dificili și analitici. M-am confruntat cu aceste dificultăți și am observat că mulți dintre colegii din această branșă se chinuie cu ele. Ne ajută dacă privim lucrurile într-un mod pozitiv. Putem să le considerăm provocări, modul prin care universul „ne trage cu ochiul", ajutându-ne să devenim cu adevărat niște terapeuți buni. Atitudinea pozitivă este cea care influențează rezultatul în cea mai mare măsură. Am învățat foarte multe de la clienții dificili, chiar dacă uneori au fost extrem de provocatori.

Fiecare client este unic, și nu există două probleme care să fie rezolvate în exact același mod. Așa că vă rog să rețineți că s-ar putea să fie necesar să vă adaptați fiecărui client în parte. Unii oameni rămân „dificili", în ciuda tuturor încercărilor și abilităților voastre. Ce este important este să nu o luați personal și să nu deveniți defensivi. Uneori clienții nu-și dau seama că sunt dificili, ci mai degrabă consideră că problema este faptul că nu știm noi cum să-i abordăm.

CLIENȚI DISTANȚI ȘI INACCESIBILI

Când întâlnesc clienți distanți și inaccesibili mă deschid pentru a le „simți" problema. Nu spun că trebuie să preluați povara tuturor dificultăților lor. Pur și simplu îi las „să fie" și le permit să-mi transmită toate mesajele, pe toate canalele de comunicare. Pot fi fizice, energetice, kinestezice, vizuale sau auditive. Poate că sunt doar speriați iar comportamentul este doar modalitatea lor de gestionare a situațiilor dificile. Le permit să vorbească prin mine, și reacțiile pe care le primesc de la ei îmi oferă informații importante despre emoțiile lor.

Pentru a face acest lucru, trebuie să cereți permisiunea de a primi informații intuitive de la client. De obicei îmi setez această intenție în meditațiile mele zilnice, înainte de a-mi începe activitatea, dar o reîntăresc în timpul ședinței dacă simt că s-a blocat „comunicarea". Îmi spun: „Vă rog deschideți-mi câmpul energetic și dați-mi voie să percep informații la toate nivelele de comunicare, ca să ajut clientul în cel mai bun fel, pentru binele lui suprem."

Dacă îți dai voie să „îi simți durerea", s-ar putea să fii surprins de cât de mult se deschide clientul. După încheierea ședinței, clienții sunt de regulă normali și relaxați, aroganța sau celelalte comportamente lăsate la o

Lucrul cu clienții dificili

parte – chiar dacă în mod conștient nu percepi că ai fi făcut ceva special!

Acest lucru vă va ajuta și să dezvoltați raportul cu clientul și vă poate permite să îi adresați toate întrebările necesare pentru a-l ajuta să-și depășească problemele. Însă după încheierea ședinței trebuie să vă asigurați că tăiați toate legăturile energetice cu clientul. Puteți să o faceți cu ajutorul intenției, sau rugându-vă ghidul să le taie cu dragoste și iertare. Acest lucru vă permite să fiți „deschiși" următorului client și să vă detașați de energia clientului anterior.

CLIENȚI REZISTENȚI

Dacă simt că un client rezistă sau blochează, îl întreb, în cel mai direct mod, dacă este cu adevărat pregătit să-și rezolve problema. Dacă îmi spune că da, îl întreb de asemenea dacă este gata să urmeze terapia pe care i-o propun, și dacă este dispus să facă tot ce este necesar ca aceasta să funcționeze. Puteți face asta la orice moment considerați că este potrivit. Într-un fel, este un contract verbal în care clientul îmi acordă permisiunea de a-mi urma demersul. Îi oferă totodată oportunitatea de a pleca, dacă nu este pregătit să lucreze pe problemele pe care le are Cred că nu are rost să lucrăm împreună atunci când una dintre părți nu este pregătită. Această abordare m-a ajutat în trecut să creez raporturi excelente, fiindu-mi mult mai ușor să lucrez cu clienții dificili.

EXPLICAREA HIPNOZEI ȘI A REGRESIEI

Hipnoza este un concept înfricoșător încărcat cu multe prejudecăți, începând cu însuși cuvântul, care este traducerea din greacă a termenului de somn. Adeseori folosesc hipnoza în cadrul procesului de regresie. Uneori oamenii vin cu concepții greșite despre hipnoză, adunate din ce văd la televizor, ce citesc prin cărți sau pe internet. Observatorul poate să-și creeze impresia că transa hipnotică este o stare inconștientă a minții, similară somnului, crezând că subiectul aflat în transă execută comenzile hipnotistului fără a putea să reacționeze. Alteori, unii se așteaptă ca regresia în viața anterioară să fie atât de intensă, încât subiectul să rămână blocat acolo.

Aceste prejudecăți nu sunt utile, pentru că după ședință clientul poate să creadă că de fapt nu a fost în hipnoză, sau că viața anterioară nu a fost reală, și să fie dezamăgit că ședința nu i-a satisfăcut așteptările. S-ar putea ca nici să nu fie conștient că a fost în transă, sau că imaginile pe care le-a văzut erau într-adevăr dintr-o viață trecută. Viața anterioară poate fi percepută foarte intens de către unii clienți, însă nu toată lumea poate să acceseze imagini.

Cel mai important lucru pe care trebuie să-l faceți este să vă informați clienții despre ce înseamnă hipnoza și regresia, și să le spuneți exact la ce să se aștepte, cu exemple pe înțelesul lor. Le este de ajutor dacă se simt încrezători că pot trece și ei cu succes prin această experiență. Aduceți-vă aminte cum v-ați simțit voi când ați experimentat pentru prima dată o ședință de hipnoză sau de regresie. S-ar putea să fi simțit frica de a nu fi în stare să intrați în transa hipnotică, sau de a nu putea regresa către un eveniment semnificativ. Pentru succesul ședinței, este necesar din

Lucrul cu clienții dificili

partea terapeutului să construiască raportul cu clientul și să-i transmită acestuia încredere, iar acest lucru vine din stabilirea clară a așteptărilor. Iată un exemplu de explicație pe care o ofer clienților mei:

Hipnoza este o stare pe care oamenii o experimentează în fiecare zi. Intrăm și ieșim din transă în mod natural, aproape tot timpul. Ni se întâmplă de exemplu când călătorim spre o destinație cu mașina sau pe jos, și nu observăm semnele sau evenimentele care se petrec la marginea drumului, pentru că am făcut drumul acela de atâtea ori încât nu ne mai gândim la el în mod conștient. Putem să considerăm că toate lucrurile pe care le facem automat sunt o stare de hipnoză.

Când oamenii se află în transă, subconștientul lor acceptă cu ușurință sugestiile. De exemplu, cineva mi-a spus odată că am o geantă imensă, întrebându-se cum îmi pot găsi lucrurile din ea. De atunci, de câte ori caut ceva, trebuie să fac un efort suplimentar ca să-l localizez, iar uneori nu sunt în stare să-mi găsesc cheile sau tichetul de parcare! De ce? Sugestia a ajuns la mintea mea inconștientă, și chiar dacă adeseori îmi place să car cu mine genți mari, am acceptat și restul sugestiei cu ușurință.

Puterea hipnozei profunde poate fi demonstrată în medicină, unde transa se folosește în chirurgie, ca alternativă a anesteziei. În transă adâncă, pacienții nu simt durerea provocată de intervenția chirurgicală, iar recuperarea este mai rapidă. Acest lucru se poate întâmpla în mod spontan și la accidente. Putem să intrăm în transă din cauza șocului accidentului, ca atunci când ne lovim la genunchi și nu observăm că suntem răniți decât mai târziu.

Lucrul cu clienții dificili

În aceste tipuri de transă naturală, oamenii sunt conștienți de mediul înconjurător, și pot auzi ce se întâmplă în jurul lor. Tot așa se întâmplă și într-o ședină de hipnoză. Ești conștient de ce ți se spune și de ce gânduri ai. S-ar putea să ai momente în care să intri mai ușor sau mai profund în transă de-a lungul ședinței.

În unele cazuri regresia poate fi experimentată mai mult la nivel fizic, unii oameni putând să vadă imaginile ca la film. Alții doar simt sau „știu" ce li se întâmplă. Este util să știm că oamenii își amintesc evenimentele prin asociere emoțională. Sigur ai auzit vreodată un cântec la radio care ți-a adus aminte de un moment specific al vieții tale, declanșând tot felul de amintiri care curg într-o abundență de detalii. Poți să-ți amintești unde ai fost, ce ai făcut, și cu cine erai în acel moment. Declanșatorul poate fi un sunet sau un miros. Am avut un client odată care se simțea rău de fiecare dată când mirosea lavandă. Într-o regresie, și-a amintit o viață anterioară în care lavanda era folosită ca antiseptic într-o perioadă a epidemiei de ciumă.

Vom face același lucru ca să legăm problema ta de o amintire din trecut. Poate că nu o conștientizezi acum, dar când o să folosim asocierile și tehnicile potrivite, o să-ți aduci aminte. Uneori clienții știu pur și simplu cu ce se asociază o anumită problemă, poate știu și că vine dintr-o viață trecută. Dar cum pot să fie siguri? Este vorba despre o bănuială, despre o intuiție, iar procesul de regresie se va desfășura între aceste coordonate. Fii deschis și ai încredere în ce-ți aduce procesul. Nu există aspecte bune sau rele, iar eu sunt aici să te ajut cu orice experiență ai avea.

TESTELE DE SUGESTIBILITATE

În unele cazuri este util să mergem mai în profunzime, după ce explicăm procesul de hipnoză. Testele de sugestibilitate hipnotică sunt folosite pentru a convinge clientul că poate fi hipnotizat, și de asemenea pentru a-i atrage atenția că se află într-o stare hipnotică. Mulți oameni, în special clienții analitici, vor intra într-o transă mult mai profundă după aplicarea testului de sugestibilitate, pentru că le dă o idee despre ce înseamnă hipnoza, confirmându-le totodată că pot aluneca ușor în transa hipnotică.

LĂMÂIA

Cereți clientului să-și imagineze că taie o lămâie în două și că-și picură câțiva stropi de suc în gură. Dacă își imaginează acest lucru, va avea o reacție fizică de acumulare a salivei în gură. Este important să subliniați că fizic, clientul nu are o lămâie la îndemână, însă cu toate acestea este capabi să reproducă spontan reacția fizică.

CARTEA ȘI BALONUL

Cereți clientului să-și imagineze că ține o carte grea într-o mână, și un balon mare umplut cu heliu legat de cealaltă, având ambele brațe întinse. Cu ochii închiși, oferiți-i sugestia că mâna cu cartea devine mai grea, iar cea cu balonul mai ușoară. După câteva secunde va simți că mâna cu cartea este din ce in ce mai grea, și se mișcă spre podea, în timp ce celălalt braț se simte mai ușor, ridicându-se spre tavan. Este important să demonstrați clientului că a simțit senzația de greutate sau de ușurare în mâini, acceptarea sugestiilor înseamnând că era în transă.

PLEOAPE IMOBILE

Cereți clientului să vă urmărească degetul, care să fie poziționat în fața ochilor acestuia, la aproximativ 30 de cm. Cereți-i să închidă ochii, dar să continue să „se uite" la deget. Mutați apoi degetul și plasați-l pe sprânceana clientului, cu instrucțiunea de a continua să-și păstreze ochii ațintiți spre deget, în timp ce pleoapele li se închid ca și cum ar fi lipite cu superglue. Cereți-le să continue să urmărească degetul, prin pleoapele ferm închise, pe măsură ce îl mișcați spre capătul superior al frunții. Deoarece este fizic imposibil să îți deschizi ochii atunci când sunt rotiți în sus, când le veți spune să-și deschidă ochii, nu vor putea, și vor crede într-adevăr că pleoapele le sunt lipite.

DEGETE MAGNETICE

Cereți clientului să-și încrucișeze degetele ambelor mâini, dar ținându-și arătătoarele ridicate și la o distanță de aproximativ 4 centimetri. Dați-i instrucțiunea de a se concentra pe distanța dintre ele, și de a observa cum aceasta se micșorează încet, pe măsură ce degetele se atrag ca niște magneți. În cazul în care clientul se împotrivește, reîntăriți sugestia că degetele se apropie din ce în ce mai mult, atrase de o forță magnetică din ce în ce mai puternică. Exercițiul vă ajută să demonstrați clientului ce doriți, deoarece mușchii degetelor arătătoare, atunci când sunt ținuți în această poziție, vor obosi și vor lua poziția de relaxare, apropiindu-se unul de celălalt.

INDUCȚII RAPIDE

Unele persoane pot fi extrem de analitice și să aibă nevoie de tipuri diferite de inducție. Un hipnoterapeut bun trebuie să aibă la dispoziție o varietate, pentru a le adapta diferiților clienți. Se pot folosi scripturi de confuzie, dar am descoperit că inducțiile rapide pot să-i ducă mult mai rapid pe clienții analitici la profunzimea dorită a transei. Una dintre inducțiile mele preferate este o adaptare după materialele lui Dave Elman:

Relaxează-te și respiră adânc de câteva ori...și aș vrea acum să-ți rotești ochii sus în orbite, fără să-ți înclini capul...așa e bine...și acum fixează-ți privirea pe un punct din tavan sau de pe perete...așa...și concentrează-te pe acel punct și pe respirația ta...inspiră...expiră...încet și relaxat...așa, e perfect.

În câteva secunde ochii îți vor obosi și acel punct de pe tavan sau perete se va încețoșa...și când se întâmplă acest lucru, te rog să-ți închizi ochii și să te relaxezi...minunat, e perfect.

Și imediat îți voi cere să-ți deschizi și să-ți închizi ochii de câteva ori...și de fiecare dată când îi deschizi te vei simți de două ori mai relaxat, de două ori mai profund...și de fiecare dată când încerci să-i deschizi îți este din ce în ce mai greu...așa. e perfect.

Deschide-ți ochii acum...și închide-i din nou...și dă-ți voie să simți cum devii de două ori mai relaxat, de două ori mai comfortabil...observă cât de minunat este...și acum deschide din nou ochii...și închide-i din nou...repetați de câte ori este necesar, de obicei cam de 3 ori în total **minunat...te descurci foarte bine.**

Lucrul cu clienții dificili

În câteva secunde o să-ți ridic mâna, ținându-te de încheietură...nu mă ajuta s-o ridic...doar lasă-ți mâna să fie grea ca plumbul...și lasă-mă pe mine s-o ridic...Terapeutul trebuie să ridice mâna clientului, prinzând-o de încheietură. În cazul în care clientul ajută la ridicare, spuneți, „Nu, lasă-ți mâna să se relaxeze complet...las-o moale și liberă" și scuturați mâna până devine moale și relaxată...așa...e moale și grea...și când o las să-ți cadă în poală...îți dai voie să te relaxezi de 10 ori mai mult...Terapeutul lasă mâna să cadă în poala clientului...dă-ți voie să te adâncești de 10 ori mai profund în relaxare...așa...excelent...acum ești relaxat fizic...și te vom ajuta să devii relaxat și mental...

În câteva secunde o să-ți cer să numeri de la 99 în jos ... și pe măsură ce numeri încet și blând, cu fiecare număr ...îți dublezi relaxarea mentală ... și numerele se relaxează în mintea ta ... poate când ajungi la numărul 98 ... sau 97 ... numerele îți dispar pur și simplu din minte ... și vei atinge cea mai profundă și minunată stare de relaxare mentală ... Și dacă îți dorești acest lucru ... vei permite să se întâmple ... și când aceste numere dispar ... te rog să-ți ridici degetul arătător ca să mă anunți că numerele au dispărut ... și acum poți începe să numeri încet și cu blândețe ... accentuați cu tonalitatea vocii cuvintele încet și cu blândețe.

Pe măsură ce clientul numără, adăugați sugestii după fiecare număr

... dublează-ți starea de relaxare mentală ...

... dubleaz-o din nou, în timp ce continui să numeri încet...

... permite acum acestor numere să se estompeze ...

... nu ne mai sunt de folos acum ...

...lasă-le să-ți dispară din minte ...

Așteptați ridicarea degetului clientului. Poate să se întâmple relativ repede. Dacă trece de 95, spuneți-i ferm că numerele au dispărut acum.

Excelent, toate numerele au dispărut acum și ești într-o stare profundă de hipnoză ... relaxat fizic ... și relaxat mental.

Adăugați orice tehnici de adâncire a transei pe care le considerați potrivite.

INDUCȚII SPONTANE

Unii clienți vor avea nevoie de ceva mai rapid, adică o inducție spontană (sau instantanee). Spre deosebire de inducția rapidă, care poate dura între trei și cinci minute, una spontană consumă de obicei sub treizeci de secunde. Nu-i dă clientului suficient timp să proceseze ce se întâmplă. Prin inducerea confuziei, șocului și pierderii senzației de echilibru, simțurile și capacitățile cognitive ale clientului devin brusc supraîncărcate, acest lucru generând o transă disociativă.

DEGETUL LA FRUNTE

Aceasta este una dintre tehnicile mele preferate, fiind o alternativă a testului de susceptibilitate „pleoape imobile" pe care l-am discutat anterior. Clientul trebuie să fie așezat într-un scaun cu spătar drept, cu mâinile în poală. Terapeutul stă așezat sau în picioare, în fața clientului,

Lucrul cu clienții dificili

ținîndu-și degetul arătător la câțiva centimetri în fața ochilor clientului. Înainte de a începe, obțineți permisiunea clientului de a-l atinge pe frunte, și apoi procedați în felul următor:

Urmărește cu ochii mișcarea degetului meu ... Mișcați-vă degetul spre fruntea clientului. Când degetul este aproape, adeseori clientul își închide automat ochii. Dacă nu, cereți-i pur și simplu să-i închidă. **Continuă să te uiți cu ochii închiși la punctul în care te ating pe frunte** ... Atingeți-l ușor pe frunte. **Și în timp ce faci asta, încearcă să-ți deschizi ochii ... Nu poți să-i deschizi ... stau închiși strâns ... cu cât încerci mai mult să-i deschizi, cu atât devin mai închiși ... renunță acum să mai încerci și permite-ți să aluneci mai adânc în relaxare.**

Trebuie să vă asigurați că într-adevăr clientul încearcă să-și deschidă ochii. Apoi împingeți-i ușor capul spre spate cu ajutorul degetului arătător, sprijinindu-i capul cu cealaltă mână, pentru a nu se duce prea mult în spate. **Nu mă lăsa să-ți împing prea mult capul în spate ...** În acest moment clientul va opune mai multă rezistență degetului arătător. Asigurați-vă că face acest lucru prin presarea capului dinspre spate spre degetul arătător. Acest pas este esențial, pentru că îi va da clientului senzația că își pierde echilibrul dacă îi dați drumul. Când vă veți retrage degetul, în mod natural acesta își va lăsa capul să cadă în față! **În câteva secunde voi număra de la unu la trei ... și când ajung la trei vei intra într-o stare profundă de hipnoză ... unu ... doi ... trei.**

Când ajungeți la trei, retrageți-vă degetul, și dați un mic impuls gâtului clientului dinspre spate, în timp ce prindeți cu cealaltă mână fruntea clientului. În acel moment spuneți **Dormi!** Apoi folosiți imediat tehnicile voastre preferate de adâncire a transei clientului.

Iată un exemplu de utilizare a tehnicii cu un client dificil:

Victor a experimentat hipnoza într-un spectacol pe scenă și și-a dorit să repete experiența și să învețe cum să se auto-hipnotizeze. Fusese la mai mulți hiponoterapeuți până atunci, fără succes. Pe scena trecuse printr-o inducție numită „clătinare față - spate". Puteam s-o folosesc dar ar fi fost dificil din cauza diferenței de înălțime dintre noi. I-am spus însă că avem la dispoziție alte inducții care să-l ducă într-o stare de hipnoză profundă.

Am început cu inducția Elman, dar după câteva minute Victor mi-a spus „Îmi pare rău, nu sunt hipnotizat". Nu a fost un semn bun, așa că i-am spus să-și deschidă ochii și i-am explicat că am o altă inducție care i s-ar potrivi. Am aplicat inducția rapidă. Era deja în hipnoză când mi-am retras degetul. I-am dat sugestia ca, atunci când voi folosi cuvântul „dormi", își va închide imediat ochii și va intra automat în starea de transă. Utilizând fracționarea, i-am spus să-și deschidă și să-și închidă ochii de mai multe ori, repetând sugestia, până m-am asigurat că este ancorată. Am continuat ședința, învățându-l cum să se autohipnotizeze. La ieșirea din transă, Victor era suprins că nu putuse să-și deschidă ochii de-a lungul experienței, fiind convins că experimentase într-adevăr hipnoza.

Metoda funcționează în special cu persoanele nerăbdătoare, ca Victor, și cu cele analitice. Nu le lasă șansa să gândească, și în general intră în transă atât de rapid, încât sunt prea surprinse ca să mai analizeze. Cum am menționat deja, este

Lucrul cu clienții dificili

importantă adâncirea hipnozei imediat, altfel clienții pot ieși din transă tot atât de rapid cum au intrat.

Dacă doriți să utilizați această inducție, va trebui ca prima dată s-o exersați, pentru a sincroniza scriptul la interacțiunile cu clientul. Nu e ca și cum terapeutul se poate așeza și citi pur și simplu clientului. Studenții cărora le predau sunt întotdeauna surprinși de cât de bine funcționează și, odată ce învață și stăpânesc tehnica, nu mai vor să se reîntoarcă la inducțiile lungi.

NUMĂRĂTOARE SCURTATĂ

O altă inducție spontană implică abordarea surpriză:

Vreau să îmi urmărești degetul, și în timp ce te uiți la el, vreau să numeri de la unu la cinci ... Când clientul ajunge pe la 3 sau 4, dați-i voie să urmărească în continuare degetul și retrageți-vă rapid mâna care-i sprijinea capul, spunând cu o voce fermă **Dormi!**, apoi împingeți clientul ferm dar cu blândețe în față sau în lateral.

Continuați apoi cu tehnica voastră preferată de adâncire. Din nou, va trebui să exersați metoda înainte de-a o utiliza cu clienții.

În toate cazurile de inducții spontane, dacă nu reușiți să atingeți transa în mod corespunzător, puteți să schimbați tehnica și să folosiți o inducție Elman, fără ca persoana să-și dea seama.

EMOȚII BLOCATE

Uneori clienții intră în transă, dar nu reușesc să regreseze sau să se elibereze de emoții. Societatea în care trăim ne-a învățat să ne reținem emoțiile, și unii clienți fac acest lucru foarte bine. Adeseori oamenii vin la mine cu o problemă, după ce au vizitat mai mulți terapeuți, având emoțiile adânc îngropate și ferite de orice încercare de a lucra cu ele.

PODUL EMOȚIONAL

Cea mai ușoară metodă de a regresa clientul în viața actuală sau în viețile trecute este prin intermediul podului emoțional. Persoana vorbește despre problema ei în cadrul interviului inițial, emoțiile acumulându-se pe măsură ce clientul povestește. Starea emoțională este deja o stare hipnotică, așadar nu mai este nevoie de o inducție formală. Nimeni nu va dori să reviziteze un eveniment în care a simțit durere, așadar terapeutul trebuie să fie ferm atunci când regresează clientul. Cereți clientului să-și închidă ochii și să vă descrie povestea ca și cum s-ar întâmpla la timpul prezent, ghidându-l printre evenimente. Puteți de asemenea sugera clientului să meargă la partea cea mai rea a incidentului, pentru a elibera emoțiile blocate. Apoi va trebui să-i cereți să reviziteze momentul în care a experimentat pentru prima oară emoția respectivă.

Următorul script este util pentru a regresa clienții în viața curentă sau în viețile anterioare, atunci când nu apar emoții în timpul interviului. După o scurtă inducție spuneți:

Acum ești într-o stare de hipnoză profundă ... atât de profundă încât devii mult mai conștient de toate senzațiile ... și emoțiile ... poți deveni mult mai

conștient de ele ... pentru că te afli în această stare de hipnoză adâncă ... Poate devii conștient de anumite sentimente ... și de senzații corporale ... doar îndreptându-ți atenția asupra lor ... Devii conștient de mâinile tale ... poate una dintre ele este mai caldă decât cealaltă ... sau una dintre mâini se simte mai rece decât cealaltă ... și senzația asta te ajută să aluneci și mai profund ... și pe măsură ce te adâncești în această stare ... fiecare gând te duce mai profund ... și te conectează mai mult cu emoțiile tale ... fiecare bătaie a inimii tale te duce mai adânc ... și pentru că ești atât de conectat ... devii conștient de emoția sau senzația care te-a adus astăzi aici ... datorită acestei stări profunde de hipnoză devii conștient de ele chiar acum ... le simți foarte clar în corp ... devin mai puternice cu fiecare respirație ... și poți acum să simți acestă emoție sau senzație în corpul tău.

Spune-mi unde simți această senzație în corp ? Dați clientului timp suficient ca să răspundă. Poate fi în piept, stomac, picioare, etc. **Pune-ți toată atenția pe emoția din____** ... și în câteva momente voi număra de la unu la cinci ... și când ajung la cinci vei fi în momentul în care ai simțit pentru prima dată această emoție în viața ta curentă ... sau într-o viață anterioară ... 1 ... emoția din ____ devine mai puternică, și mai puternică ... 2 ... această emoție din ____ este din ce în ce mai prezentă și te duce la momentul în care ai trăit-o pentru prima dată ... 3 ... poți vedea sau experimenta deja imagini din viața ta actuală sau dintr-o viață trecută ... 4 ... senzația din ____ devine din ce în ce mai puternică ... 5 ... ești acolo, acum! În timp ce numărați, puteți de asemenea să puneți un pic de presiune pe locul în care clientul simte emoția, pentru a-l ajuta să se concentreze pe ea.

Lucrul cu clienții dificili

Iată un exemplu în care am folosit un pod afectiv cu una dintre clientele mei:

Inițial, Marie venise la mine din cauza unei frici inexplicabile față de șofat. Avea permisul de conducere de peste 20 de ani, dar nu era în stare să conducă din cauza stresului pe care îl simțea.Soțul îi cumpărase un 4x4, dar ea era prea anxioasă să-l conducă, și folosise mașina doar de două ori când își vizitase părinții. O săptămână înainte de fiecare călătorie, avea tulburări de somn și stări de nervozitate. Am întrebat-o cum se simțea când era la volan. Nu a putut să-mi dea un răspuns, izgonindu-și toate amintirile emoționale.

Însă după ce am folosit scriptul de mai sus, a început să povestească : „Nu pot să-mi mișc picioarele, le simt ca și cum ar fi anesteziate ... Sunt pe o masă de operații ... Dumnezeule, îmi depărtează picioarele ... Am doar patru ani ... Urlu și asistenta îmi ține picioarele depărtate ... mă rănesc foarte tare ... mă doare vaginul ... trebuie să bage ceva acolo ... este foarte dureros ... (plângînd) Nu mă pot controla ... Nu-mi pot controla picioarele."

Marie călătorise din satul ei, care era la 150 km de spital, cu mașina. Se ducea la un medic care efectuase de câteva ori o intervenție chirurgicală relativ minoră, când ea avea doar patru ani. De fiecare dată trecuse prin aceeași procedură chirurgicală dureroasă, chinuitoare, și de fiecare dată fusese înspăimântată de-a lungul călătoriei alături de părinții ei, în mașină. Nimeni nu i-a explicat micuței de patru ani de ce trebuia să suporte acea intervenție. Din momentul în care am scos la iveală cauza problemei, Marie și-a redobândit circulația energiei în picioare, fiind în stare să conducă fără a mai simți frica.

148

Acest tip de pod funcționează bine în cadrul regresiei, chiar dacă persoana are emoțiile blocate și nu își dă seama conștient unde sunt localizate aceastea. O întrebasem pe Marie în interviul inițial unde simțea emoția, iar ea mi-a spus că simte frica în tot corpul. Îmi dăduse totuși o sugestie, atunci când îmi spusese că nu înțelege cum oamenii care șofează își pot controla picioarele. Am notat-o, dar nu mi-am dat seama de importanța ei, devenind relevantă pentru clientă doar după încheierea regresiei.

CONFRUNTAREA UNUI PERSONAJ DIN VIAȚA ACTUALĂ

Cum am menționat deja, unii oameni sunt foarte buni în a-și ascunde emoțiile, de obicei ca mecanism de apărare. Următoarea tehnică este o alternativă la podul emoțional. Aceasta utilizează „confruntarea" dintre client și un personaj din viața reală, la începutul regresiei.

Terapeutul trebuie să fie foarte atent atunci când clientul își explică problema, pentru că adeseori oferă indicii despre oamenii implicați în conflict, indicii care pot să devină extrem de utile. Un indiciu poate fi refuzul de a vorbi despre abuzator, cum se întâmplă des în cazurile de abuz sexual. Confruntându-i la începutul ședinței, emoțiile sunt amplificate în crescendo, putând aplica apoi un pod afectiv pentru a-i duce la un incident din viața actuală sau dintr-o viață trecută. Aveți mai jos un exemplu de utilizare eficientă a acestei tehnici :

> Isabele era o victimă a abuzului sexual din partea bunicului, lucrând pe această problemă cu ajutorul unui psihoterapeut. Era o femeie tânără, cu o atitudine și voce blândă, o prezență de-abia sesizabilă. Mi-a povestit

Lucrul cu clienții dificili

despre abuz și despre lipsa ei de încredere în sine. Lucra cu adolescenți cu dificultăți, în special cu cei care manifestau o agresivitate crescută. Era în mare parte incapabilă să-i gestioneze și-și dorea să devină mai asertivă.

Pe măsură ce ședința se desfășura, a putut să intre în transă, dar nu putea deloc să acceseze amintiri din trecut. Nu venea nimic – vedea doar negru, fără emoții aparente. Atunci când clienții trec prin asta, de obicei este frica de a accesa amintirile, sau convingerea că gândul care apare este fără importanță.

Când mi-a povestit în interviul inițial despre abuz, am întrebat-o cine fusese abuzatorul. A ezitat să-i pronunțe numele și să menționeze relația de rudenie cu acesta, bunicul ei.

I-am sugerat să-și creeze un spațiu sigur în care să poată să-l întâlnească și să discute cu el. Ca să se simtă în siguranță, i-am cerut să-și imagineze că este înconjurată de plăci groase de plexiglass, imposibil de spart. Chiar de dinainte de-a iniția dialogul, a început să tremure și să plângă, și am folosit acest lucru pentru a o regresa la sursă. A călătorit într-o viață anterioară în care fusese violată. După ce am rezolvat situația, a regresat în copilăria din viața actuală, și am început să lucrăm pe aspectele legate de abuz. Bineînțeles că o singură ședință nu a fost suficientă, așa că am avut mai multe, fiecare dintre ele eliberând straturi succesive, până când a fost în stare să își confrunte bunicul, în spațiul ei de siguranță. A dobândit astfel instrumentele cu care să-i gestioneze pe adolescenții agresivi de la locul ei de muncă.

În acest caz specific, clienta a avut nevoie de mult sprijin pentru a-și confrunta abuzatorul și a-și elibera emoțiile.

Lucrul cu clienții dificili

Isabelle nu vroia să povestească despre abuz, deoarece credea că lucrase deja pe această problemă, cu celălalt psihoterapeut. Nu vedea legătura dintre abuz și lipsa ei de asertivitate, astfel încât am preferat să nu explorăm imediat abuzul din viața ei actuală, ci să folosim confruntarea cu bunicul pentru a merge la sursa dintr-o viață anterioară. Este o modalitate bună de a extrage o emoție adânc îngropată.

CE NE SPUNE EMOȚIA

Mai există o modalitate de abordare a emoțiilor blocate. Pentru a le elibera, este util ca terapeutul să înțeleagă care este gândul asociat cu emoția respectivă. De exemplu, tristețea este o emoție pe care o trăim când pierdem ceva, așa că atunci când clientul simte tristețe în piept și nu poate să meargă mai departe, întreb „ce ai pierdut?". Trebuie să repetați întrebarea de câteva ori, clientul asociind într-un final emoția cu incidentul. Iată un exemplu:

> Suzanna a venit la mine pentru că simțea o tristețe profundă în piept. Mi-a spus și că suferea de astm încă din adolescență. Când am întrebat-o care sunt motivele tristeții, mi-a răspuns simplu că dacă ar ști, nu ar fi aici. Părea foarte detașată de emoțiile ei. Am început regresia, și s-a concentrat pe emoțiile pe care le simțea în piept. Am încercat un pod fizic, însă a început să se frustreze pentru că emoțiile din piept se intensificau, însă nu se întâmpla nimic care să-i indice sursa acestei tristeți.
>
> Cu cea mai mare compasiune, am repetat de câteva ori, „Concentrează-te pe tristețe și spune-mi ce ai pierdut." A izbucnit în lacrimi și a alunecat direct într-o viață trecută, în care fusese obligată să-și dea copilul. Am

Lucrul cu clienții dificili

lucrat pe acest incident, curățându-l, și am făcut legătura cu viața actuală, momentul în care s-a născut tristețea. Părinții o obligaseră să facă un avort pentru că fusese prea tânără ca să aibă grijă de copil. Astmul debutase imediat după avort și nu-și dăduse seama de legătura dintre ele. Era modul în care corpul îi reamintea tristețea nerezolvată a pierderii copilului, atât în viața trecută, cât și în cea actuală. După câteva luni, mi-a scris că astmul s-a vindecat complet în urma ședințelor.

Din experiența mea, problemele legate de zona plămânilor sau a pieptului (chakra inimă) sunte îndeobște legate de tristețe, care la rândul ei vine dintr-o pierdere – de exemplu pierderea cuiva drag, sau chiar a iubirii de sine. Cu toate acestea, astmul spre exemplu nu este tot timpul legat de o pierdere, astfel încât este important să nu facem presupuneri și să permitem clienților să-și găsească propria rezolvare.

Mai jos găsiți câteva sugestii de utilizare a acestei tehnici, cu trei dintre cele mai întâlnite emoții negative:

- *Furia* afectează în general ficatul și fierea, sistemul muscular și cel imunitar. Poate să-și facă apariția și prin intermediul migrenelor sau a pumnilor încleștați. De obicei este răspunsul la o nedreptate trecută sau prezentă, ceva ce persoana nu a putut să rezolve. În acest caz, întrebarea cheie este: **Ce ți se pare nedrept?**

- *Frica* afectează în general rinichii, vezica urinară, sistemul nervos central, reproductiv și endocrin. De obicei este răspunsul la un sentiment de nesiguranță. Întrebarea cheie care trebuie adresată este: **Care e pericolul?**

Lucrul cu clienții dificili

• *Tristețea* și *Jalea* în general crează dureri de cap sau depresii și afectează plamânii și intestinul gros. Indică o pierdere a ceva sau a cuiva. Întrebarea cheie care trebuie adresată este: **Pe cine sau ce ai pierdut ?**

REGRESIA CU OCHII DESCHIȘI

În ciuda tuturor eforturilor de ambele părți, majoritatea specialiștilor în terapia prin regresie au întâlnit clienți care au dificultăți în a intra în transă sau a accesa o viață trecută. Câteodată cele mai provocatoare regresii sunt cu persoane care din curiozitate, doresc doar să experimenteze o viață trecută. Iată un exemplu:

Philippe își dorea să facă o regresie în vieți anterioare pentru că fosta soție îi recomandase acest lucru. Avuseseră probleme în relație, și ea credea că l-ar putea ajuta. Philippe nu făcuse nici un fel de terapie până atunci,

Când l-am întrebat care e motivația lui, mi-a spus doar că „vroia să vadă despre ce este vorba". Nu era prea deschis, așa că mi-a fost destul de greu să obțin mai multe informații. Am reușit însă să identific intenția ascunsă – cea de a înțelege de ce îi eșuase mariajul.

În timp ce încercam să-l ghidez să acceseze o viață trecută, nu am fost suprinsă când s-a oprit și m-a întrebat dacă trebuia să-mi descrie pantofii pe care-i purta, sau pe care și-i imagina că-i poartă. Îi era extrem de greu să acceseze viața anterioară, așa că i-am spus să deschidă ochii și să-mi povestească experiența. Au ieșit la iveală o sumedenie de informații despre viața trecută, însă imediat ce-și închidea ochii, fluxul informațiilor devenea extrem de lent, aproape inexistent. Am decis să-l las să

Lucrul cu clienții dificili

experimenteze viața anteriară cu ochii deschiși și i-am oferit următoarea sugestie :

„Lasă-ți mintea conștientă să fie observator, ca și cum te-ai uita la tine însuți. La finalul ședinței vom ruga mintea conștientă să ne povestească despre ce a văzut. Cu ochii deschiși, dă-i voie minții tale inconștiente să se cufunde complet în experiență."

A beneficiat de o ședință extraordinară, cu o viață anterioară relevantă pentru el. Chiar dacă la început și-a ținut ochii deschiși, i-a închis apoi repede, deschizându-i din când în când, doar pentru a „se inspira".

Aceasta este întotdeauna o opțiune în cazul clienților care nu au experimentat niciodată viețile anterioare sau care au dificultăți. Clientul se simte mai puțin constrâns, informația curgând mult mai ușor. Spuneți-le că este în regulă chiar „să inventeze" o poveste dacă nu recepționează alte informații. Totul va căpăta pâna la urmă un sens.

SUMAR

Indiferent ce tipuri de probleme întâlniți în munca voastră cu așa-zișii „clienți dificili", vă sugerez să cereți întotdeauna sprijin intuitiv de la ghizii voștri și ai clienților. Deși există o multitudine de provocări pe care le puteți întâlni, cred din toată inima că există o soluție pentru fiecare, însă aceasta s-ar putea să nu fie cea pe care vi-o imaginați, astfel încât e bine să fiți cât mai deschiși, lăsându-va intuiția să vă conducă la ea.

DESPRE AUTOR

Tatjana Radovanovic Küchler CI, BCH, Dip RT

Tatjana este terapeut specializat în regresii și lucrează la Geneva, Elveția, în franceză și engleză. Este membru al *National Guild of Hypnotists* și formator în hipnoză. În plus, mai practică și Ultra Depth®, Emotional Freedom Technique, și este maestru Reiki. Pentru mai multe detalii, vizitați: *www.reincarnation.ch*, *www.tara-hypnotherapy.ch*, și *www.tara-hypnosiscenter.com*.

Lucrul cu clienții dificili

6

UTILIZAREA CRISTALELOR ÎN TERAPIA PRIN REGRESIE

Christine McBride

Lumea fizică, a obiectelor și materiei, este alcătuită din nimic altceva decât informații energetice vibrând la frecvențe diferite. Motivul pentru care nu percepem lumea ca pe o plasă imensă de energie este că vibrează prea rapid. Simțurile noastre, funcționând atât de încet, pot capta doar bucățele ale acestei energii și activități, iar aceste fragmente de informație devin „scaunul", „corpul meu", „apa", și toate celelalte obiecte ale universului vizibil.

Deepak Chopra

INTRODUCERE

Primele mele încercări de a lucra cu cristalele au avut loc acum mai bine de douăzeci de ani, când împreună cu partenerul meu, dețineam și gestionam un magazin pentru minte, corp și suflet, în care vindeam o gamă largă de cristale. De-a lungul celor șapte ani în care am lucrat acolo, am dat sfaturi clienților despre aceste cristale. Motivată de interesul și nevoile clienților, și inspirată chiar de cristale, m-am cufundat în a învăța cât de mult puteam despre ele, prin intermediul cărților, workshop-urilor și al experienței personale.

Mai recent, după obținerea diplomei în terapia prin regresie, am început să încorporez în regresiile cu clienții, diferite tehnici ale muncii cu cristalele, făcându-mi plăcere să împărtășesc parte din ele cu colegii mei la reuniunea noastră anuală. Feedbackul pozitiv pe care l-am primit m-a încurajat să dezvolt tehnici noi, pe care le descriu aici, pe hârtie, pentru întâia oară. Voi prezenta tehnici de utilizare a cristalelor în sprijinul terapeutului în general, dar și a clientului, atât în timpul ședinței, cât și după încheierea acesteia. Pot fi aplicate însă și altor forme de terapie.

Însă înainte de a începe, aș vrea să-mi exprim recunoștința față de Făpturile Divine care m-au ajutat imens, prin împărtășirea majorității informațiilor despre tehnicile de folosire a cristalelor pe care le prezint aici. Vreau să le acord de asemenea credit lui Simon și Sue Lilly, cei mai buni profesori de terapie prin cristale pe care i-am întâlnit.[1,2] Metoda de Curățire a Chakrelor pe care o descriu mai încolo a fost inspirată de munca lor.

Pentru a aprecia cu adevărat valoarea lucrului terapeutic cu cristalele, este important să știm că *absolut tot este informație energetică vibrând la frecvențe diferite*. Întrucât cristalele rezonează pe frecvențe precise, ele pot fi utilizate, influențate sau pot transmite o multitudine de energii specifice fiecărui cristal sau fiecărei combinații de cristale implicate. Datorită structurii lor de rețele cristaline, cristalele au proprietatea de a păstra și emite o vibrație puternică și stabilă. Această însușire poate fi utilizată în restabilirea unui câmp energetic instabil. Tulburările emoționale sau mentale pot fi rearmonizate și restabilizate.

PREGĂTIREA ÎNAINTE DE SOSIREA CLIENTULUI

Creați-vă propriul spațiu de lumină, care să fie curat, liber și fără influențe negative. Spațiul include atât corpul vostru fizic și energetic, cât și încăperea în care lucrați.

CREȘTEREA VIBRAȚIEI TERAPEUTULUI

Băile regulate cu săruri, respirația adâncă, aerul curat, lumina soarelui și recunoștința pentru toată frumusețea și darurile Mamei Natură, toate ajută la creșterea vibrației personale. Mai specific:

1. **Respirați profund.** Respirația adâncă, în care permiteți abdomenului să-și crească și să-și reducă volumul la fiecare inspirație și expirație, ajută la creșterea vibrației, în special dacă ne aflăm în natură, inspirând aer proaspăt, curat.

2. **Hidratați-vă.** Apa este un excelent conductor de energie și informație. Dacă doriți să beneficiați de un flux energetic optim în corpul energetic, trebuie să fiți bine hidratați – majoritatea nu suntem!

3. **Emininați stresul.** O minte și un corp fizic relaxate vă permit o funcționare optimă.

4. **Odihniți-vă.** Asigurați-vă că vă odihniți cât trebuie și evitați graba.

5. **Programați-vă mesele.** Nu trebuie să vă simțiți nici flămânzi, dar nici încărcați după o masă grea.
6. **Curățați-vă.** Păstrați-vă curate corpul fizic, hainele și mediul înconjurător.
7. **Împământați-vă și rămâneți centrat.** Vizualizați o împământare puternică, spre exemplu imaginați-vă rădacini puternice sau corzi de lumină care cresc dinspre tălpile picioarelor voastre spre centrul Pământului. Cu fiecare expirație, concentrați-vă pe consolidarea fluxului de lumină dinspre tălpi, trecând prin Pământ; sentimentul de siguranță și ancorare fermă. Cu fiecare inspirație, puneți-vă atenția pe întărirea fluxului de lumină care vine dinspre Pământ spre tălpile voastre – simțiți cum Pământul vă sprijină.

Ca alternative, puteți folosi cristale și/sau tehnicile de *Bătaie ușoară cu degetele* și *Cârligul Bucătarului*, descrise mai jos.

Bătaie ușoară cu degetele

Această tehnică este una dintre cele mai potrivite pentru centrarea și stabilizarea energiilor personale. Poate fi practicată zilnic, de câteva ori pe zi, până devine o obișnuință. Ajută la balansarea meridianelor energetice principale ale corpului timp de 20 de minute, și este una dintre cele mai simple și mai eficiente tehnici pentru asigurarea menținerii unui câmp energetic stabil, puternic și centrat. Vă protejează în mod natural împotriva energiei discordante, reducând totodată probabilitatea să absorbiți energii negative de la client. Tehnica este util de aplicat și pe voi înșivă sau pe alte persoane, în cazurile de frustrare, nervozitate sau dacă este necesar să gestionați șocuri neașteptate.

Procedura, în forma ei cea mai simplă, constă într-o ciocănire ușoară, fermă, cu ajutorul vârfurilor degetelor, pe zona superioară a pieptului, chiar acolo unde clavicula se întâlnește cu sternul. Poziționarea este aproximativ în zona timusului și a tiroidei, care au un rol extrem de important în menținerea echilibrului energetic subtil al corpului. Efectul de balansare durează mai mult dacă cealaltă mână este poziționată cu palma deschisă, în fața buricului. Repetați de aproximativ 20 de ori.

Cârligul Bucătarului

Aceasta este o tehnică utilă, derivată din kinesiologie, care vă ajută atât la împământare, cât și la centrare, atunci când aveți energiile dispersate. Datorită faptului că integrează partea dreaptă a creierului cu cea stângă, exercițiul reduce confuzia și lipsa coordonării, reducând în același timp stresul și supărarea. Cel mai bine puteți face exercițiul în timp ce sunteți așezați (să aveți în vedere că dacă sunteți stângaci, trebuie să inversați toate manevrele):

1. Încrucișați-vă gleznele, cea dreaptă peste cea stângă.

2. Încrucișați-vă încheieturile mâinilor, în fața voastră, cea dreaptă peste cea stângă. Rotiți-vă mâinile, astfel încât palmele să se afle față în față, apoi încrucișați-vă degetele. Așezați-vă mâinile în poală.

3. Relaxați-vă, închideți ochii și respirați ușor. Pe măsură ce vă stabilizați, s-ar putea să vi se intensifice sentimentele sau emoțiile. Acest lucru face parte din

procesul de eliberare a stresului, așa că pur și simplu permiteți-le să apară. Până la urmă vor dispărea.

4. Când vă simțiți calm, reechilibrat la starea normală, desfaceți-vă mâinile și gleznele.

5. Așezați-vă acum picioarele pe podea, cu tălpile drepte. Lăsați mâinile în poală, cu degetele atingându-se ușor, ca și cum ați ține o minge mică între cele două palme. Dacă mențineți această poziție jumătate de minut, vei simți beneficiile un timp mai îndelungat.

CREȘTEREA VIBRAȚIEI ÎNCĂPERII

1. Asigurați-vă că încăperea, pernele, păturile și orice altceva mai folosiți sunt curate fizic, camera este confortabilă din punctul de vedere al temperaturii, și aerul este proaspăt.

2. Pentru a purifica spațiul la nivel subtil, o modalitate simplă și foarte eficientă este plasarea unei farfurioare cu sare în fiecare dintre cele patru colțuri ale camerei. Lăsați-le peste noapte, iar a doua zi luați-le și aruncați cu grijă sarea. În timpul nopții, sarea a absorbit energiile subtile întunecate, grele sau toxice, încăperea rămânând mai luminoasă și mai curată.

3. Pentru a crește și mai mult nivelul de vibrație al camerei, puteți s-o umpleți cu un sunet curat și pur, dacă o înconjurați încet, sunând cu un clopoțel, bol sau talgere tibetane, xilofon, diapazon sau propria voce. Acordați o atenție mai mare colțurilor încăperii, și locului unde de obicei stau clienții.

4. Plasați o rocă mare de ametist, preferabil cu o lungime de aproximativ 30 de centimetri, sub canapeaua pe

Utilizarea cristalelor în terapia prin regresie

care clientul va sta în timpul ședinței, poziționată central. Dacă folosiți o masă de tratament, puteți să plasați ametistul pe un scaun sau ceva asemănător, pentru a fi mai aproape de client. La cele patru colțuri ale canapelei așezați un soclu de cristal de cuarț pur; aceste socluri de cristal (se numesc așa deoarece capătul opus celui natural este tăiat și șlefuit, pentru a putea așeza cristalul pe o suprafață dreaptă) ar trebui să aibă o înălțime minimă de zece centimetri, dimensiunea ideală fiind de 25 de centimetri. Dacă nu aveți patru astfel de cristale, puteți utiliza patru pietre rulate de cuarț pur, fiecare dintre ele așezate la un colț al canapelei. Împreună, cele cinci cristale vor crea o rețea de energie luminoasă de vibrație înaltă, cu mai multe beneficii. Primul este faptul că inconștient, clientul se simte în siguranță și sprijinit „ferm" de această structură energetică nou creată, dându-și voie să se deschidă mai ușor, si să se relaxeze mai profund. Al doilea este că nivelul vibrațional din jurul clientului este mai înalt decât de obicei. Acest lucru facilitează comunicarea, oarecum ca în cazul îmbunătățirii „conexiunii" la internet. Va ajuta terapeutul să fie mai intuitiv și mai sensibil în proces, iar clientul să acceseze amintirile inconștiente și să beneficieze mai ușor de asistența nivelelor superioare ale minții Dacă doriți, puteți să așezați incă patru soclii de cuarț în colțurile încăperii.

PREGĂTIREA PENTRU SOSIREA CLIENTULUI

1. Așezați-vă confortabil și chemați-vă ghizii și îngerii păzitori, sau solicitați orice sprijin de care aveți nevoie

din lumea spiritelor, în beneficiul vostru sau al clienților.

2. Îndreptați-vă gândurile spre clientul care urmează să sosească. Păstrați în minte numele acestuia, fără să apelați amintiri anterioare, experiențe, așteptări sau judecăți pe care le aveți despre client. Dați-vă voie să vă centrați, mintea voastră „ațintită" pe numele clientului, ca și cum ați păstra cel mai delicat și prețios lucru. Când simțiți sau știți că sunteți gata (sau pur și simplu după două, trei minute) procedați în felul următor:

3. Stați câteva momente pentru a vă acorda la percepția voastră despre „Tot ce există", Divin, Dumnezeu, sau orice nume folosiți. Dedicați-vă pe voi, și munca voastră cu cristalele, Binelui Suprem.

TEHNICI DE UTILIZARE A CRISTALELOR ÎN CADRUL ȘEDINȚEI TERAPEUTICE

Diferitele configurații ale cristalelor descrise aici funcționează foarte bine, indiferent dacă terapeutul sau clientul sunt conștienți de modificările energetice care au loc.

LINIȘTIREA CLIENTULUI ÎN TIMPUL INTERVIULUI

După sosirea clientului, dacă este agitat, puteți să-i dați să țină în mână o piatră rulată de cuarț roz. Unii clienți se pot simți însă inconfortabil cu această experiență neobișnuită, caz în care e mai simplu să aveți o bucată de cuarț roz pe o măsuță în apropierea lor. Astfel, ei vor beneficia de beneficiile calmante ale cuarțului, într-o manieră nonintruzivă. Dimensiunea potrivită a bucății de cristal roz, plasată pe măsuță, este aproximativ mărimea unui grapefruit.

RELAXAREA INIȚIALĂ

Când clientul este pregătit, introducerea preliminară poate consta în câteva respirații ușoare. Ghidați clientul să respire apoi din ce în ce mai profund. Puteți oferi următoarele sugestii:

> Acum te rog să inspiri ... și la următoarea respirație poți observa cum pieptul ți se ridică și apoi revine fără efort ... iar la următoarea inspirație observi cum diafragma se mișcă ușor în sus și apoi în jos ... și cu fiecare respirație te cufunzi mai adânc, și mai adânc ... mai profund, din ce în ce mai profund ... observă cum abdomenul se ridică ușor, și apoi revine... ce senzație minunată.

CENTRAREA

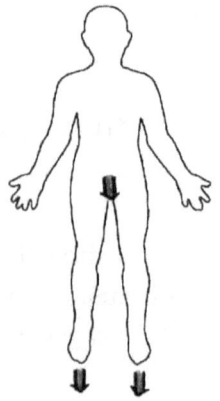

În situația în care clientul este prea concentrat pe mintea logică, plasați un cristal de cuarț fumuriu în formă de baghetă (de aproximativ 5 centimetri lungime), cu vârful orientat în direcția opusă corpului – câte unul sub fiecare picior. Pentru a amplifica efectul de centrare, puteți plasa încă un cristal fumuriu la chakra rădăcină a clientului (dacă vă permite acest lucru), cu vârful aţintit spre picioare.

Dacă în timpul şedinţei aplicaţi terapia corpului, sau dacă persoana se adânceşte prea mult în transă, va trebui să mutaţi cristalele. De exemplu, dacă în timpul regresiei clientului îi ia prea mult timp să răspundă la întrebări, înlăturarea cristalelor îl va transporta uşor şi natural către un nivel mai superficial al transei.

CURĂŢAREA CHAKRELOR

Metoda poate fi utilizată pentru o parte sau pentru totalitatea celor şapte chakre principale – rădăcină, sacrală, a plexului solar, a inimii, gâtului, celui de-al treilea ochi şi chakra coroană:

1. Ţineţi în mână un pendul de cristal de cuarţ transparent şi luaţi-vă câteva momente pentru a vă conecta cu acesta, considerându-l un cadou al Mamei Pământ – ca şi cum v-aţi reconecta cu un prieten vechi, pregătit, capabil şi nerăbdător să vă ajute.

2. Dedicaţi folosirea pendulului „Binelui Suprem al Tuturor celor Implicaţi" sau „Măreţiei Domnului".

3. Stabiliţi-vă clar intenţia, în felul următor (puteţi s-o spuneţi cu voce tare sau în gând, după cum consideraţi că este potrivit în funcţie de client): „Minte Divină, intenţia noastră este să ne relaxăm, să transformăm şi să eliberăm orice cauzează blocajul sau dezechilibrul în chakra ____ (numele chakrei) lui ____ (numele clientului), ce poate fi corectat acum, rapid şi în siguranţă".

4. Țineți pendulul la aproximativ 5 centimetri deasupra chakrei respective și lăsați-l să se miște liber. Când se oprește, înseamnă că pe moment procesul este încheiat.

5. Repetați procesul descris în pasul 4 pentru fiecare chakră.

Ca să aveți un proces mai focalizat și mai puternic, reduceți sau stabiliți care strat energetic este cel mai disfuncțional, spre exemplu cel eteric, emoțional, mental sau spiritual. Apoi repetați metoda de mai sus cu o intenție mai concentrată în pasul 3, după cum urmează: „Pendulul se va mișca pentru a slăbi, transforma și elibera orice cauzează blocajul sau dezechilibrul în chakra ___ (numele chakrei) lui ___ (numele clientului) la nivelul ___ (specificați stratul energetic), ce poate fi rezolvat acum, rapid și în siguranță." Puteți de asemenea să reglați înălțimea la care țineți pendulul deasupra chakrei, astfel încât să fie poziționat la nivelul specificat al aurei.

Această metodă ar trebui să curețe atât forme – gând, entități atașate sau alte atașamente energetice de frecvență joasă, cât și energia emoțională blocată și contractată a clientului. Este un proces natural și automat, care se desfășoară ca rezultat al fluxului energetic de lumină pură creat de mișcarea pendulului de cristal. Această energie de vibrația

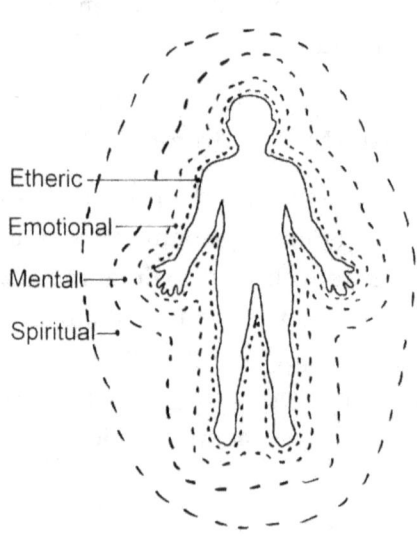

Utilizarea cristalelor în terapia prin regresie

înaltă, transmisă rapid, poate disloca energiile atașate care sunt apoi atrase natural de acea dimensiune de lumină rezonând cu nivelul lor de dezvoltare. Totodată, în ceea ce privește energia emoțională congestionată și formele-gând de vibrație joasă, lumina le ridică nivelul vibrației din ce în ce mai mult, până sunt transformate.

SCANAREA CU AJUTORUL PENDULULUI

De obicei, terapeutul este obișnuit să facă scanarea câmpului energetic al clientului la începutul ședinței. Metoda de Curățare a Chakrelor, descrisă mai sus, poate fi simplificată pentru a vă permite efectuarea unei scanări rapide cu ajutorul pendulului. Acest lucru poate aduce o mai mare claritate decât scanarea cu mâinile:

1. Țineți în mână un pendul de cristal de cuarț transparent și luați-vă câteva momente pentru a vă conecta cu acesta, considerându-l un cadou al Mamei Pământ – ca și cum v-ați reconecta cu un prieten vechi, pregătit, capabil și nerăbdător să vă ajute.

2. Dedicați folosirea pendulului „Binelui Suprem al Tuturor celor Implicați" sau „Măreției Domnului".

3. Stabiliți-vă clar intenția ca pendulul să-și modifice mișcarea obișnuită de „înainte, înapoi" când întâlnește ... (ce doriți să scanați).

4. Țineți pendulul la aproximativ cinci centimetri deasupra clientului și permiteți-i să se miște independent. Porniți de la picioare și urcați gradat, de-a lungul unei linii, spre vârful capului clientului.

Unul dintre colegii mei, terapeut specializat în regresii, pe care l-am învățat să folosească pendulul de cristal, este autorul și terapeutul Ian Lawton, care ne povestește câteva experiențe interesante cu clienții:

Înainte de fiecare ședință de regresie mă împământez cu ajutorul metodelor Cârligul Bucătarului și cea a ciocănirii ușoare cu degetele, conectându-mă cu cristalul și curățindu-l energetic. Cred că pasul este deosebit de important, chiar dacă ia doar câteva minute, deoarece claritatea intenției noastre este crucială în acest tip de proces intuitiv. Folosesc regulat o scanare foarte simplificată cu ajutorul cristalului înainte de a începe ședința de regresie, aceasta jucând totodată și rolul de verificare a răspunsurilor ideomotorii de „da-nu" ale clientului, sau a oricăror aspecte pe care doresc să le confirm în timpul unei ședințe.

Așadar, cu excepția situațiilor în care clienții intră direct în regresie prin intermediul podurilor, atunci când ajungem la lucrul cu transa, le spun că vom face o echilibrare energetică, și stabilesc intenția conform instrucțiunilor Christinei, de obicei cu voce tare, astfel încât clienții să audă ce urmează să se întâmple. În cadrul acestei scanări simplificate, tratez toate corpurile energetice ca pe un întreg, și este posibil să fac doar o singură pasă spre linia centrală a clientului, deși atunci când cristalul lucrează intens, fac uneori două pase succesive, una de fiecare parte.

Pentru mine personal, de obicei cristalul se mișcă în permanent de-a lungul liniei de lucru, balansându-se mai viguros de-a lungul acestei linii atunci când fac reechilibrare sau curățare. Sunt permanent fascinat de momentele în care începe să se miște atât de puternic, încât verigile delicate ale lanțului sunt zgâlțâite una peste alta, balansându-se până ajunge aproape la orizontală. Și încrederea mea în proces este întărită, deoarece pendulul își începe întotdeauna balansarea delicată la picioarele clientului, și se oprește complet deasupra capului. Dar sunt și excepții. Am avut un clientă cu probleme la glezne – care s-au dovedit a fi conectate cu o viață anterioară, în care fuseseră legate în lanțuri – și probabil nu a fost o supriză când cristalul a început să lucreze viguros imediat ce l-am apropiat de picioarele ei. Cu alt client însă, extrem de analitic, tehnica s-a dovedit a fi un cadou minunat, pentru că imediat ce i-am adus cristalul în apropierea tălpii picioarelor, aproape că a sărit de pe canapea: „Ce ... a fost asta?", a exclamat, cu accentul lui dur, franțuzesc. „M-am simțit de parcă m-ai curentat!". Din acel moment, mi-a spus că a înțeles ce însemna atunci când vorbeam despre „energii". Avea acum o dovadă, care l-a ajutat imens să se relaxeze de-a lungul procesului hipnotic.

În general, am descoperit că utilizarea cristalelor îmi permite să fac o evaluare relativ rapidă a stării de echilibru a clientului – posibilă însă doar în conexiune cu obiectivele lui pentru ședință, în funcție de intenția pe care am stabilit-o la început. Ocazional, îmi petrec o întreagă ședință preliminară utilizând doar cristalul, în special dacă acesta lucrează intens și dacă simt intuitiv că este ce trebuie să fac – în special când clientul simte imediat beneficiile.

În majoritatea cazurilor însă, este vorba doar de o verificare rapidă de cinci minute, pentru a diagnostica în ce stadiu ne aflăm. Ajut de asemenea și clientul să se relaxeze, pentru că îi las acestuia posibilitatea fie de a discuta despre orice percepem/ simțim în timp ce cristalul își face treaba, sau de a-și ține ochii deschiși și de a urmări cum reacționează cristalul. Până acum nu am avut pe nimeni care să intre direct într-o amintire din viața curentă sau dintr-o viață anterioară în urma scanării cu cristalul, însă cred intuitiv că mai devreme sau mai târziu acest lucru se va întâmpla.

Pentru mine cel puțin, tehnica este o adiție neprețuită la instrumentarul pe care îl folosesc în terapie, și suntem toți recunoscători Christinei pentru că a împărtășit cu noi aceste minunate metode. Este un moment potrivit pentru a menționa și că, în general, Christine este o vindecătoare extrem de talentată și de intuitivă, care m-a ajutat pe mine personal să-mi curăț diverse blocaje energetice.

INFORMAȚII DE LA ENTITĂȚILE DE LUMINĂ

Dacă doriți să îmbunătățiți conexiunea clientului la informațiile primite din „spațiul de lumină", puteți folosi trei pietre rulate de aventurin verde. Plasați-le una lângă fiecare ureche, și a treia chiar deasupra coroanei capului. Metoda este cu atât mai eficientă, dacă clientul a regresat în lumea spiritelor.

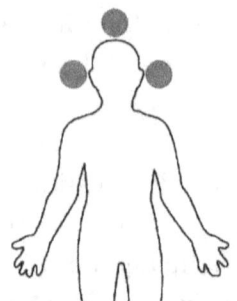

Poate ați citit deja în cărțile despre cristale că pietrele care vibrează la frecvențe relativ înalte sunt recomandate accesării informațiilor superioare, și bineînțeles că aveți posibilitatea de a le folosi. Utilizarea lor este potrivită când clientul se află într-o stare de liniște, dar trebuie să avem în vedere că în timpul regresiei, acesta se poate afla într-o stare emoțională sau de stres. Sugerez așadar ca, pentru scopul terapiei prin regresie, nivelul vibrațional al aventurinului verde este cel optim.

REVENIREA ȘI CENTRAREA

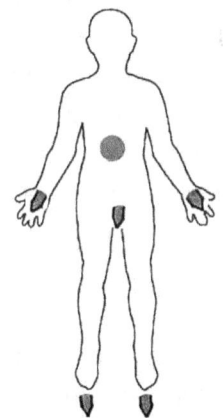

La finalul regresiei, dacă energiile clientului par a fi cumva dispersate, fragmentate sau necentrate, poate fi util să-i așezați o piatră rulată de aventurin verde pe plexul solar, și dacă este necesar, să repoziționați cele trei cristale de cuarț fumuriu pe care le-ați utilizat pentru împământare (vezi tehnica anterioară). Dacă ședința a fost foarte intensă, puteți, adițional, să-i puneți clientului o piatră rulată de cuarț fumuriu sau o baghetă de cuarț în fiecare palmă (poziționați vârful către degete). Așteptați până clientul se relaxează complet, poate chiar îl vedeți că respiră adânc, sau pur și simplu lăsați să treacă cinci, zece minute, după care înlăturați pietrele.

În timp ce așterneam pe hârtie poziționarea cristalelor, descrisă în acest capitol, am vrut să experimentez efectele acestora asupra mea personal. Iată ce s-a întâmplat după ce am folosit poziționarea pentru revenire și centrare:

Mi s-a întâmplat să regresez într-o viață anterioară în care eram un ofițer comandant. Prima mea percepție a fost mirosul câmpului de luptă după bătălie, și faptul că eram înconjurat de corpurile inerte ale majorității oamenilor mei. La finalul acelei vieți nu mi-am părăsit corpul fizic după moarte, pentru că le fusesem devotat soldaților pe care-i condusesem, iar loialitatea îmi cerea să nu-i părăsesc niciodată. Am fost condus către tărâmul spiritelor, ajungând acolo la o înțelegere acceptabilă cu oamenii mei, din care majoritatea făcuseră cu succes tranziția către moarte și se mirau de ce nu ajung și eu! La final, după ce m-am reîntors la „aici și acum", am crezut că mă simt destul de în regulă. De curiozitate, mi-am rugat un coleg să plaseze cristalele în jurul meu, în poziționarea „revenire și centrare". Pe măsură ce aranjamentul colabora natural cu câmpul meu energetic, pentru a aduce echilibru și armonie, am devenit conștientă că eram de fapt mult mai împrăștiată energetic decât de obicei, și câmpul era mai extins spre partea dreaptă. A durat câteva minute până ca poziționarea cristalelor să redreseze această disproporție, restabilind simetria aurei la o mărime obișnuită pentru activitățile zilnice, normale.

După cele două, trei minute care au urmat, fluxul de energie din canalul meu central (curgerea verticală de energie paralelă cu coloana vertebrală, care leagă toate chakrele) s-a centrat în chakrele mele personale, din cauza experienței semnificative de „ieșire din corp" pe care o avusesem. După ce s-a încheiat „revenirea către centru", transformarea din aura mea a continuat prin sigilarea și balansarea chakrei plexului solar, astfel încât fluxul de energie din canalul meu central a devenit puternic și vibrant. Astfel, m-am simțit mai puternică și mai adunată, surprinsă fiind de faptul că la finalul regresiei nu fusesem conștientă de cât de debalansată eram.

LINIȘTIRE ȘI ALINARE

După câte o ședință de terapie, fluxul de energie/lumină din aura clientului poate rămâne tulburat și neechilibrat.

Utilizarea cristalelor în terapia prin regresie

Această poziționare a cristalelor va avea un efect de reechilibrare, calmare, liniștire și alinare a fluxului energetic, „sigilând" aura.

Plasați șase pietre rulate de ametist într-o formă de stea cu șase colțuri în jurul corpului clientului. Pietrele ar trebui

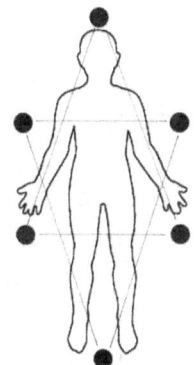

să fie așezate între cinci și 15 centimetri de corpul clientului, una deasupra creștetului capului, una sub tălpi, două de partea dreaptă și două de partea stângă a corpului, la distanțe egale. Lăsați-le în această poziționare aproximativ cinci minute, sau cât considerați că este potrivit.

Se poate amplifica efectul de liniștire și alinare prin înlocuirea ametistului cu șase pietre rulate de aventurin verde, plasate exact în aceeași poziție. Lăsați-le tot cinci minute, sau cât simțiți necesar. Asigurați-vă că persoana bea apă după utilizarea cristalelor, deoarece apa ajută curgerea energiei spre toate nivelele. Iată un exemplu despre cum au funcționat cu un client în regresie aceste două poziționări:

Robert a regresat într-o viață anterioară plină de tristețe și regret, de femeie asuprită trăind o existență de slujitoare. Imediat după regresie l-am întrebat cum se simțea și mi-a spus că bine. Cu toate acestea, experiența mi-a dovedit că adeseori clienții sunt mai tulburați decât își dau seama. Am aplicat la el poziționarea de „revenire și centrare", lăsând cristalele aproximativ cinci minute. Am observat că fluxul de energie din canalul său central a devenit mai luminos și mai puternic. Când am reverificat cum se simțea, mi-a spus, „Simt că am revenit în spațiul meu personal, nu sunt atât de împrăștiat. Într-adevăr se simte împământarea."

Am plasat cristalele în jurul lui pentru aranjamentul de „liniștire și alinare" descris mai sus, lăsându-le tot cinci minute. A simțit senzația energiei care circulă înainte și înapoi pe partea stângă a corpului, raportându-mi apoi, cu un zâmbet larg pe față, că se simte „minunat"!

INTERVIUL DE PLECARE

E utilă folosirea unui cristal transparent de cuarț (e preferabilă o baghetă, mai degrabă decât o piatră rulată) pentru a ajuta clientul să integreze aspectele pozitive dobândite în urma regresiei. Este foarte important ca înainte de utilizare, să curățați temeinic cristalul folosit pentru această metodă. Apoi procedați după cum urmează:

1. Clarificați care sunt darurile, descoperirile sau lecțiile pe care clientul le-a dobândit în urma regresiei și pe care dorește să le integreze. Pentru a vă asigura că sunt formulate clar și concis, atât pentru înțelegerea voastră, cât și pentru satisfacția clientului, oferiți următoarele intrucțiuni:

2. **Ține cristalul în mâna dreaptă și pune-l deasupra centrului inimii. În orice formă ți se pare potrivit, imaginează-ți cum cristalul și centrul inimii tale devin una.**

3. **Fii atent la ce-ți spune mintea și adu-ți aminte care este primul „dar".** (Poate fi ceva de genul „Acum pot respira liber.")

4. **Imaginează-ți cum trimiți această informație dinspre mintea ta spre mâna dreaptă, direct în cristal. În acest mod, informația este descărcată în cristal, pentru a**

Utilizarea cristalelor în terapia prin regresie

putea fi preluată mai târziu. **Fluxul de energie poate curge în mod natural în aceeași direcție, în sus de-a lungul mâinii stângi, înapoi spre cap, completând astfel un circuit.** Poate fi placut dacă permiteți curgerea liberă a acestui flux de energie, timp de câteva minute.

5. Cu fiecare inspirație, cu fiecare sentiment de mulțumire și apreciere sinceră, imaginează-ți că informația descărcată în cristal se integrează profund în acesta.

6. Repetați pașii 3, 4 și 5 pentru toate celelalte daruri.

Clientul poate să-și ducă apoi cristalul acasă și poate fi instruit să-l utilizeze în mai multe feluri (poate fi util să le notați pe o foaie de hârtie):

1. Dormi cu el sub pernă (deși e important de știut că pentru unele persoane, cu excepția cazurilor în care cristalul este foarte mic, s-ar putea să fie prea puternic să se poată odihni bine noaptea).

2. Ține-l în buzunar, sau transformă-l într-un pandantiv pe care sa-l porți deasupra inimii.

3. Cea mai puternică metodă este reconectarea conștientă cu cristalul prin crearea unui spațiu de pace, în care să nu poată fi deranjați. Clientul poate eventual să aprindă o lumânare și să-și invite acolo ghizii și îngerii păzitori. Apoi trebuie să aplice pasul 4 (de mai sus), așa cum a fost descris. Informația deținută simultan în minte este astfel readusă la viață și întărită suplimentar de fluxul de lumină rezonantă.

Utilizarea cristalului de cuarț în acest mod facilitează foarte bine reprogramarea minții, procesul devenind totodată din ce în ce mai eficient cu fiecare aplicare.

DUPĂ ȘEDINȚĂ

PURIFICAREA ÎNCĂPERII

După plecarea clientului, puteți folosi o bucată de selenit brut, șlefuit sau natural, ideal de minimum 30 de centimetri lungime și eventual de cinci centimetri lățime, pentru a-l trece de-a lungul canapelei, ca și cum ați peria toate impuritățile adunate acolo. Acest cristal este destul de accesibil și relativ ieftin, însă foarte eficient, purificând canapeaua și pregătind-o pentru următorul client. Puteți maximiza procesul vizualizând cum toate impuritățile energetice sunt măturate de către selenit într-un foc de lumină alb-violet la picioarele canapelei.

Toate cristalele folosite de-a lungul ședinței trebuie curățate înainte de reutilizare. Acest lucru se face cu scopul înlăturării energiei nedorite, și readucerii lor la starea energetică naturală, astfel încât să funcționeze la eficiența maximă pentru următorul client și să nu transmită vreun dezechilibru sau stare energetică de la clientul anterior.

CURĂȚAREA CRISTALELOR

Există mai multe modalități de curățare a cristalelor, printre care:

- Afumarea lor cu salvie, iarba zimbrului, cedru, santal, tămâie sau alte arome de purificare. Ierburile uscate preferate sunt de regulă legate strâns în mănunchiuri de mărimea unui morcov. Se aprinde un capăt al mănunchiului, pentru a produce un fum purificator, puternic aromat. Fumul este apoi vânturat deasupra cristalelor, sau acestea se pot ține deasupra fumului, asigurându-vă că le afumați pe toate părțile. Metoda funcționează bine și poate fi utilizată cu cristalele delicate care nu pot fi plasate în apă sau sare, din cauză că se distrug. Există un risc minor de distrugere din cauza scânteilor, dar puteți ține mănunchiurile pentru fum într-un vas protejat împotriva focului, sau într-o scoică de haliotidae (alegerea tradițională), folosind o pană pentru a direcționa fumul, mai degrabă decât să plimbați mănunchiul. Metoda poate fi utilizată și la purificarea cabinetului de terapie.

- Pentru curățarea unei pietre cu energia emoțională a iubirii, trebuie doar să țineți piatra în mână și să-i transmiteți iubire din inima voastră. Puteți vizualiza o rază de lumină roz deschis, izvorând din inimă. Ideea este să simțiți dragostea și s-o proiectați asupra pietrei.

- Cristalele mici pot fi purificate prin așezarea lor pe un cluster mare de cristal, fie cuarț transparent, fie ametist, sau prin folosirea unei baghete de selenit. Clusterul ar fi bine să aibă vârfuri orientate în mai multe direcții, ceea ce înseamnă mai multe fluxuri de energie care curăță piatra așezată în interior.

- Funcționează foarte eficient și tonarea, sunetul clopoțeilor, al tobei, psalmodierile sau ale forme de purificare prin intermediul sunetelor. Puteți plasa câteva cristale mici în interiorul unui bol tibetan și să loviți bolul – vibrația puternică eliberează energia grea

- sau blocată și reechilibrează cristalul la starea lui naturală.

- Apa curgătoare este eficientă în curățarea pietrelor care nu sunt distruse de ea – vorbim de cuarțul transparent, roz și fumuriu, ametist și aventurin verde sau galben, dar niciodată selenit. Cel mai bine funcționează un izvor, un curs de apă naturală sau valurile oceanului, deși trebuie să fiți atenți să nu vă pierdeți pietrele! Și ținerea cristalelor sub un jet de apă de la robinet este eficientă.

- Pentru purificarea pietrelor, pot fi folosite și uleiurile esențiale, aromele și esențele florale, ca și sprayurile de curățare a aurei care pot fi cumpărate sau fabricate. Pentru a fabrica un pulverizator de curățare eficient, luați un recipient pentru pulverizare și umpleți-l cu cincisprezece picături de uleiuri esențiale pure, potrivite scopului. Puteți alege pin, cedru, rozmarin, ienupăr, santal sau lavandă. Adăugați o linguriță de vodcă sau ceva asemănător, pentru a dizolva uleiurile, și închideți capacul spray-ului. Apoi pulverizați amestecul deasupra pietrelor care rezistă la apă. Pentru a crește eficiența amestecului, adăugați câteva picături de esență florală purificatoare, precum „crab apple" din gama Bach Flower.

TEHNICI DE UTILIZARE A CRISTALELOR PENTRU TERAPEUȚI

În funcție de nevoile voastre, puteți alege dintre următoarele tehnici. Cu cât folosiți mai mult cristalele, cu atât mai rapid și mai profund va reacționa câmpul vostru energetic.

ECHILIBRARE

1. Așezați-vă și plasați câte un cristal de cuarț fumuriu cu vârf sub fiecare picior, și un al treilea cristal la chakra rădăcină (tehnica de împământare descrisă mai sus).
2. Întindeți-vă pe spate și așezați o piatră rulată de cuarț roz pe centrul inimii, ținând câte una în fiecare mână.
3. Înlăturați pietrele după cinci, zece minute, sau când vă spune intuiția.

CURĂȚARE ȘI PURIFICARE

1. Luați o baghetă de selenit și, cu o mișcare ca de periere, treceți-o de deasupra capului până sub tălpile picioarelor, cu intenția de a înlătura orice impurități energetice din aura voastră.
2. Repetați pasul de trei ori. Prima dată periați la aproximativ cinci – zece centimetri de corpul fizic, apoi mutați înspre exterior bagheta cu cinci – zece centimetri față de prima periere, și la fel pentru a treia. Astfel sunt curățate mai multe straturi ale câmpului energetic.
3. Repetați procedura și pentru aura spatelui, cât de mult reușiți să ajungeți. Vă puteți ajuta de intenție și de vizualizare (sau de un prieten care să vă asiste), în zonele în care nu puteți ajunge fizic.

ILUMINARE

1. Plasați șase, nouă sau douăsprezece pietre rulate de cuarț transparent (în funcție de nevoie – mai multe pietre crează mai multă lumină), la o distanță între cinci și zece centimetri de corpul fizic, distribuite în mod simetric în jurul acestuia.

2. Întindeți-vă pe spate și puneți o piatră rulată de aventurin galben pe fiecare din cele șase chakre, de la chakra rădăcină până la cel de-al treilea ochi.

3. Repirați adânc.

4. Înlăturați pietrele după cinci, zece minute și beți apă.

Efectul acestei poziționări va fi de adăugare a unei „note" de iluminare echilibrată a câmpului energetic. După, s-ar putea să vă simțiți cu inima mai ușoară, însă nu amețit.

CURĂȚAREA CHAKRELOR

Urmați tehnica descrisă anterior. În cazul în care a avut loc o intruziune de energie nedorită, s-ar putea să aveți nevoie de o combinație de tehnici pentru a curăța aura de oaspeții nedoriți. În plus față de cele descrise mai sus, vă recomand cu căldură să faceți o baie de săruri. Sarea are structură cristalină, fiind un conductor excelent, foarte eficient în eliminarea energiei grele din aură. Puneți două sau trei mâini de sare de mare în apa de baie și cufundați-vă aproximativ douăzeci de minute. În unele cazuri vor fi necesare mai multe băi de sare pentru a obține efectul dorit, însă fiecare dintre ele va desprinde gradat cele mai rezistente energii, până la obținerea unei aure purificate integral.

SUMAR

Tehnicile de utilizare a cristalelor descrise în acest capitol pot fi utile într-o varietate de situații, și în orice tip de ședințe terapeutice. Simplitatea lor și ușurința de utilizare constituie beneficii importante, însă procedați cu grijă. Recomand să exersați pe voi sau pe un voluntar mai amabil, înainte de a le folosi cu clienții, mai ales dacă nu aveți prea multă experiență în lucrul cu cristalele, sau clientul este foarte sensibil. Și nu uitați să obțineți întotdeauna acordul clientului înainte de a plasa cristalele pe corpul acestuia, sau în jurul lui.

LISTA DE CUMPĂRĂTURI

1 cluster de ametist
4 socluri de cuarț cu vârf
1 baghetă de selenit
1 pendul de cristal de cuarț transparent
1 cristal natural de cuarț transparent, cu vârf
6–12 pietre rulate de cuarț transparent
5 cristale de cuarț fumuriu, cu vârf
6 pietre rulate de ametist
6 pietre rulate de aventurin verde
6 pietre rulate de aventurin galben
3 pietre rulate de cuarț roz

Mănunchiuri de plante pentru afumare sau tămâie de calitate superioară
Sare de mare

DESPRE AUTOR

Christine McBride BEd, BA, Dip RT

Christine este profesor și terapeut specializat în regresii, foarte experimentată și intuitivă. Lucrează cu cristalele și cu alte tipuri de terapii de mai mult de douăzeci de ani. Cursurile de terapie cu cristale pe care le predă, oferă participanților tehnici puternice care pot genera transformări pozitive, ușor și cu încredere – spre exemplu radiestezie și lucrul cu chakrele, meridianele, bagheta de cristal și pendulul – iar cursurile de nivelul doi și trei includ informații ghidate pe care nu le găsiți în alte părți. Pentru mai multe informații consultați website-ul *www.christinemcbride.co.uk* sau contactați-o pe adresa de e-mail: *mcbridechristine@aol.com*.

REFERINȚE

1. Lilly, Simon. *Illustrated Elements of Crystal Healing*. Element Books 2002.
2. Lilly, Simon and Sue. *Crystal Healing*. Watkins Publishing 2010.

Utilizarea cristalelor în terapia prin regresie

7

REDAREA PUTERII CLIENTULUI

Chris Hanson

*Cel mai mare bine pe care-l poți face cuiva
nu este să-i dai din bogățiile tale,
ci să le scoți la iveală pe cele care sunt în el însuși.*

Benjamin Disraeli

INTRODUCERE

Încă de la finalizarea trainingului de hipnoterapie clinică în anii 90, mi-am dorit nu numai să ajut clienții cu problemele pe care le aveau, ci și să le dau posibilitatea să învețe tehnici prin care să se ajute singuri, de câte ori este posibil. Chiar și acum, în calitatea mea de terapeut specializat în regresii, încă mai nutresc această dorință de a incorpora în ședințele de regresie tehnici de autoajutorare, în situațiile adecvate.

O tehnică pe care o consider deosebit de utilă este stabilirea unui cuvânt cheie, la alegerea clientului, pentru ancorarea nivelului de hipnoză necesar regresiei, care poate fi folosit și în meditații. Celelalte sunt adaptări ale binecunoscutelor tehnici de „mișcare a ochilor", de calmare a emoțiilor numită „ciocănire" *(tapping out)*, și de readucere a sentimentelor pozitive, numită „instalare" *(tapping in)*.

CREAREA ANCORELOR PUTERNICE DE TRANSĂ

Ancorarea adâncimii de transă este o tehnică folosită de mulți hipnoterapeuți în practica lor. Cea mai puternică modalitate învățată de mine pentru inducerea acestui efect a fost prin participarea la cursul lui James R. Ramey, Ultra Depth™. Hai să ne gândim cum putem să o aplicăm în ședințele de regresie. Unul dintre cele mai importante criterii pentru o regresie de succes în „viața dintre vieți" (VDV) este abilitatea terapeutului de a-și călăuzi clienții la nivelul necesar de transă hipnotică profundă, și apoi menținerea lor la acel nivel de-a lungul ședinței – care poate depăși adeseori trei ore. Simplul act de a vorbi poate reduce uneori adâncimea transei clientului, iar atunci când sunt necesare pauze de toaletă, terapeutul trebuie să se asigure că persoana poate reveni rapid la nivelul de profunzime a transei atins anterior. De aceea, cei mai mulți terapeuți specializați pe regresia în viața dintre vieți insistă să-și vadă clienții pentru cel puțin o ședință înainte de cea principală, pentru a evalua dacă ar putea avea probleme sau blocaje care trebuie rezolvate în avans, și pentru a se asigura că nu vor avea probleme în aducerea și păstrarea lor la nivelul de profunzime necesar transei.

În timpul acestor ședințe preliminare am descoperit că adeseori este utilă călăuzirea clienților într-o transă profundă și instalarea unui cuvânt cheie la alegerea lor, ce poate fi apoi folosit în cadrul următoarelor întâlniri, pentru inducerea rapidă a transei adânci și pentru menținerea clienților la nivelul necesar. Acest cuvânt cheie poate fi utilizat de către clienți individual de câte ori doresc, pentru a intra în auto-hipnoză cu alte scopuri decât cel al regresiei – un pui de somn, meditație, relaxare generală, gestionarea stărilor de anxietate și stres, insomnie, etc. Pentru prevenirea unei auto-inducții necorespunzătoare, instrucțiunile folosite la instalarea cuvântului cheie trebuie să sublinieze faptul că acesta va fi eficient doar în cazurile în care clientul intenționează să intre în auto-hipnoză, adică atunci când este potrivit și în siguranță să facă acest lucru, și că va rămâne în hipnoză doar atât timp cât dorește. În mod normal, îmi instruiesc clienții să își stabilească ei înșiși o limită de timp pentru starea de auto-hipnoză și să-și stabilească un cuvânt de „ieșire" sau „revenire la realitate", pe care să-l folosească pentru încheierea perioadei de timp petrecute în transă. Am descoperit de fapt, din proprie experiență, că ceasurile noastre biologice înnăscute sunt atât de eficiente încât, de cele mai multe ori, cuvântul de ieșire nu este necesar. Însă pot să-l folosesc, de exemplu, dacă aș avea nevoie vreodată să scot rapid clientul din transa profundă.

Este alegerea voastră cât de adânc ghidați clientul în transa hipnotică, înainte de-a instala cuvântul cheie. Dacă doriți să atingeți o stare de somnambulism adevărat, adeseori clienții vor avea nevoie de o pre-condiționare. Obținerea confirmării de la client că a trecut succesiv prin hipnoză în timpul ascultării unor CD-uri de relaxare progresivă pe care le trimit invariabil, mă asigură de faptul că nu vor fi probleme în atingerea nivelului necesar de transă. O altă modalitate de prevenire este efectuarea unor exerciții de sugestibilitate sau de pre-inducție înaintea începerii unei ședințe, și trebuie aplicată întotdeauna în

Redarea puterii clientului

cazul în care alegeți o inducție rapidă sau spontană (pentru mai multe detalii despre aceste tehnici, consultați capitolul 5).

Dacă obiectivul vostru este atingerea stării de somnambulism adevărat, este necesar să faceți și un test pentru amnezie, conform instrucțiunilor de mai jos, însă acest nivel al transei nu este necesar întotdeauna. Adeseori nivelul chiar dinaintea celui de somnambulism este cel adecvat pentru ședințele de viață dintre vieți, iar pentru terapia prin regresie, un grad și mai ușor.

Pașii următori pentru instalarea cuvântului cheie al clientului au fost adaptați de către mine după participarea la programul de training Ultra Depth™ al lui James R. Ramey, în cadrul Institutului pentru Hipnoză Clinică:[1]

1. Cereți clientului să aleagă un cuvânt cheie pe care să-l instalați pentru auto-hipnoză sau hipnoză profundă, și un alt cuvânt cheie pentru ieșirea din hipnoză. Notați-le!

2. Folosiți o inducție la alegere, pentru a călăuzi clientul într-o stare de relaxare profundă. Poate fi inducția voastră preferată de relaxare, sau o inducție rapidă.

3. Puteți utiliza orice modalitate de adâncire a transei, spre exemplu numărătoarea de la 1 la 10. Sau puteți număra de la 1 la 5, sugerând clientului să-și dubleze relaxarea la fiecare număr, după care numărați de la 1 la 5, spunându-i să-și tripleze relaxarea la fiecare număr.

4. Folosiți tehnica de adâncire prin căderea brațului. Spuneți clientului: **O să-ți ridic brațul stâng/drept.** Apoi rotiți-l încet, orizontal, pentru a testa cât de relaxat este. Dacă vă dați seama că persoana vă ajută activ, deci nu este suficient de relaxată, spuneți-i să vă lase doar pe

Redarea puterii clientului

voi să-i ridicați brațul și încurajați-l să și-l simtă ca și cum ar fi „greu ca plumbul". Când simțiți că brațul s-a relaxat, spuneți: **Când îți las brațul în poală, dă-ți voie să te scufunzi de 10 ori mai adânc ... de 10 ori mai profund într-o stare de confort și relaxare ... de 10 ori mai profund în relaxare.** Apoi dați drumul brațului, pentru a vedea dacă pică precum o greutate. Repetați și cu cealaltă mână.

5. Instalați cuvintele cheie „relaxare profundă": **De câte ori îți spun RELAXARE PROFUNDĂ, vreau să-ți închizi imediat ochii ... și automat, chiar fără să gândești, îți dai voie să te relaxezi ... să te reîntorci la această stare confortabilă în care ești acum ... și de fiecare dată te lași să aluneci și mai profund ... cu și mai mare plăcere ... și te asiguri că-mi urmezi întocmai toate instrucțiunile ... simțindu-te atât de minunat, din toate punctele de vedere.** Repetați aceleași instrucțiuni, pentru a le întări.

6. Folosiți fracționarea prin aducerea clientului din transă, după care reintroducerea în transă, de fiecare dată mergând mai profund. Spuneți: **O să număr acum de la 3 la 1 pentru a te scoate din transă ... și când ajung la 1, dar nu mai devreme, îți vei deschide ochii. Încep acum cu 3, îți revii încet ... 2, îți revii și mai mult ... 1, ochii sunt deschiși, și te simți minunat, fantastic în toate aspectele.** Acum închide ochii (folosiți gestul în jos al mâinii) și **RELAXEAZĂ-TE PROFUND ... RELAXEAZĂ-TE PROFUND ... doar te cufunzi ... moale ... greu ...și relaxat.** (Să luați în considerare că, la scoaterea temporară a clientului din transă, să evitați cuvintele „alert" sau „perfect treaz" înainte de a-l scoate de

tot, la final.) Apoi folosiți tehnica de adâncire prin căderea mâinii, folosind ambele brațe. Repetați întreaga procedură de fracționare încă de două ori.

7. După cea de-a treia fracționare, utilizați o tehnică de adâncire prin numărare de la 1 la 10, dublând relaxarea la fiecare număr.

8. Aveți posibilitatea acum să testați opțional amnezia, folosind metoda voastră preferată. Puteți spune, de exemplu: **Ești atât de relaxat acum ... încât timpul este complet irelevant pentru tine ... pur și simplu ți-e indiferent ce oră este ... sau ce zi este ... ești atât de relaxat încât chiar nu te interesează ... este irelevant pentru tine ... UIȚI ACUM ce zi este ... UIȚI ACUM ce zi este ... acum încearcă să-ți amintești ce zi este astăzi ... și dacă ești complet relaxat ... observi că, cu cât încerci mai mult ... cu atât îți este mai greu să-ți amintești.**

Sau puteți spune: **În câteva secunde o să-ți iau mâna ... și când ajung la trei o să-i dau drumul pur și simplu la tine în poală ... și în secunda în care atinge poala ... vei descoperi că ești cufundat atât de adânc în relaxare ... încât propriul tău nume îți va ieși din minte ... imediat ce mâna îți atinge poala ... nu mai poți să-ți amintești cum te cheamă ... nu mai poți să-ți amintești cum te cheamă ... imediat ce mâna îți atinge poala ... nu mai poți să-ți amintești cum te cheamă ... pentru că numele a dispărut complet ... ți-a dispărut complet din minte ... începem acum, 1** ... (scuturați ușor mâna clientului) **2** ... (din nou scuturați ușor mâna clientului) **3** ... **acum!** Lăsați mâna clientului să-i cadă în poală și

Redarea puterii clientului

întrebați imediat: **Spune-mi acum, cum spuneai că te cheamă ?**

Dacă persoana încearcă să-și amintească data sau numele, dar nu reușește, înseamnă că se află deja într-o stare de amnezie hipnotică, care confirmă somnambulismul. Fără a aștepta prea mult, spuneți: **OK, nu mai încerca să-ți reamintești, ci pur și simplu RELAXEAZĂ-TE PROFUND.** Dacă doriți ca persoana să atingă starea de somnambulism adevărat, însă în continuare își reamintește data sau numele, atunci trebuie să adânciți din nou transa înainte de a reverifica starea de amnezie. Nu uitați să anulați amnezia: **Poți să-ți reamintești acum data/ numele , clar și cu ușurință, pentru că sunt foarte clare și bine întipărite în mintea ta.**

9. Acum instalați cuvântul cheie ales de client, pentru adâncirea transei: **Când spun cuvântul ___ sau când îți spui tu singur cuvântul ___ ... în mod automat, chiar fără să te gândești, imediat și fără ezitare, doar închide-ți ochii ... și permite minții și corpului tău să se reîntoarcă imediat ... la această minunată stare de relaxare pe care o trăiești acum** ... Repetați încă de două ori. **Poți face acest lucru astăzi ... și în fiecare zi ... pentru tot restul vieții tale ... sau pentru ce perioadă de timp dorești ... de câte ori te afli într-un spațiu sigur pentru a face asta ... acum ___ ... ___ ... ___.**

10. Scoateți clientul din transă numărând de la 3 la 1, apoi verificați cuvântul cheie de adâncire, pentru a-i introduce din nou în transă. Spuneți: **Voi număra acum de la 3 la 1 pentru a te scoate din transă ... și când ajung la 1, dar nu mai devreme, îți deschizi**

Redarea puterii clientului

ochii ... acum 3 ... îți revii încet, în ritmul tău ... 2 ... îți revii din ce în ce mai mult ...1 ... ochii îți sunt perfect deschiși , și te simți minunat, extraordinar din toate punctele de vedere ... acum ____. Folosiți gestica mâinii pentru a reaminti clientului să-și închidă ochii, apoi așteptați cel puțin 20 de secunde ca să îi permiteți să se adâncească. **Așa, perfect, te adâncești din ce în ce mai mult ... moale ... și greu ... complet relaxat ... și te simți atât de confortabil ... atât de relaxat.** Repetați încă de două ori, scoțând clientul din transă de fiecare dată, apoi spunând cuvântul cheie pentru a-l readânci, și adăugând câteva propoziții pentru accentuarea adâncirii.

11. Am instalat fraza „Relaxeaza-te profund" pentru a adânci transa prin fracționare, și nu am ancorat un nivel specific al transei, așadar cuvintele ar trebui probabil anulate. După ce repetați a treia oară cuvintele cheie și încurajați clientul să se cufunde din ce în ce mai adânc în transă, anulați cuvintele cheie spunând: **De câte ori îți spun cuvintele RELAXEAZĂ-TE PROFUND, acestea nu au nici un înțeles special pentru tine ... de câte ori îți spun cuvintele RELAXEAZĂ-TE PROFUND acestea nu au nici un înțeles special pentru tine.**

12. Numărați de la 5 la 1 pentru a scoate clientul din transă, și verificați cum se simte. Apoi spuneți cuvântul cheie și adânciți-l din nou, pentru a programa cuvântul cheie de ieșire pe care și l-a ales: **De câte ori ești din nou într-o stare de relaxare ... similară cu cea de acum, sau chiar mai profundă ... și îți spun ... sau îți spui tu singur ... cuvântul ____, va fi la fel pentru tine ca și cum aș fi numărat de la**

Redarea puterii clientului

5 la 1 ... îți revii din transă complet ... și te simți energizat ... te simți minunat din toate punctele de vedere ...și asta se întâmplă azi ...și în fiecare zi ... pentru restul vieții tale ... sau pentru ce perioadă dorești tu ... ieși de la nivelul de relaxare în care te afli acum ... sau din orice nivel pe care l-ai putea experimenta în acel moment ... acum ____ ... ____ ...
____. Verificați dacă persoana și-a deschis ochii și este trează complet. Dacă nu, repetați întregul pas cu voce mai tare.

Am descris mai jos câteva beneficii ale utilizării acestor tehnici de ancorare în practică:

Peter mi-a solicitat o ședință de regresie în viața dintre vieți, așa că i-am trimis o copie a CD-ului mei de relaxare, pentru a-l asculta, și am stabilit să vină la o ședință preliminară, deoarece nu mai experimentase până atunci o regresie în vieți anterioare. În trecut, hipnoza îl ajutase să renunțe cu succes la fumat, iar exercițiile pre-hipnotice indicaseră că era foarte sugestibil. În timpul interviului, a devenit destul de clar că se confrunta cu câteva probleme și credințe legate de stres, care trebuiau rezolvate înaintea regresiei între vieți, și că în total, ar fi fost necesare cam trei ședințe. Astfel, la începutul primei ședințe terapeutice, am instalat atât un cuvânt cheie ales de Peter pentru adâncirea în transă, cât și un cuvânt de ieșire – astfel încât la următoarele ședințe să economisim timp la inducția hipnotică profundă. Totodată, Peter putea să folosească acel cuvânt cheie și acasă, pentru a se relaxa în situațiile stresante. I-am explicat și cum să utilizeze cuvântul cheie pentru ieșire, pentru a se simți mai alert în timpul zilei, dacă îl învingea oboseala.

Carol, o tânără care vroia și ea o ședință de regresie în viața dintre vieți, și-a programat două sesiuni cu mine în zile consecutive. Era o persoană care intra foarte repede în hipnoză, fără probleme majore de rezolvat, dar care suferea de cistită, acest lucru impunând vizite frecvente la toaletă. Am decis așadar să instalez în cadrul primei ședințe, un cuvânt cheie pentru hipnoza profundă, înainte de a face o regresie în vieți anterioare, pentru a-mi permite s-o ghidez rapid pe Carol înapoi în transa hipnotică după fiecare pauză de toaletă. Decizia a fost extraordinar de bună, întrucât am avut nevoie de patru pauze de toaletă de-a lungul regresiei!

CALMAREA EMOȚIILOR – CIOCĂNIREA (*Tapping Out*)

O altă tehnică pe care o utilizez frecvet în cadrul ședințelor de regresie este derivată dintr-o formă de terapie care se numește „Desensibilizarea și Reprocesarea prin Mișcări Oculare" (EMDR). Procesul a fost dezvoltat de psihologul Francine Shapiro, cercetător senior în cadrul Mental Research Institute din Palo Alto, California.[2]

Într-o zi destul de vântoasă, Francine se plimba, și în timp ce se gândea la niște lucruri care o supărau, a început să observe în apropierea ei frunzele care cădeau. După ce și-a încheiat plimbarea, a fost suprinsă să descopere că gândurile supărătoare îi dispăruseră, și reflectând la acest lucru, părea că își pierduseră inclusiv încărcătura emoțională. Presupunând că acest lucru era rezultatul mișcărilor oculare pe care le făcuse involuntar în timpul plimbării, Francine a început să experimenteze pe voluntari dacă se poate reproduce efectul pe care îl trăise ea personal.

Redarea puterii clientului

Obținând rezultate pozitive, a început apoi să-și dezvolte tehnica, testând-o cu succes pe veterani ai războiului din Vietnam, care sufereau de tulburarea de stres post traumatic, și pe alte persoane care suferiseră traume majore. Și-a instruit voluntarii traumatizați să își miște rapid ochii dintr-o parte în alta, în timp ce urmăreau scene tulburătoare, sau își reaminteau amintirile traumatizante, acest lucru făcând ca amintirile să devină din ce în ce mai neutre.

S-a descoperit ulterior că și alte forme de stimulare bilaterală funcționează la fel de bine – ciocănirea alternativă stânga-dreapta, stânga-dreapta pe diferite zone ale corpului , de exemplu, sau folosirea sunetelor alternativ în partea stângă și apoi cea dreaptă a capului. Acest lucru a demonstrat că eficiența procedurii nu se datorează pur și simplu mișcărilor oculare rapide pe care le avem cu toții în timpul somnului, așa cum se crezuse inițial.

Încă nu este suficient de clară modalitatea precisă de funcționare al EMDR, deși, pentru a o explica, Dr. Shapiro a formulat o teorie pe care o numește „Procesare Adaptativă a Informațiilor". Amintirea traumatică nu este procesată corespunzător de către creier, fiind fragmentată, și generând simptome care pot afecta viața de zi cu zi. Se consideră că atunci când o persoană care are amintiri traumatice, este încurajată să se concentreze pe amintire cât de intens posibil, cu toate simțurile activate, prin utilizarea stimulării bilaterale i se activează sistemul de procesare naturală a informației. Este vorba despre un proces liber-asociativ al minții și corpului, care activează ambele emisfere ale creierului, influențând stocarea fizică a amintirii traumatice fragmentate, astfel încât aceasta nu mai afectează subiectul.

Redarea puterii clientului

În cadrul terapiei, stimularea bilaterală este aplicată în mai multe ture, fiecare de câte trei minute sau mai mult, și trebuie urmate anumite protocoale standard pentru facilitarea procesării amintirii. Dr. Shapiro folosește un proces în opt pași. De regulă sunt necesare mai multe ședințe, clientul trebuind a fi monitorizat atent de-a lungul procesului de către un terapeut certificat.

Există o formă prescurtată a EMDR, care se numește simplu EMT („Tehnica Mișcărilor Oculare"), dezvoltată de Fred Friedberg. Nu numai că poate fi aplicată de terapeuți nefamiliarizați cu protocoalele integrale ale EMDR, dar poate fi de asemenea predată de către terapeuți clienților lor, pentru aplicarea acasă, în condiții de deplină siguranță. Această versiune simplificată poate fi folosită pentru reducerea stresului zilnic, rezolvarea conflictelor emoționale, sau chiar ca adjuvant în gestionarea insomniilor.

EMT se aplică relativ simplu, și implică ciocănirea alternativă, cu degetele, stânga-dreapta, cu o frecvență de două ciocănituri pe secundă, în mod continuu, o tură durând aproximativ câte trei minute o dată. Clientul poate fi instruit să își ciocănească singur cu degetele coapsele sau, cu permisiunea acestuia, puteți să ciocăniți spatele mâinilor sau umerii – o lovitură ușoară pe stângul, urmată rapid de o lovitură pe dreptul, repetând de-a lungul unei ture. Dacă nu observați îmbunătățiri după trei ture de ciocănire, puteți să introduceți atunci câteva ture de mișcări oculare.

Procedura pe care o folosesc eu este descrisă în detaliu în cartea lui Friedberg:[3]

1. Cereți clientului să își închidă ochii, să se concentreze pe orice imagine, emoție sau gând care-l stresează, și să îi evalueze impactul pe o scală de la 0 la 10 (cu 10 fiind cel mai stresant).

Redarea puterii clientului

2. Cereți-i să observe orice senzații fizice care apar – dureri de cap, maxilar încleștat, senzații neplăcute în stomac, bătăi rapide de inimă, transpirații, orice tensiune fizică generală – pe măsură ce se concentrează pe factorul stresant.

3. Instruiți clientul să înceapă să se ciocănească alternativ cu degetele pe coapse, astfel încât degetul drept ciocănește coapsa dreaptă, apoi coapsa stângă, apoi din nou coapsa dreaptă, și așa mai departe, două lovituri pe secundă, timp de trei minute. Nu e important dacă persoana folosește un deget sau mai multe când lovește.

4. Cereți clientului să-și reevalueze nivelul de stres după ce respiră adânc.

5. Dacă impactul descrește, continuați cu turele următoare de ciocănire, până ajungeți la nivelul 1 sau 0. Dacă apar alți factori stresanți, s-ar putea să fie necesar să aplicați metoda din nou, pentru a-i elimina.

6. Dacă nu are loc o scădere a impactului, cereți clientului să facă 25 – 30 de mișcări oculare rapide dintr-o parte în alta, utilizându-vă degetele pentru a capta atenția clientului. (Instruiți clientul ca, atunci când face mișcările oculare singur acasă, să-și aleagă un obiect potrivit în extremitatea zonei vizuale stângi, și unul în extremitatea zonei drepte, pentru a-l fixa cu privirea, apoi să alterneze privirea de la unul la altul.)

7. Dacă există o îmbunătățire după două ture de mișcări oculare rapide, continuați până atingeți nivelul la 1 sau 0.

8. Dacă nu sesizați îmbunătățiri, cereți clientului să-și concentreze atenția pe orice senzație fizică asociată cu

factorul lor stresant, apoi să tragă adânc aer în piept și să repete câteva ture de ciocănituri cu degetele.

9. Dacă în continuare nu are loc o îmbunătățire, cereți clientului să efectueze două ture de mișcări oculare, în timp ce se concentrează pe senzațiile fizice.

10. Dacă nici așa nu sunt îmbunătățiri, folosiți cuvântul „relaxare" cu clientul. Cereți-i să se gândească la un „relaaaa" lung când inspiră, și la un „xareee" lung când expiră, apoi adăugați ciocănitul timp de trei minute sau mai mult, având grijă să vă opriți dacă apare vreun gând negativ.

11. Confirmați schimbările pe care le-a simțit clientul. Schimbările pozitive pot fi „ instalate". Vă voi descrie cum în următoarea secțiune.

În timpul ciocănirii, cuvântul „relaxare" poate fi utilizat pur și simplu pentru a încuraja relaxarea, pentru depășirea insomniilor, sau pentru slăbirea încărcăturii emoționale a amintirilor traumatice, în cazul în care acestea apar când clientul practică singur EMT acasă. Dacă tehnica se folosește în spațiile publice, ciocănirea poate fi aplicată de către client prin încrucișarea brațelor, ca și cum s-ar îmbrățișa singur, și apoi lovituri ușoare pe partea superioară a brațelor, sau chiar prin lovirea degetelor de la picioare de pământ, în interiorul pantofilor, o modalitate de aplocare foarte discretă. Trebuie să-i atrageți atenția clientului că dacă dorește să practice EMT singur, poate face acest lucru doar pentru stresul de zi cu zi, amintirile traumatice necesitând sprijinul unui terapeut specializat (adică tu !). În cazul EMT, se aplică aceleași contraindicații ca și la terapia prin regresie.

Terapeuții specializați în regresii apreciază beneficiile EMT în cazul clienților care ajung la ședința de VDV într-o stare neașteptat de agitată, sau se stresează că nu sunt în stare să intre în transă. Iată un exemplu:

> Mary a ajuns la ședința de VDV într-o stare foarte agitată. Pe drumul ei până la cabinet, fusese martora unui accident de circulație pe autostradă, și întârziase peste 45 de minute din cauza blocajului rezultat. Am putut să diluăm impactul emoțional al accidentului, și sentimentul de stres generat de întârziere, doar prin efectuarea a trei ture de ciocănire EMT, și o tură de folosire a cuvântului „relaxare", înainte de a începe regresia. Dacă nu am fi aplicat EMT, starea emoțională a lui Mary ar fi împiedicat-o probabil să între în transă profundă, sau ar fi interferat altfel cu ședința.

Un alt exemplu de utilizare a EMT cu clienții, este atunci când ne confruntăm cu aspecte nerezolvate la finalul unei ședințe de regresie:

> Deși rezolvasem cu succes mai multe probleme din viața curentă în timpul terapiei cu Sophie, verificarea finală prin intermediul semnalelor ideomotorii, în dialog cu Mintea Superioară, a indicat faptul că mai era nevoie de adresarea unui aspect. Sophie mi-a spus că era vorba despre o ceartă cu un prieten. Deoarece mai aveam doar zece minute până la următoarea ședință cu un alt client, după o scurtă discuție cu ea, i-am aplicat două ture de ciocănire EMT pe spatele mâinilor, în timp ce se concentra pe problema respectivă. Scopul era de a reduce o parte din încărcătura emoțională asociată, stabilind apoi o altă ședință de terapie prin regresie pentru a finaliza rezolvarea problemei rămase.

Dacă nu mi-aş fi dat seama de specificul problemei nerezolvate, aş fi evitat să folosesc EMT în acest mod la finalul întâlnirii, existând posibilitatea evocării unor amintiri traumatice a căror abordare ar fi durat prea mult. Aşadar, dacă nu ştiţi care este natura oricăror aspecte nerezolvate, este mai sigur să instruiţi clientul să aplice procedura de ciocănire singur, folosind cuvântul „relaaaxareee" în cazul apariţiei unor gânduri sau emoţii supărătoare înainte de următoarea şedinţă.

INTEGRAREA RESURSELOR POZITIVE - INSTALAREA (*Tapping In*)

Cealaltă tehnică de tip EMDR pe care o utilizez frecvent cu clienţii, se numeşte „instalarea resurselor". Tehnica a fost dezvoltată de Laurel Parnell, şi este clar explicată în excelenta ei carte, *Tapping In*.[4] Instalarea resurselor se concentrează pe ancorarea unei resurse pozitive, de vindecare, pentru întărirea şi integrarea ei în memoria minte-corp, cu comentariul că lovirea uşoară cu degetele durează doar puţin timp, pentru a nu se produce procesarea asociativă. Se utilizează ture de şase până la doisprezece ciocăniri stânga-dreapta, ciocănitul fiind oprit dacă apar amintiri negative sau gânduri perturbatoare.Clienţii pot să înveţe rapid tehnica, astfel încât să o aplice acasă, pentru reactivarea resursei necesare. Iniţial, această tehnică de ciocănire a fost utilizată cu clienţii pentru a instala un „spaţiu de siguranţă", înainte de a aplica tehnica EMDR pentru procesarea amintirilor traumatice, şi s-a descoperit că era mult mai eficientă decât folosirea singulară a imageriei ghidate. Parnell a extins şi mai mult

Redarea puterii clientului

tehnica, pentru a include încorporarea multiplelor resurse pozitive și calități inerente pe care le avem cu toții, iar acum instalarea resurselor este recunoscută ca un proces de sine stătător.

În ședințele de regresie în viața curentă, viețile anterioare sau VDV, instalarea resurselor poate fi utilizată pentru a accesa percepțiile sau experiențele pozitive. Îmi instruiesc clienții să o aplice în ultimele etape de integrare și completare, mai degrabă decât să le ofer o afirmație pe care s-o repete acasă, sau să le ancorez o emoție sau un sentiment pozitiv. Am descoperit că instalarea resurselor este mai eficientă decât utilizarea unei ancore tradiționale, nu numai pentru că ritmul în sine al loviturilor ușoare încurajează relaxarea – având un efect de calmare, alinare asupra sistemului nervos – dar și pentru că se pare că întărește activarea creierului, facilitând atât stocarea, cât și reactualizarea resursei.

De exemplu, dacă persoana are o experiență memorabilă, pozitivă cu ghidul spiritual sau cu Consiliul Înțelepților, primește calități speciale de la animalul de putere, sau copilului său interior i se oferă calități sau resurse care-i dau putere, toate acestea pot fi instalate. La fel, dacă la încheierea ședinței simțiți că persoana are nevoie de resursa „spațiului său special", și aceasta poate fi instalată.

Procedura este foarte simplă, ciocănirea fiind ca la EMT, însă utilizându-se un ritm mai încet, în ture mai scurte:

1. Arătați clientului cum doriți să efectueze ciocănirea, și lăsați-l să exerseze, pentru a se obișnui cu ritmul necesar, și pentru a decide unde pe corp se simt cel mai confortabil să lovească cu degetele (de exemplu coapse sau brațe).

2. Ghidați-l rapid într-o stare de relaxare.

Redarea puterii clientului

3. Cereți-i să-și aducă în minte resursa aleasă.

4. Încurajați-l să-și folosească imaginația cât de mult este necesar și, extrem de important, să-și activeze toate simțurile pentru a face amintirea/experiența/calitatea cât mai vie posibil, simțind-o în întregul corp.

5. Cereți clientului să vă spună când este în contact real cu senzațiile date de resursă, apoi insrtuiți-l să înceapă să ciocănească ritmic, încet, stânga-dreapta, o tură de șase până la doisprezece ciocăniri alternative. Încurajați-l să se concentreze pe emoțiile pozitive și să le permită să se intensifice, dar spuneți-i să se oprească dacă începe să simtă vreun gând sau vreo emoție negative.

6. După prima tură de șase – doisprezece ciocăniri stânga-dreapta, dacă resursa devine mai puternică, puteți să încurajați clientul să mai aplice câteva ture, pentru a o instala bine.

7. La alegerea clientului, puteți alege un cuvânt indiciu, pentru accesarea imediată a resursei (de exemplu „ghid" sau „spațiu sigur"), clientul putând să instaleze prin ciocănire indiciul.

8. Aduceți clientul „aici" și „acum" și explicați-i că, de câte ori are nevoie să acceseze resursa pe care tocmai a instalat-o, tot ce trebuie să facă este să-și închidă ochii, să-și imagineze resursa (și/sau să pronunțe indiciul), începând să ciocănească încet, doar șase-doisprezece lovituri cu degetele, stânga-dreapta. Pot continua să aplice mai multe ture, dacă simt că emoția rămâne pozitivă.

Dacă clientul are nevoie de ședințe adiționale de terapie prin regresie, pentru a adresa amintiri traumatice nerezolvate, să nu uitați să-l instruiți ca în lipsa voastră să facă doar runde foarte scurte de instalare a resurselor, pentru a nu activa procesarea amintirilor traumatice.

Iată câteva exemple ale beneficiilor utilizării în practică a acestor tehnici de instalare a resurselor:

Petra a venit la mine ca s-o ajut cu adicțiile. Datorită specificului lor, am fost de acord că vom avea nevoie de mai multe ședințe, pe o durată de câteva săptămâni. Am decis că i-ar prinde bine să facem o regresie pe viața curentă și să lucrăm cu copilul interior, motivul fiind copilăria ei nefericită, dar știam că nu vom avea succes decât dacă ar fi fost capabilă să respundă emoțional acestor intervenții. Astfel, în prima ședință, am călăuzit-o într-o transă ușoară, și i-am cerut să-și identifice un loc special în care să se simtă calmă, relaxată și în siguranță. Am instruit-o să-și încrucișeze brațele și să îl instaleze. Ideea era ca după aceea, de câte ori s-ar fi simțit stresată sau anxioasă, decât să se lase în voia adicțiilor, mai bine să utilizeze resursa acestui spațiu special, intrând din nou în contact real cu el, după câteva lovituri ușoare, încete. În această sesiune, am eliberat și câteva entități atașate, clienta spunându-mi la final că se simțea mult mai ușoară.

De-a lungul ședințelor următoare, de câte ori Petra se simțea în stare să simtă emoțiile, am continuat cu terapia prin regresie, investigând încet problemele din copilăria ei timpurie care păreau a fi sursa adicțiilor. I-am arătat totodată cum să folosească tehnica ciocănitului acasă, pentru a elibera emoțiile de vină sau stres care s-ar fi putut manifesta, activându-i astfel poftele, și cum să utilizeze cuvântul „relaaaxareee" pentru a-și intensifica relaxarea și a-și gestiona problemele de somn.

M-am simțit foarte bine când am primit un mesaj de la ea, în care îmi spunea: „Mulțumesc pentru ultima ședință. După ce am aplicat tehnica asta cu ciocănirea, mă simt mai ușoară, mai puțin anxioasă, și am reușit să dorm toată noaptea, pentru întâia dată în mulți ani!". La momentul scrierii acestui mesaj, încă mai sunt câteva evenimente din copilărie care trebuie rezolvate, însă controlul Petrei asupra adicțiilor s-a îmbunătățit semnificativ, descoperind că tehnica de „tapping" îi este foarte utilă în perioadele dintre ședințele de terapie.

Chloe a ajuns la mine pentru că își bloca posibilitățile de intrare în relații noi. A accesat o viață anterioară în care fusese un tânăr soldat, care se îndrăgostise și îi dezvăluise tinerei sale iubite, care trăia în aceeași casă în care stăteau el și camarazii lui, planuri de luptă secrete. Ofițerii superiori și-au dat seama că aveau un trădător printre ei, iar tânărul soldat s-a sinucis, crezând că superiorii săi aflaseră ce făcuse. În timpul transformării din tărâmul spiritelor, Chloe a descoperit că iubita lui nu divulgase nici un secret nimănui, iar ghidul ei spiritual i-a explicat că lecțiile acelei vieți erau concentrate în jurul conceptului de încredere. A primit mesajul să aibă încredere în intuiție, în sentimentele ei, și să învețe să recunoască dacă simțea că lucrurile se potriveau.

Am întrebat-o pe Chloe dacă existau situații în viața ei curentă în care să-și aducă aminte că a știut clar, și că a avut încredere că lucrurile erau potrivite, și mi-a relatat un moment din viața de bebeluș a fiicei ei, așadar am încurajat-o să-și readucă în memorie acele clipe și să se concentreze pe emoțiile pe care le simțise. Ajunși aici, a devenit conștientă de o senzație în gât, pe care am identificat-o ca fiind un spirit atașat, iar după înlăturarea acestuia mi s-a părut important să o asigur pe Chloe că putea accesa resursa de a recunoaște imediat că lucrurile sunt sau nu ok – această abilitate fiind esențială pentru a-și permite să se deschidă și să intre în relațiile viitoare pe care și le dorește. Am instruit-o așadar pe Chloe să-și încrucișeze brațele, și să-și readucă în conștiință emoțiile trăite alături de fiica ei bebeluș, permițându-le să se intensifice, și apoi instalându-le.

Redescopăr din nou și din nou, că instalarea resurselor este o tehnică extraordinar de ușoară și de eficientă în ancorarea, și ulterior accesarea calităților, emoțiilor și experiențelor pozitive.

SUMAR

Este întotdeauna utilă încorporarea în ședințele de regresie a oricăror tehnici pe care clientul le poate aplica ulterior, pentru a-și facilita vindecarea. Instalarea unui cuvânt cheie pentru atingerea imediată a transei profunde, și tehnica ciocănirii ușoare cu degetele pot fi considerate astfel de „instrumente pentru o viață", oferind totodată terapeutului scurtături sau metode suplimentare pentru a ajuta clientul să-și proceseze amintirile și emoțiile.

DESPRE AUTOR

Chris Hanson BSc, DHP, MCH, GQHP, Dip RT

Chris a absolvit Universitatea din Leeds în 1971, cu o diplomă în Biochimia asociată medicinei. După ce a călătorit foarte mult în lume, în 1999 s-a certificat în hipnoterapie clinică, în cadrul Institute of Clinical Hypnosis, primind titlul de Hipnoterapeut Specializat șapte ani mai târziu. A finalizat cursul lui James Ramey Ultra Depth ™ în cadrul ICH în 2000, cursul avansat de regresie în vieți anterioare în

2001 și a participat la seminarii de EMDR, EMT, EFT și kinesiologie psihologică. În 2006, Chris s-a certificat ca terapeut specializat în regresia spirituală a vieții dintre vieți, iar în 2010 a obținut diploma de terapeut în regresie. În 2012, a devenit trainer autorizat în cadrul *Past Life Regression Academy*. Cabinetul ei de terapie este în Surrey. Pentru mai multe informații,vizitați website-ul: *www.chrishansonhypnotherapy.com* sau contactați-o pe adresa de e-mail: *chrisyhanson@hotmail.com*.

REFERINȚE

1. Ramey Hypnosis Association, website: *www.ultradepth.com*
2. Shapiro, F., Ph.D. *Eye Movement Desensitizing and Reprocessing – Basic Principles, Protocols and Procedures.* The Guildford Press, 2001 (ediția a doua).
3. Friedberg, F., Ph.D. *Do-It-Yourself Eye Movement Technique for Emotional Healing*, New Harbinger, 2001.
4. Parnell, L., Ph.D. *Tapping In*, Sounds True, 2008.

8

DEPĂȘIREA URGENȚELOR SPIRITUALE

Janet Treloar

În tot haosul-i un cosmos, iar în dezordine sălășluiește o ordine ascunsă.
Nu există conștientizare fără durere..
Carl Jung

INTRODUCERE

Urgența spirituală pe care am trăit-o în tinerețe a avut un impact dramatic asupra vieții mele. M-a adus în extrema emoțiilor, la limita nebuniei. Deși genul acesta de experiențe poate fi foarte dramatic și înfricoșător, atunci când este înțeles și sprijinit, poate deveni extrem de transformator, oferind mai degrabă posibilitatea unui salt înainte, decît a unei înfrângeri. Stanislav și Christina Grof, pionieri ai acestui domeniu adeseori neînțeles, au folosit termenul de

Depășirea urgențelor spirituale

urgență spirituală, pentru a ilustra atât pericolul, cât și oportunitatea prezente în astfel de stări. Ce este o urgență spirituală ? În timpul trezirii conștiinței spirituale, procesul transformațional poate deveni atât de dramatic, încât atinge incontrolabilul, cu un vârf al crizei cunoscut sub denumirea de urgență spirituală. A fost numită *noaptea întunecată a sufletului, psihoză mistică, criză* în inițierea șamanică, sau *trezirea lui Kundalini*. Epuizare spontană, stări extreme de conștiință modificată, supraîncărcare haotică a simțurilor, un aflux de energie excesivă și conștientizare parapsihică sunt trăsăturile stării de criză din urgența spirituală. Episoadele au adeseori teme spirituale, incluzând cele ale morții și renașterii psihologice sau a ego-ului, sentimentul de a fi una cu universul sau natura, și întâlniri cu diverse ființe mitice sau divine.

În contrast, renașterea spirituală este un proces natural care poate evolua treptat de-a lungul unei perioade de timp, sau spontan după o experiență transcendentală puternică. Este adeseori un proces fluid și curge în armonie cu dorințele persoanei în ceea ce privește viteza și intensitatea propriei dezvoltări și deschideri spirituale. Renașterea induce conștientizarea unei conexiuni profunde cu ceilalți oameni, cu cosmosul și cu natura.

În timpul episodului de urgență spirituală, persoana poate experimenta oricare sau chiar toate cele de mai jos:

- Bombardarea cu experiențe interioare.
- Păstrarea unor credințe sau moduri de raportare vechi, care sunt testate.
- Dificultatea de a gestiona cerințele vieții de zi cu zi.
- Dificultăți în diferențierea lumii interioare, încărcată de viziuni, de lumea externă a realității zilnice.
- Experimentarea unor senzații fizice de energii puternice care străbat întregul corp.

Depășirea urgențelor spirituale

- Nevoia puternică de a comunica experiențele pe care le trăiesc.
- Percepția celorlalți că persoana pare detașată de realitate, incoerentă sau mesianică.

Este foarte dificil pentru o persoană aflată în plină criză să navigheze singură, cu succes, pe apele aflate în furtună. Trece prin experiențe dureroase și derutante, fără să știe când apar, fără să le poată controla, aflându-se în acelasi timp sub imperiul unei frici intense, asociată adeseori urgenței spirituale. Criza poate evolua spre o stare de manifestare mai stabilă și mai controlată, cu ajutorul strategiilor, tehnicilor, suportului și înțelegerii. Procesul de vindecare și transformare poate continua apoi în siguranță, la viteza și intensitatea dorită de persoana în cauză.

Pentru unii, starea de manifestare poate deveni o experiență extrem de eliberatoare. Condiționările culturale și sociale sunt testate și respinse activ. Mulți descoperă modalitatea de a se depăși și a se dezvolta dincolo de ego-ul personal. Pot trece prin moartea ego-ului și pierderea de sine în timpul procesului, dar în cele din urmă renasc strălucitori și noi, ridicându-se deasupra fricii, spre un spațiu de libertate emoțională.

Pentru alții, experiența pare un coșmar continuu. Nu pot atinge trofeul, pentru că se pierd în lupta cu experiențele personale și cu pura supraviețuire, încercând să-și păstreze integritatea minții, corpului și a sufletului. Dar odată ce trofeul este cucerit, lumea devine total diferită. Se schimbă prioritățile și contextul de viață, ne mai fiind tolerate vechile modalități de trai. Transformarea fiecărui aspect al vieții poate să se producă în exterior, dar și în interior. Așa cum zorile păstrează promisiunea unei vieți reînoite mereu, cu

Depășirea urgențelor spirituale

noi oportunități și experiențe transformatoare, așa și răsăritul conștiinței. Tranziția de la urgență la renaștere permite o mai mare apreciere și înțelegere a conștiinței renăscute, fără specificul haotic și aleator al experiențelor anterioare spontane. Indivizii pot acum să exploreze în siguranță și să colaboreze cu această conștiință reliefată și lărgită, în paralel cu învățarea, vindecarea și creșterea. Poate fi o călătorie uluitoare și încărcată de smerenie. Drumul poate fi lung și cu obstacole, dar putem vedea orizontul strălucitor în zare.

ABORDAREA URGENȚELOR SPIRITUALE DE-A LUNGUL SECOLELOR

De-a lungul secolelor, *nebunia divină* a constituit, în multe culturi și religii, de-a dreptul un ritual de trecere. După o astfel de experiență, persoanei i se acorda sprijin de către comunitate și de către cei care trecuseră anterior prin aceleași lucruri. Oamenii dădeau dovadă de înțelepciune, ghidaj și suport de-a lungul acestei experiențe transformatoare. Ciclul natural al cunoștințelor era transmis de la profesor la învățăcel, de la o generație la alta. Procesul de trezire la viață era sprijinit de la un capăt la altul, cu o bogăție de informații și cu o mare înțelegere. Aceia care treceau printr-o trezire spirituală erau tratați cu respect, iubire și suport. Comunitățile din care făceau parte înțeleseseră că erau martorele a ceva special și transformator, un dar primit de la o sursă divină, și depuneau toate eforturile de sprijinire a individului de-a lungul călătoriei, sărbătorind atunci când transformarea era completă, și reprimindu-l în mijlocul ei. Cei care treceau

Depășirea urgențelor spirituale

prin astfel de experiențe erau recunoscuți ca fiind diferiți față de cum fuseseră înainte, celebrându-li-se renașterea în lume ca suflete mai luminate.

Prin intermediul științei, în ultimele sute de ani lumea a învățat multe despre fizică. Știința și dovezile merg mână în mână, părând a face parte din cultura vestică a neîncrederii și respingerii lucrurilor care nu pot fi dovedite științific, în condiții de laborator. Acestă abordare include atât cunoștiințele transferate de-a lungul secolelor referitor la urgențele spirituale, cât și metodele potrivite de ajutare a sufletului în timpul acestor procese. În fiecare religie și cultură, există o bogăție imensă de informații intuitive care documentează renașterile spirituale și momentele lor de criză. Sunt recunoscute din când în când și în artă ; au scris despre ele giganți literari precum Shakespeare și Wordsworth.

Din păcate, în zilele noastre, cei care trec printr-o renaștere sau printr-o urgență spirituală s-ar putea să descopere că sunt diagnosticați incorect de către medici, ca suferind de o boală mintală, deoarece simptomele sunt similare. Doctorii și profesioniștii domeniului de sănătate mentală care lucrează în strictă conformitate cu ghidul de diagnosticare mapat în DSM (*Manualul Statistic și de Diagnoză al Tulburărilor Mentale*), fără acceptarea aspectelor spirituale sau transpersonale în procesul de diagnosticare, pot clasifica starea ca psihoză, comportament fabulatoriu sau schizofrenie, lista putând merge chiar și mai departe.

După un efort îndelungat de cercetare, psihologul american David Lukoff a obținut recent introducerea unui diagnostic nou în DSM IV, cel de *problemă religioasă sau spirituală*. Acest lucru poate deschide, în timp, calea spre o modificare valoroasă a percepției și înțelegerii de către specialiștii în sănătate mentală, a celor care suferă, aducând

Depășirea urgențelor spirituale

o conștientizare mai mare a urgențelor spirituale. Va permite nașterea în cadrul practicii medicale a unor noi strategii și planuri de tratament, pentru alinarea și stabilizarea simptomelor, reducând la minim folosirea medicației și a etichetelor care stigmatizează inutil.

Planeta evoluează, împreună cu noi. Influența schimbării vibraționale rapide va rezulta cel mai probabil în creșterea frecvenței cazurilor de renașteri și crize spirituale. Atât profesioniștii domeniului sănătății mentale, cât și terapeuții trebuie să știe cum să-i sprijine în mod eficient pe cei aflați în plină criză, facilitând finalizarea vindecării și a procesului de transformare. Dacă urgența spirituală este înăbușită cu ajutorul medicamentelor sau a lipsei de înțelegere și suport, poate să persiste indefinit și să genereze un risc crescut de probleme fizice, emoționale și mentale.

CAUZELE URGENȚEI SPIRITUALE

Oricare dintre următoarele teme comune pot conduce către o urgență spirituală, fie în timp, fie spontan:

Experiențe din viețile anterioare

Conținutul nevindecat și nerezolvat poate duce la criză.

Spirite atașate

Acestea pot interfera în câmpul energetic și pot influența gazda.

Experiențele din apropierea morții (EAM) și nașterea

Experiențele morții sau ale unei noi vieți conectează oamenii cu mortalitatea lor fizică și cu abilitatea de a o transcende.

Stări de conștiință modificată induse cu ajutorul drogurilor

Utilizarea în scopul explorării mentale a: drogurilor psihoactive precum alcoolul sau opioidele, halucinogenele tradiționale ale culturilor indigene precum ciupercile magice, ayahuasca peruviană, droguri psihedelice de tip LSD și DMT, și droguri recreaționale precum canabisul (forme diferite ale marijuanei încrucișate – skunk - sau îmbunătățite, crează mai degrabă paranoia și o stare de criză).

Criza de deschidere paranormală

Stările alterate de conștiință (SAC), experiențele din afara corpului (EAC), fenomenele paranormale, channeling-ul, telepatia, clarviziunea, claraudiția, percepția extrasenzorială.

Practica spirituală și experiențele mistice spontane

Utilizarea intensivă a practicilor spirituale sau religioase precum meditația sau rugăciunea. De asemenea, experiențe de trăire intensă, în care persoana se simte mai vie și mai completă decât de obicei. Acestea pot fi experiențe mistice sau divine, deși experiențele intense pot de asemenea să fie obținute în momente de stimulare emoțională și fizică extreme.

Trezirea lui Kundalini

Activarea energiei latente a *șarpelui încolăcit* poate conduce la supraîncărcare senzorială, incluzând senzații fizice precum focul care consumă întreaga persoană.

Criza șamanică

În timpul călătoriei spre lumea din adâncuri, dacă se petrec experiențe neplăcute de moarte și anihilare.

Depășirea urgențelor spirituale

Moartea egoului și noaptea întunecată a sufletului

Disoluția și pierderea propriei persoane, experiențe disperate ale unei morți continue, de-a lungul procesului de moarte a egoului și a încercărilor sale de renaștere.

Renaștere psihologică prin intermediul arhetipului central

Identificarea exagerată cu puterile binelui asupra răului și cu forțele cosmice, având convingerea că rezultatele sunt de însemnătate critică pentru întreaga lume.

Răpirea de către extratereștri sau întâlnirile apropiate cu OZN-uri sau ființe extraterestre

Gândurile la aceste evenimente, combinate adeseori cu stres și teamă.

Stres extrem, șoc emoțional sau fizic, traumă

Acestea pot duce către o criză spirituală spontană din cauza energiei blocate care explodează.

Unul dintre motivele pentru care urgențele spirituale sunt în creștere în Vest, este interesul crescut pentru tradițiile spirituale din diferitele țări. Acesta poate conduce către abordare de tip „descurcă-te singur", practicile fiind încorporate fără sprijinul și îndrumarea unor mentori calificați, într-un mediu suportiv și de siguranță.

MISTICISM ȘI PSIHOZĂ

Trebuie adresată întrebarea referitor la cum putem diferenția urgența spirituală de psihoză. Deoarece termenul de psihoză nu este definit cu acuretețe, nu este posibil întotdeauna să facem o diferențiere clară. În cartea sa, *The Stormy Search for the Self*[1] psihiatrul și pionierul acestui

Depășirea urgențelor spirituale

domeniu, Stanislav Grof, oferă liniile directoare asupra situațiilor în care este recomandat să tratăm clienți suferind de simptomele unei urgențe spirituale, și când să-i îndrumăm spre un specialist în sănătate mentală.

Persoanele care trec printr-o urgență spirituală sunt conștiente și preocupate de faptul că schimbările din lumea lor interioară se datorează propriilor trăiri, chiar dacă nu par să reușească a și le controla. Se pot simți tulburate și dezorientate, dar sunt deschise să primească sfaturi și ajutor. Un exemplu poate fi, „Văd imagini care par a fi din alte timpuri și din alte culturi, ca și cum le-aș trăi din nou, deși nu cred în reîncarnare. Uneori văd lumini puternice și spirite și fantome. Ce mi se întâmplă? O iau razna?".

Psihoticii pot suferi de stări paranoide sau halucinații și pot acționa influențați de acestea. Chiar dacă unele aspecte sunt caracteristice urgenței spirituale, ei nu se gândesc ce li se întâmplă și nu pot fi sensibilizați cu ajutorul sfaturilor sau terapiei. Un exemplu poate fi, „Trebuie să-mi transmit mesajul întregii populații a globului. Împreună cu extratereștrii, lucrez în nava lor și o să oprească toate televizoarele, ca să-mi proiecteze mesajul. I-am vizitat noaptea trecută, mai au puțin și finalizează modul de transmitere. Trebuie să salvez lumea și nu mă poate convinge nimeni de contrariu."

Dacă aveți dubii, înainte de a face orice, este întotdeauna recomandat să trimiteți persoana la un alt specialist, pentru un dignostic medical. S-ar putea ca unii clienți să nu fie receptivi la o discuție cu doctorul, din cauza fricii de a fi etichetați ca având o boală mentală, sau a fricii de medicamente sau operație. S-ar putea să se simtă rușinați și să le fie greu să-și descrie experiențele. Este important să beneficieze de ajutorul de care au nevoie, iar diagnosticul medical va elimina posibilitatea unei boli organice care poate afecta starea de conștiență, precum encefalita, meningita sau alte boli infecțioase, arterioscleroza cerebrală, tumori în lobul temporal, uremie sau alte boli care necesită tratament medicamentos. S-ar putea să fie necesară și o evaluare a sănătății mentale.

IDENTIFICAREA URGENȚEI SPIRITUALE

Trebuie acordată atenție specială identificării urgenței spirituale, și evaluării posibilității de lucru cu clientul. Dacă terapeutul nu este specializat în domeniul medicinii sau sănătății mentale, este recomandată trimiterea clientului spre medicul de familie. Următoarele informații sunt extrase din cartea lui Stanislav Grof, *The Stormy Search for the Self*, și constituie criteriile de diferențiere a urgenței spirituale, de renașterea spirituală sau de alte experiențe transcendentale sau transpersonale:

- Profunzimea și intensitatea experienței, fluiditatea ei și gradul în care individul poate funcționa în viața de zi cu zi.

- Atitudinea clientului referitor la ce i se întâmplă. Dacă procesul este perceput ca fiind captivant și valoros, sau înspăimântător și copleșitor.

- Capacitatea de a gestiona funcționarea în cadrul societății.

- Gradul de diferențiere legat de persoanele cu care clientul se simte confortabil să vorbească despre experiențele lui, și limbajul pe care acestea îl folosesc.

În evaluarea posibilității de lucru cu clientul, urgența spirituală trebuie delimitată de tulburările mentale și strict medicale. Semnele favorabile în decizia de identificare a urgenței spirituale sunt:

- Stare psihologică normală înaintea episodului.
- Capacitatea de a lua în considerare posibilitatea ca procesul să-și aibă originea în propriul psihic al clientului.
- Existența unui nivel suficient de încredere și raport terapeutic pentru a putea coopera, și disponibilitatea de a respecta regulile principale ale tratamentului și barierele.

Aveți grijă sau evitați atunci când:

- Există o istorie lungă de dificultăți psihologice și probleme sociale.
- Conținutul experiențelor este confuz și prost organizat, simptome de schizofrenie, elemente de manie puternice, folosirea sistematică a proiecției, sau prezența vocilor persecutorii și a halucinațiilor.

PROPRIA MEA URGENȚĂ SPIRITUALĂ

Pentru a ilustra modul în care se simte individul aflat într-o urgență spirituală, și cum este perceput de lumea exterioară, am inclus propria mea experiență.

În copilărie trăiam între două lumi, sau cel puțin așa mi se părea – una pe care familia mea putea să o vadă, și cealaltă care le era invizibilă. Simțeam modificări energetice și puteam vedea lucruri care păreau a fi din alte timpuri sau dimensiuni. În casa mea își făceau simțite prezența spirite de toate nivelele vibraționale, multe dintre ele vrând să comunice. Preferatul meu era un strămoș excentric cu joben, care purta o maimuță pe umăr și îmi povestea istorii despre circ în fiecare seară înainte de culcare. Amintirea mea cea mai veche este de când stăteam în pătuț, iar o doamnă îmbrăcată în haine din anii 50 îmi cânta încetișor și ma alina până venea mama. Am descoperit, ani mai târziu, că probabil era o rudă demult decedată. Nu știu când mi-a început renașterea spirituală, presupun că pur și simplu m-am născut așa.

Poate părea că am avut o copilărie idilică. M-am născut deschisă și receptivă, conștientă intuitiv că barierele timpului, spațiului, însăși moartea nu există de fapt. Revelațiile spirituale îmi erau intime, iar înțelepciunea curgea sau pur și simplu mi se ivea spontan în minte, chiar dacă nu-i înțelegeam sensul sau nu putea să-l exprim în cuvinte.

Nu peste mult timp mi-am dat seama că familia nu îmi împărtășea experiențele. Mă simțeam inconfortabilă din cauză că eram diferită și mi se părea că ceva nu era în regulă. Mi se spusese întâi că am o imaginație hiperactivă, că visam cu ochii deschiși sau că pur și simplu mă prosteam. Am început tot mai mult să-mi păstrez experiențele pentru mine, și să le împărtășesc doar pe cele dramatice, care nu puteau fi ascunse. Din acel moment, reacția familiei mele a devenit din ce în ce mai rea. Insinuările că inventam, că mă comportam copilărește sau aiurea, m-am făcut să mă simt anormală. I-am perceput că se retrăgeau și se purtau ca și cum nu m-ar mai recunoaște ori, și mai rău, mă priveau cu dezgust sau frică. Privind înapoi, îmi dau seama că familia mea nu știa nimic despre aceste lucruri, nu vroia să încurajeze un comportament așa de ciudat și credea că negarea este cea mai potrivită metodă de abordare. În special pentru că nu se confruntaseră cu dovezi plauzibile care să le zdruncine credințele profunde și înțelegerea modului de funcționare a lumii. Mă iubeau, dar pur și simplu nu știau cum să mă ajute.

Am crescut păstrând un echilibru atent între ce îmi spuneam că este *adevărat* și ce nu era. Am încercat să trăiesc doar în lumea pe care o vedeau prietenii și familia mea, și nu vorbeam cu nimeni despre experiențele mele, deși deveneau din ce în ce mai frecvente și dificil de diferențiat de lumea reală. Îmi dau seama, privind înapoi, cât de stresată mă simțeam. În jurul vârstei de nouă, zece ani nu mă mai puteam concentra la școală și notele erau groaznice. Mi-am smuls toate genele, trăind în teroarea a ce se mai putea întâmpla. Părea că și spiritele se întorseseră împotriva mea. Cele prietenoase nu mai veneau, apăreau doar cele la fel de disperate ca și mine. Degetele lor invizibile mă împungeau, mă împingeau și unul dintre ele mi-a făcut chiar piedică pe scări.

Deschiderea mea spirituală se transformase într-o urgență.Cele două lumi au început să se contopească într-una singură. Am început să fiu chinuită de premoniții, stăteam în pat cu ochii larg deschiși, urmărind câte un incendiu forestier sau elicoptere prăbușindu-se în camera mea, ca să văd exact aceleași știri în ziare câteva zile după. Deși la momentul respectiv nu mi-am dat seama, propria mea energie fragmentată și intensă începuse s-o ia singură razna. Intram într-o încăpere și obiectele începeau să se clatine și să vibreze, perdelele unduindu-se cu geamurile bine închise. E suficient să spun că am devenit terorizată de propria-mi umbră, torturată de experiențele pe care nu le înțelegeam și îngrijorată pentru sănătatea mea mentală.

Până la urmă i-am spus unei prietene că o sumedenie de nume și de date îmi apăreau neașteptat în minte, și mi-a sugerat să le scriu, chiar dacă păreau aleatorii și nesemnificative. Apoi, într-o bună zi, am primit în poștă un

Depășirea urgențelor spirituale

arbore genealogic de la una din rudele noastre mai îndepărtate. Pe măsură ce urmăream desfășurarea întregii familii, înapoi pe firul timpului până la 1700, am observat doi strămoși ale căror nume și date de naștere erau notate pe foaia mea – Sarah, o mamă, și Richard, fiul ei. Mi i-am putut imagina pe amândoi cu claritate și am putut chiar să le descriu în detaliu căminul, pentru că le vedeam pe toate cu ochii minții de săptămâni întregi. Tatăl meu a găsit un album cu imagini și fotografii ale casei lor, relativ impresionante. Dintr-o dată am putut vedea viziunile mele transpuse în realitate, dovada incontestabilă a faptului că nu era doar în imaginația mea.

Cam tot pe-atunci am trecut prin două experiențe îngrozitoare. Prima a fost când m-am simțit aproape de moarte, stând întinsă pe pat, atacată și captivă într-o altă dimensiune. Familia mea a fost la fel de șocată, terifiați și prea speriați să adoarmă din nou, pentru că în același timp doi dintre ei visaseră că mă aflam într-un pericol iminent și că nu mă puteau ajuta. A doua a fost pe când mă aflam în casa unei prietene și o entitate a luat controlul corpului meu. Am stat rigidă, întinsă pe pat, fără să mă pot mișca, iar energia bărbatului îmi folosea vocea pentru a transmite un mesaj unei colege de-ale mele de școală. O abuzase și vroia să-și ceară iertare înainte de a merge mai departe. Mi-a arătat amintirile a ce făcuse, fără să pot să-l opresc. Erau imagini pe care nici un copil nu ar trebui să le vadă, darămite să le trăiască.

Experiențele supranaturale au continuat fără oprire, fie în stare de veghe, fie în somn, indiferent dacă eram singură sau cu cineva. Am devenit pricepută în a ignora experiențele intense și interactive care aveau loc, în paralel cu conversațiile în familie sau urmărind televizorul. În afară probabil că păream tăcută, nervoasă și prinsă în propria mea lume – literalmente. În interiorul meu eram disperată să-mi normalizez experiența. O altă lume, o altă dimensiune păreau că se suprapun peste cea reală, cumva trăind simultan în amândouă.

Într-o zi, stând în dormitor și încercând să mă concentrez la temă, mi-am ridicat privirea și am văzut o imagine dintr-o pădure, ceva ce mai văzusem și până atunci, însă nu prea des. De data aceasta m-am transpus total și complet în ea. Lumea mea *reală* a început să se șteargă, dispărând din cadru, și m-a acaparat frica posibilității că s-ar putea să nu o mai văd niciodată. Încet, am coborât scările, cufundată în continuare în imaginea din pădure, dar urmărind peretele cu degetele și concentrându-mă pe sunetele din casă, știind că sunt reale. Îngrozită și convinsă că în sfârșit nebunia pusese stăpânire pe mine, i-am spus mamei că simțeam că trebuie să merg la spitalul de psihiatrie din apropiere. Îmi aduc aminte de senzația pe care am avut-o, că trebuia să mă internez, pentru siguranța mea și a celor din jur. În acele clipe m-am pierdut pe mine, mi-am pierdut simțul realității, cadrul și conceptele după care operăm ca oameni. Îi sunt recunoscătoare mamei că și-a dat seama imediat cât eram de speriată și a acceptat că situația nu mai putea fi ignorată. În loc să mă ducă însă la un doctor sau la spitalul de psihiatrie, m-a dus la un vecină, un medium foarte respectat de vreo 90 de ani, care m-a întâmpinat cu căldură, spunându-mi că m-a așteptat să vin de când m-am născut.

A durat încă trei luni să-mi transform urgența spirituală, cu eficiență, în ceva mai benign, iar eu să mă simt din ce în ce mai încrezătoare că mă pot descurca singură.

Mediumul era un suflet înțelept și luminat, care mi-a explicat cu blândețe și calm cât de normale fuseseră experiențele mele pentru o grămadă de oameni de-a lungul istoriei, în alte culturi și religii. M-a ajutat să înțeleg despre

Depășirea urgențelor spirituale

ce era vorba, de ce aveam aceste experiențe, explicându-mi structura de bază a tărâmului spiritelor și transcendența conștiinței noastre. De-a lungul multor cești de ceai, mi-a validat experiențele, mi-a liniștit mama, și mi-a împărtășit înțelepciuni și revelații minunate, cu umor, căldură și, mai presus de toate, normalitate.

Apoi a cerut ajutorul Asociației Spiritualiste din Marea Britanie (SAGB). Un grup de mediumi experimentați a confirmat, în cadrul unei întâlniri la sediul lor central, că aveam un *har*, dar că eram extrem de deschisă energetic. S-au oferit cu generozitate să mă pregătească. Era ceva neobișnuit pentru o persoană așa de tânără, dar părea potrivit, dacă te gândeai prin ce trecusem. M-am apucat cu entuziasm să-mi proclam harul în gura mare și am insistat cu încăpățânare că nu aveam nevoie de nici o pregătire. Au încercat să mă facă să mă răzgândesc, pentru că blocarea energiei pe o durată lungă de timp, sau orice formă de suprimare, poate fi nesănătoasă pentru minte, corp și suflet. Le-am ignorat rapid avertismentele, atât de ușurată să descopăr că puteam împiedica aceste experiențe.

Odată ce am început să mă relaxez și să am încredere în ele, au început să funcționeze din ce în ce mai bine. Am continuat cu exerciții de meditație, vizualizare, blocare și protecție, alături de rugăciuni pentru ajutor. Le făceam dimineața și seara, redobândind în sfârșit controlul asupra propriei energii și percepții extrasenzoriale. Cu toate acestea, din cauza fricii pe care o simțeam în fundal, am creat fără să vreau în jurul câmpului meu energetic, un scut permanent, solid, cu intenția să nu intre nimic prin el.

Experiențele spirituale au ajuns apoi de domeniul trecutului. Eram nespus de ușurată, devenind o adolescentă obișnuită. Însă adeseori plângeam noaptea săptămâni întregi, fără să știu de ce. Închisesem ușa unei părți a vieții mele, excluzând-o ca pe un incident rușinos și regretabil al trecutului. În timp, am încercat să mă conving singură că experiențele fuseseră toate imaginare, ignorând adeseori dovezile verificabile care indicau contrariul. Trebuia să știu cine eram acum.

Pe parcursul anilor următori, incidente necunoscute declanșau câte o experiență completă și extrem de expresivă. Îmi creșteam atunci nivelul de blocare și de protecție și mă rugam să nu se mai întâmple. Mă prefăceam că acea parte a vieții mele nu exista, și de aceea alegeam s-o ignor, mai degrabă decât să discut despre aceste experiențe cu cineva priceput.

La șaisprezece ani m-am lăsat de școală. Era 1980 și avea loc o dezvoltare economică fără precedent în centrul financiar al Londrei. Am obținut un loc de muncă la o bancă de prestigiu și viața era frumoasă. Traiul meu normal a continuat încă doi ani, până am fost diagnosticată cu Sindromul Oboselii Cronice (SOC), după un acces prelungit de viroză. Este vorba despre o extenuare fizică și mentală copleșitoare, care nu se ameliorează după odihnă. Mă simțeam îngrozitor în acele momente, ducând pe picioare simptomele timp de doi ani. Privind înapoi, îmi dau seama că a fst un moment de cotitură, deoarece am intrat în contact cu medicina alternativă și am devenit conștientă de natura stagnantă e energiei mele. Există cazuri de encefalomielită mialgică (EM) și SOC care sunt legate de crizele spirituale. În cazul meu, extenuarea era amplificată de blocarea puternică a energiei, care nu permitea curgerea fluxului de energie înăutru și afară. Nu aveam nici o modalitate prin care să-mi exprim energia.

Experiențele supranaturale au continuat de-a lungul următorilor ani, ceea ce m-a îndemnat să cercetez, să mă dezvolt și să urmez cursuri în mai multe domenii, incluzând lucrul cu energia, dezvoltarea puterilor paranormale, vindecarea spirituală, channeling, energii ale pământului, eliberarea de spirite și terapia prin regresie. Acestea m-au eliberat de pericolul reintrării în starea de *criză*, permițându-mi totodată să-i ajut pe alții. Am învățat multe din propria-mi metamorfoză – ce a mers bine, ce nu a funcționat, capcanele și suportul necesar.

Pe măsură ce lucram, întâlneam din ce în ce mai mulți clienți care treceau prin urgențe spirituale. Cu ajutorul experienței mele personale și a muncii lui Stanislav și Christina Grof, am conturat cadrul și liniile directoare pentru sprijinul clienților care experimentează o urgență spirituală.

TEHNICI ȘI STRATEGII DE DEPĂȘIRE A URGENȚEI SPIRITUALE

NORMALIZAREA EXPERIENȚEI

Primul lucru este recunoașterea și validarea experiențelor. Mulți dintre cei aflați în criză au impresia că nimeni nu a mai trecut prin ce trec ei. Este extrem de liniștitor pentru ei să înțeleagă că și alți oameni au avut experiențe similare în timpul crizei. Sprijinul continuu și discutarea tuturor experiențelor sunt foarte utile, acordând individului suficient timp să înțeleagă ce s-ar mai putea întâmpla și când.

ÎNTRERUPEREA ORICĂROR PRACTICI SPIRITUALE

Este recomandată întreruperea oricăror practici spirituale până la stabilizarea energiei clientului și a crizei.

CURĂȚAREA ENERGIILOR INTRUZIVE

Verificați dacă există energii intruzive și curățați cât mai mult se poate, fără a implicarea conștientă a clientului. Dacă acesta se află într-o stare energetică instabilă, recomand doar folosirea metodelor intuitive care nu presupun atenția clientului, ca de exemplu solicitarea ajutorului ghizilor spirituali sau tehnicile de eliberare a energiei întunecate descrise în capitolul 2. Nu încercați să vorbiți cu spiritul atașat prin intermediul clientului, dacă acesta este instabil energetic.

GESTIONAREA ENERGIEI

În existența noastră zilnică, suntem obișnuiți să avem o rutină de păstrare a corpului fizic în odihnă, curățenie, alimentare corespunzătoare și protecție împotriva elementelor naturii. Același lucru ar trebui să se întâmple cu corpul nostru energetic. Deși s-ar putea să nu ne vedem energia, suntem conștienți de ea doar atunci când este dezechilibrată, permițând instalarea disconfortului și a tulburărilor fizice, emoționale, mentale și spirituale de toate felurile. Energia curge prin noi în mod natural și permanent, necesitând o acțiune subtilă de echilibrare între energia corporală, sinele spiritual și influențele energetice externe. Cu cât devenim mai deschiși și mai iluminați, cu atât mai mult ne creștem sensibilitatea față de toate energiile, de diferite vibrații, acestea afectând echilibrul delicat într-o manieră mai ușoară sau mai profundă.

Se consideră că la nivel global are loc o renaștere și o tranziție către un corp energetic mai ușor. Corpurile energetice devenind mai ușoare, probabil că ne vom confrunta atât cu oportunități, cât și cu obstacole energetice. Poate acesta este un alt motiv al creșterii numărului de cazuri de urgențe spirituale.

Gestionarea energiei se concentrează pe îngrijirea și protejarea corpului nostru energetic. Venim automat în întâmpinarea nevoilor corpului nostru fizic, așadar e logic să ne tratăm corpul energetic cu același nivel de atenție, grijă și respect.

Mă voi orienta aici pe elementele cheie ale împământării și protecției, esențiale în stabilizarea și asistarea unei crize energetice. Alte domenii ale gestionării energiei, cu care poate doriți să vă familiarizați, sunt curățarea, echilibrarea, vindecarea, cunoașterea centrelor energetice ale chakrelor, și deschiderea sau închiderea energetică. Cartea lui Sue Allen, *Spirit Release: A Practical Handbook* [2] include un capitol excelent despre gestionarea energiei.

Împământarea

Împământarea are ca scop aducerea noastră literalmente *cu picioarele pe pământ*, prin restabilirea legăturii cu pământul și orientarea atenției pe momentul prezent, permitând astfel conexiunea cu corpul. Ajută la menținerea echilibrului între corpul nostru fizic și cel spiritual. Atunci când nu suntem împământați, putem să ne simțim deconectați și pierduți. Dacă suntem deschiși energetic, dar nu împământați, părerea mea este că pur și simplu ne căutăm singuri probleme. Suntem ființe umane vii cu corpuri fizice, așadar echilibrul energetic trebuie menținut atât pentru bunăstarea noastră fizică, cât și spirituală.

Împământarea este intrinsec legată de rolul chakrei rădăcină, spațiul energetic poziționat la baza coloanei vertebrale, numit în sanscrită Muladhara. Căile energetice curg prin această chakră precum rădăcinile unui copac care se întind în pământ, în căutarea stabilității. Este asociată cu elementul pământ, simțul olfactiv și acțiunea de excreție. Funcția ei este să acționeze ca un barometru și să răspundă oricăror aspecte legate de supraviețuirea personală, sănătate și formă fizică, împământare, stabilitate și securitate. Se spune că atunci când cineva este dezechilibrat, pot apărea simptome precum mintea care nu se poate concentra, senzația de detașare, letargie mentală, incapacitatea de a sta liniștit și dificultatea atingerii obiectivelor. Este evident că datorită lipsei împământării, problemele pot apărea în orice moment. Chakra rădăcină subliniază importanța existenței în aici și acum.

Atunci când alegeți sau vă dezvoltați propriile metode de împământare, este recomandată încorporarea aspectelor legate de chakra rădăcină, pentru completarea și facilitarea procesului de împământare. Am inclus majoritatea acestor aspecte în exercițiile de împământare sugerate în capitolul de față.

Împământarea și urgența spirituală

Împământarea este esențială în procesul de stabilizare și inițiere a tranziției de la starea de urgență la cea de trezire spirituală. Ea constituie cărămizile cu ajutorul cărora se așterne fundația, deasupra ei construindu-se toată munca.

Depășirea urgențelor spirituale

În momentele de criză sau urgență spirituală, corpul energetic este fracturat, haotic, absorbind și expulzând energia. Chakrele sau zonele energetice sunt desincronizate, chakra rădăcină asociată legăturii noastre cu pământul poate fi blocată sau parțial funcțională, iar cel mai probabil chakra coroană de la creștetul capului este larg deschisă. Energia în exces este adeseori prezentă în timpul unei crize, și poate fi simțită fizic. Cei care au experimentat această energie au descris senzația ca pulsativă, aidoma șocurilor electrice intense sau frisoanelor, reverberând de-a lungul întregului corp. Corpul energetic trece printr-o sensibilitate crescută la mediu și la energiile intruzive, colectând tot soiul de reziduuri energetice. Clienții devin foarte sensibili și afectați de orice, de la radiațiile electromagnetice ale computerelor, telefoanelor mobile sau liniilor de electricitate, la urmele de vibrație ale obiectelor. Pot simți nivele emoționale extreme, și gândurile altora, indirect comportându-se ca natura înaintea furtunii, prin atragerea energiei în propriul câmp energetic.

Majoritatea am trăit în trecut forme mai temperate ale acestei stări: când ne-am aflat într-o mulțime de oameni, într-un metrou aglomerat plin cu pasageri obosiți în drumul lor de la servici spre casă, sau într-o coadă interminabilă, de exemplu. Îți dai seama brusc că simți mai multe emoții negative decât înainte, poate ești mai anxios sau mai frustrat, și-ți dai seama că te-ai conectat la sentimentul colectiv al tuturor celor din jurul tău. Prin reîntoarcerea în prezent și împământare, poți să te scapi rapid de această senzație și sa redevii din nou tu însuți. Pentru cei care se află într-o criză, experiența poate fi de sută, chiar de o mie de ori mai puternică, devenind copleșitoare – confuzie, frică și panică împletite strâns în bombardamentul sentimentelor celorlalți. Dacă persoanele nu știu cum să recapete controlul

Depășirea urgențelor spirituale

și să împământeze energiile, ciclul va continua și se va lărgi natural. Protecția energetică, despre care voi vorbi mai încolo, joacă un rol semnificativ în gestionarea energiei, și merge mână în mână cu împământarea, pentru împiedicarea acestor experiențe. Primul și cel mai important pas este împământarea energiei.

Episoadele de urgență spirituală pot fi înspăimântătoare și derutante. Pot de asemenea implica perioade de extaz sau transcendentale. Dacă se întâmplă acest lucru, s-ar putea să întâmpinăm rezistență sau frică ascunsă atunci când discutăm despre împământare cu cineva care se află în criză. Chiar aflat în mijlocul unei urgențe spirituale, clientul poate să fie rezervat sau să nu vrea să intre complet în corp. Acest lucru se poate datora îngrijorării că ar putea pierde rarele licăriri sau sentimente de iluminare, sau poate nu se simt în siguranță să stea în corp datorită unor traume fizice nerezolvate, a fricii sau a abuzurilor.

Cei care au lucrat activ să-și deschidă sensibilitatea și să-și dezvolte aspectele latente ale corpului energetic, ca de exemplu trezirea energiei Kundalini, pot fi în mod particular rezistenți la ideea de împământare și recăpătare a controlului energetic. Până la urmă decizia le aparține, și nu putem impune cuiva să se împământeze. Cu toate acestea, vorbim despre însăși fundația pentru navigarea cu succes dinspre urgență înspre renaștere spirituală. Adresați și domoliți fricile care apar și orientați-vă atenția înspre individ, nu spre aspectele pozitive sau beneficiile pe termen lung ale împământării regulate asupra sănătății și calității lucrului lor cu energia, sau a trezirii lor spirituale viitoare, în condiții de siguranță, odată ce criza energetică este controlată.

Înainte de a discuta care sunt exercițiile de împământare cele mai potrivite celor aflați în criză, haideți să ne uităm

Depășirea urgențelor spirituale

prima dată la rolul concentrării pe prezent (conceptul de mindfulness) în cadrul împământării, și de ce este o trăsătură esențială în asigurarea faptului că exercițiile sunt cu adevărat eficiente, și nu doar un proces derulat în timp ce mintea se află la sute de kilometri, angrenată într-o altă experiență.

Concentrarea pe momentul prezent (mindfulness)

Concentrarea pe momentul prezent își are rădăcinile în filozofia budistă și constă în conștientizarea concentrată a realității momentului prezent. Simplitatea și eficiența ei ca instrument de gestionare a mai multor probleme, i-au permis să se insereze în curentele principale din medicina vestică și este utilizată în prezent în sistemele de sănătate american și britanic. Combinată cu împământarea, concentrarea pe prezent poate fi extraordinar de eficientă în nenumărate situații. Este cunoscută ca fiind de ajutor în special în disocieri, panică, impulsuri puternice, amintiri spontane, anxietate severă și distres emoțional puternic. Întrucât criza spirituală poate include o parte sau toate aceste simptome, adăugarea instrucțiunilor principale de concentrare pe momentul prezent, poate îmbunătăți considerabil rezultatul obținut în cadrul procesului de învățare a tehnicilor de împământare.

Concentrarea pe prezent este obținută atunci când atenția noastră este orientată pe momentul prezent, folosindu-ne toate cele cinci simțuri fizice pentru a experimenta tot ce este legat de momentul în care ne aflăm, oricât de trivial sau nesemnificativ. De exemplu, dacă efectuăm o sarcină de rutină precum spălarea mașinii, odată cu concentrarea pe momentul prezent, te orientezi explusiv pe ce trebuie să faci atunci. Toate simțurile sunt angrenate în momentul prezent

Depășirea urgențelor spirituale

și nu te gândești la nimic altceva. Te concentrezi pe temperatura apei de spălare, cum se simte atunci când miști buretele pe mașină, picioarele percepând pământul dedesubtul lor, acțiunile corpului tău pe măsură ce te miști și te întinzi, sunetele din jurul tău, mirosul agentului de curățare, chiar și strălucirea vopselei dacă freci ca să sclipească. Când atenția îți este exclusiv în momentul prezent și toate gândurile sunt concentrate pe detaliile percepute de simțuri, reintri în mod natural în corp, excluzând orice gânduri intruzive.

În cartea *In Case of Spiritual Emergency*[3] Catherine Lucas consideră că mindfulness-ul a fost un factor vital în gestionarea propriei ei urgențe spirituale, care a durat de-a lungul mai multor ani, și îi sfătuiește pe ceilalți să utilizeze tehnicile de concentrare pe momentul prezent pentru a depăși eficient starea de criză și renașterea spirituală. Ea afirmă că mindfulness-ul poate reduce suferința pe care o trăim și consideră că elementele lucrului cu împământarea și cu frica intensă sunt cele mai importante aspecte ale concentrării pe momentul prezent, ajutându-ne să gestionăm criza spirituală.

Pentru mai multe informații despre acest subiect și despre modalitățile în care poate fi încorporat în viața de zi cu zi, independent de împământare, verificați lista recomandată de la finalul capitolului.

Exerciții de împământare

Îmi încurajez clienții să transforme împământarea într-o rutină zilnică. Cu cât exersează și utilizează tehnicile mai des, cu atât mai echilibrați vor deveni, stabilizându-și energia. Am descris mai jos câteva exerciții de împământare destul de cunoscute. Recomand clienților să aplice o gamă mai largă, astfel încât atunci când au nevoie, să poată alege mai multe. Primul este un exercițiu universal și simplu.

Stați cu picioarele pe pământ și concentrați-vă asupra senzațiilor din picioare, cum se simte pământul când pășiți, întinzându-vă și flexând picioarele și degetele. Umblați un pic, și, dacă doriți, loviți pământul cu picioarele. Orientați-vă atenția asupra pământului de sub voi, observați cât de solid se simte, și pe măsură ce inspirați adânc de câteva ori, permiteți energiei să curgă prin corp. Puteți să simțiți, sau pur și simplu să vă stabiliți intenția de a se întâmpla. Continuați până percepeți că sentimentul de echilibru s-a reintors. S-ar putea ca la început exercițiul să vă ia câteva minute, însă odată cu experiența, veți putea să îl faceți în câteva secunde.

Pentru cei aflați în mijlocul unei crize, adăugați și eliberarea excesului de energie sau emoție de-a lungul corpului, prin picioare. Puteți pronunța cuvinte încurajatoare precum **eliberez, eliberez, eliberez**, în gând sau cu voce tare pentru a ajuta desfășurarea procesului. Energia poate fi disipată și prin palmele mâinilor, la fel ca și cu picioarele, dacă le aduceți pe sol sau pe pământ.

Exercițiul poate fi făcut oriunde, însă dacă sunteți în criză, este util să mergeți afară, în natură, aplicând împământarea și eliberarea direct în pământ.

Puteți adăuga oricare dintre metodele de mai jos. Am inclus exerciții care valorifică utilizarea diferitelor simțuri în procesul de împământare, pentru a avea o varietate și aplicabilitate mai largă.

Fizic

- Loviți-vă ușor membrele. Metoda stabilește legătura cu canalele meridiane și este un exercițiu eficient de

Depășirea urgențelor spirituale

centrare. Loviți-vă ușor brațele, de la umăr la încheietură, începând cu mâna stângă și continuând cu dreapta. Apoi, loviți mai ferm partea interioară a încheieturii. Mutați-vă la picioare, lucrând din nou de sus în jos, în timp ce respirați regulat și ușor.

- Aplaudați, rămânând atenți la tot ce conștientizați în acel moment, de la senzațiile create în mâini și brațe până la sunete, șamd.
- Beți un pahar de apă sau o băutură caldă, alături de un biscuit. Mâncarea caldă și grupele alimentare asociate chakrei rădăcină, precum proteinele și carnea, sunt utile în facilitarea împământării.
- Lucrați în grădină, rămânând concentrat pe momentul prezent; simțiți pământul când plantați sau săpați.
- Curățenia sau alte sarcini fizice, de exemplu înfrumusețarea casei, pot ajuta la împământare, cu condiția să vă concentrați pe aspectul prezent al fiecărei activități și să permiteți, ca prim pas, curgerea energiei prin picioare.
- Sportul este o modalitate excelentă de împământare, dacă vă păstrați concentrarea pe momentul prezent. Puteți alerga sau să vă plimbați în parc, într-un mediu natural, o pădure sau pe plajă.
- Când sunteți în natură, conectați-vă cu ea, sprijiniți-vă spatele de un copac sau, dacă vreți, îmbrățișați-l! Folosiți-vă palmele și picioarele, concentrându-vă atenția asupra sentimentului de conexiune cu pământul.
- Stați pur și simplu întins pe pământ și permiteți-vă să percepeți conexiunea de-a lungul întregului corp.

În momentele intense de experiență disociativă sau distres, utilizarea simțului fizic al atingerii poate fi cel mai potrivit

Depășirea urgențelor spirituale

mod de a reveni în corp, împământarea petrecându-se rapid și eficient. În cazurile în care împîmântarea este mai dificilă, activitățile alternative pot fi un duș rece sau plasarea unei benzi de cauciuc în jurul încheieturii și pleznirea ei de piele. Astfel se readuce rapid atenția spre corp, aici și acum.

Vizual

După ce ați stabilit conexiunea cu pământul prin intermediul picioarelor, absorbiți vizual tot ce vedeți în jur, înregistrând totul mental, și observând detalii triviale precum rama îndoită a unei fotografii.

Auditiv

Ca și în cazul abordării vizuale, întâi conectați-vă cu pământul și apoi ascultați toate sunetele din jurul vostru. Fiți atenți la nuanțe, la diferitele straturi ale sunetelor, șamd.

Olfactiv (Miros)

Mirosirea sărurilor a constituit o modalitate eficintă de gestionare a cazurilor cunoscute în trecut sub numele de isterie. Un miros puternic, intens, te poate readuce rapid în aici și acum, iar simțul mirosului este asociat chakrei rădăcină. Recomand experimentarea cu arome și uleiuri care sunt eficiente în activarea chakrei rădăcină, facilitând împământarea, precum lemnul de cedru, patchouli, mirtul, moscul și lavanda. Dacă vreuna dintre aceste arome poate declanșa însă amintiri neplăcute, este mai bine să o evitați. Puteți să experimentați și alte mirosuri, insă ocoliți-le pe cele conținând chimicale sintetice care pot fi periculoase, sau pot induce stări alterate de conștiință.

Materiale și remedii naturale ale pământului

- Cristale. Plasați un cristal de împământare sub picioare sau țineți-l în mână, cerând ajutor pentru împământare. Încercați pietrele boji, hematitul și cuarțul fumuriu, toate considerate a fi pietre excelente de împământare și ancorare. Alte pietre asociate cu echilibrarea chakrei rădăcină sau bazală, sunt ochiul tigrului, agata, calcedonitul, granatul, rubinul și onixul.
- Uleiuri esențiale și arome. Mirosul, așa cum a discutat anterior, este olfactiv. Pentru sporirea beneficiilor, puteți vaporiza în încăpere sau direct pe piele, un mix de uleiuri dedicat împământării.
- Terapia homeopatică și terapia florală Bach oferă remedii naturale și medicamente pentru împământare.

Încorporarea unui anumit nivel de imaginație creativă

Este recomandat ca în timpul episoadelor de criză să se facă o împământare concentrată pe momentul prezent, folosindu-se toate cele cinci simțuri, astfel încât orice altceva să dispară. Utilizarea cretivității și simbolisticii, precum imaginarea rădăcinilor unui copac trecând prin tălpile picioarelor, poate obstrucționa procesul, deoarece se activează partea creativă a minții. Cu toate acestea, în timpul perioadelor mai stabile, vizualizarea poate fi folositoare, interactivă și plăcută.

- Imediat după primul exercițiu de conectare a picioarelor cu pământul, imaginați-vă rădăcini solid înfipte în pământ, precum rădăcinile unui arbore milenar, înțelept, crescând din tălpile picioarelor și ramificându-se adânc în pământ. Puteți simți siguranța și stabilitatea pământului care vă ancorează, aducând sentimente de echilibru și calm. Stabiliți intenția ca toată tensiunea și energia în exces să curgă și să iasă din corp, în timp ce vă concentrați pe eliberarea ei prin rădăcini, în pământ. Cu fiecare respirație, dați-vă voie să simțiți cum se scurge din ce în ce mai mult, în paralel concentrându-vă pe picioare și devenind complet împământat. Când simțiți că sunteți gata, scuturați-vă picioarele și degetele de la picioare, întindeți-vă și respirați profund de câteva ori înainte de a vă reîntoarce la activitățile zilnice.

- O modalitate alternativă descrisă de Lita de Alberdi în cartea ei *Channelling*[4] este să „Vizualizați o rază de lumină coborând în pământ dinspre chakra rădăcină de la baza coloanei voastre. Simțiți conexiunea care se stabilește. Vă poate ajuta să vizualizați un cristal în centrul pământului la care vă conectați. Percepeți cum lumina pătrunde în cristal, reîntorcându-se apoi din nou la voi."

Este normal pentru cei care se află în criză și nu sunt obișnuiți să stea în corp, să descopere că la început mintea rătăcește. Dar dacă o readucem cu blândețe și persistență la sarcina pe care o avem, de fiecare dată va hoinări mai puțin, rămânând până la urmă concentrată complet în corp. Veți atinge astfel obiectivul de conectare, împământare și dispersare a energiei în exces.

Dacă reușiți să stăpâniți lucrurile de bază, restul va curge ușor. Iată o afirmație care sumarizează minunat nevoia pe care cu toții o avem de împământare – *Sunt conectat la Mama Pământ și cunosc siguranța ancorării la realitate, la momentul prezent.*

Protecția energetică

Ce este protecția energetică și de ce avem nevoie de ea ? Dacă plouă, instinctiv apelăm la umbrelă sau la pelerina de ploaie pentru a evita să ne udăm și să avem hainele umede, minimizând uneori și riscul unei posibile răceli. Același principiu se aplică și protecției energetice, care este o măsură preventivă de protejare a corpului fizic și energetic împotriva energiilor dense.

Puteți considera că aceste energii sunt aidoma ploii. Când facem această analogie, protecția energetică pare de bun simț. Sunt unele persoane care susțin că protecția are la bază frica, astfel atrăgând și mai multă teamă spre noi datorită legii atracției. Poate fi o reprezentare corectă pentru cei care practică protecția energetică doar din teamă. Nu sunt adepta utilizării protecției în acest mod și scop, însă consider că trebuie să adresăm aspectul fricii legată de protecție, mai ales din cauza faptului că urgențele spirituale pot implica nivele intense de teamă. Dacă abordăm protecția ca pe o funcțiune logică și de bun simț, similară îmbrăcării pelerinei de ploaie, înlăturăm elementul fricii.

Nu doar cei aflați în criză necesită protecție. Mulți dintre clienții mei au avut probleme generate de lipsa protecției, căzând fără să vrea pradă spiritelor atașate. Așadar majorității le ofer instrucțiuni de bază referitoare la protecție. Ca și în cazul împământării, tehnicile sunt rapide și ușor de învățat, dar devin eficiente doar dacă sunt implementate și reîmprospătate regulat. Ca în toate procesele similare, intenția clar stabilită este crucială.

Datorită nivelului ridicat de sensibilitate și vulnerabilitate energetică al persoanei aflate în criză, protecția energetică este vitală pentru înlăturarea efectului energiilor intruzive, efect de obstrucționare a progresului și

Depășirea urgențelor spirituale

slăbire a corpului energetic. Întrucât frica a fost adeseori asociată în trecut cu nevoia de ptotecție, este important să inversăm mentalitatea, permițând persoanei să-și redobândească puterea, și reamintindu-i că energia personală este un drept inerent, ea fiind cea care decide și aprobă ce poate să intre sau nu în câmpul energetic. Protecția este pur și simplu bariera împotriva energiei intruzive. Nu împiedică sau limitează creșterea spirituală. Există numeroase metode de protecție. Îi învăț pe clienții mei să utilizeze bula simplă de protecție, pe care o folosesc și eu. Mai jos forma cea mai elementară:

Stând așezat sau culcat, închide ochii și imaginează-ți că o bulă de lumină te înconjoară peste tot, cuprinzându-te confortabil de la cap la picioare, cam la șaizeci de centimetri de corp. Vizualizează și simte această minunată bulă de lumină și siguranța de a te afla înlăuntrul ei. *Stabilește intenția ca doar energia pozitivă și ce este pentru binele tău suprem să pătrundă în bulă. Energiile de vibrație joasă ies natural în afara bulei de fiecare dată.* Acordă-ți câteva minute să te percepi realmente în interiorul bulei ; bucură-te de experiență și de sentimentul de liniște pe care ți-l provoacă. Odată ce energia este stabilită prin intermediul intenției, te poți reîntoarce la activitățile tale zilnice. Este bine să reîntărești și să reactualizezi regulat protecția energetică. Unele persoane își personalizează bula, alegând o anumită culoare sau adăugând și simboluri de protecție.

Ca și în cazul vizualizării, sau utilizării altor metode precum piramidele, mantiile sau scuturile, există o sumedenie de tehnici alternative care includ chakrele individuale, simbolurile, culorile, cristalele, uleiurile și spray-urile, sau solicitarea ajutorului ființelor de lumină, ghizii spirituali sau Arhanghelul Mihail.

Indiferent de metoda utilizată, nu este natural să te închizi energetic complet, trebuind să existe un flux natural, pentru menținerea sănătății și stării de bine. Dacă bariera este complet impenetrabilă, se pot crea probleme de sănătate sau de altă natură, cum am descoperit singură în adolescență, după ce mi-am construit un scut de beton în jurul câmpului energetic, cu intenția ca nimic să nu intre sau să iasă.

Pe măsură ce vibrația corpului energetic devine mai ușoară, poate fi necesar să ne schimbăm modalitățile de protecție energetică. Este absolut normal. Dacă vreuna din metode nu funcționează bine, puteți să încercați altele.

Practicarea împământării și protecției regulate este un factor care ne dă putere și readuce celor aflați în criză, un anumit nivel de control și de management al corpului energetic. Având aceste instrumente, suntem pregătiți să facem pasul următor în depășirea urgenței spirituale.

Deschiderea și închiderea

Atunci când corpul energetic al clientului este prea deschis un timp îndelungat, acesta poate deveni extenuat și sensibil la stimulii externi. Învățarea tehnicilor de *deschidere* și *închidere* energetică este eliberatoare și ne poate transforma viața. Sunt tehnici neprețuite pentru cei care lucrează cu energia sau se află într-o renaștere spirituală. Intenția este esențială, și forma ei cea mai simplă implică amplificarea energiei în cazul deschiderii, și contractarea energiei la închidere. Cuvântul *închidere* însă, nu ar trebui luat într-un sens prea literal deoarece închiderea efectivă este nesănătoasă și poate fi problematică; o descriere mai bună este retragerea câmpului energetic, sau încetinirea activității centrelor energetice.

Întotdeauna îmi fac împământarea, protecția și deschiderea înainte de a primi clienții, asigurându-mă că mă închid energetic odată ce am terminat. Circulă printre prieteni o glumă, cum că sunt intuitivă ca o cărămidă atunci când mă închid! Fac această alegere și mă simt bine știind că intenția mea funcționează și că energia mea se poate reface, reîncărca, fără să intre din neglijență în alte câmpuri energetice, până mă redeschid din nou. Este important să avem în vedere eticheta și etica de utilizare a energiei. Personal, nu vreau să îmi asum riscul de a intra din greșeală peste energia altor persoane, dacă nu sunt invitată. Nu numai că este periculos, ci și extrem de nepoliticos!

În cazurile urgențelor spirituale, împământarea și protecția sunt obiectivele principale, așadar nu este recomandată predarea tehnicilor de deschidere și închidere până după stabilizarea perioadei inițiale de criză. Principiile pot fi transmise în perioadele mai stabile, cu accentuarea în primul rând a închiderii sau contractării energiei. Deschiderea poate fi discutată cu timpul, odată cu crearea și stabilirea unui cadru sigur pentru activitățile energetice, aspect despre care voi vorbi în continuarea capitolului. În funcție de nivelul de criză gestionat, se recomandă instruirea unu la unu și exersarea eficientă a deschiderii și închiderii, înainte utilizării nesupravegheate.

SPAȚIUL INTERIOR DE SIGURANȚĂ

Crearea unui spațiu interior de siguranță este utilizată pentru întărirea ego-ului și asigurarea unei *includeri* sigure a activităților energetice.

Depășirea urgențelor spirituale

În timpul renașterii spirituale poate avea loc un proces de conștientizare, revelare, creștere și vindecare. E posibil ca acesta să aibă aspecte pozitive și negative, dar per ansamblu informația primită poate fi asimilată și gestionată în mod eficient. Pot apărea spontan experiențe nerezolvate din trecut sau prezent, combinate cu emoții intense care necesită atenție imediată. Manifestarea energetică poate fi o amintire, cu caracteristici simbolice, arhetipale, mistice ori divine. Poate apărea în cel mai nepotrivit moment – în autobuz sau la supermarket. Episodul trece, însă problema nerezolvată se menține, suprimată, până când se ridică din nou la suprafață sau explodează în conștiință.

Putem crea și utiliza un mediu de siguranță pentru explorarea și transformarea problemelor nerezolvate. Mulți dintre cei care lucrează energetic folosesc acest *spațiu sigur* în propria lor activitate. Are multiple întrebuințări și avantaje, în afara urgențelor spirituale. Timp de mulți ani am utilizat și eu un spațiu de siguranță, o poiană cu un stejar, pentru a desfășura fără riscuri activități energetice la distanță și în transmiterea informațiile primite de la ființele avansate de lumină.

Acest lucru s-ar putea să nu fie posibil în cazul urgențelor spirituale severe sau prelungite. Persoana este în pericol de a nu avea abilitatea energetică de creare a spațiului sigur, sau de menținere a controlului asupra lui. Lucrând decenii întregi cu cazurile extreme de urgență spirituală, soții Grof ne recomandă să suspendăm orice activitate energetică. În schimb, permit exprimarea integrală a tot ce apare, oricât de mult ar dura, pentru finalizarea, nu împiedicarea experienței. Deoarece această abordare necesită sprijin, ei recomandă înființarea unor centre de îngrijire care să funcționeze 24 de ore, și care să gestioneze nevoile de bază ale persoanei, în condiții de siguranță, pe durata întregului episod, chiar dacă asta înseamnă zile sau, în cazuri severe, săptămâni.

Crearea unui spațiu interior de siguranță

Acest lucru are loc într-o ședință individuală, explicând clientului scopul creării unui spațiu de siguranță în care să se poată relaxa sau pur și simplu profita de mediul liniștit și calm, spațiu care va fi folosit ulterior pentru munca energetică și terapeutică. Prefer să utilizez vizualizarea ghidată, însă funcționează la fel de bine și hipnoza, cu o inducție kinestezică destinată întrării în corp, și sugestii directe și indirecte legate de împământare și protecție. Este necesară doar o transă ușoară.

În cazul celor familiarizați cu vizualizarea ghidată, puteți opta pentru această metodă, zugrăvind clientului o imagine relaxantă și frumoasă. Asigurați-vă că includeți respirația și relaxarea, împământarea energiei prin tălpile picioarelor de la baza coloanei vertebrale, și protecția sub forma unui strat de lumină înconjurând clientul. Conectați-vă la sinele interior și la pământ înainte de a continua călătoria spre spațiul de siguranță ales.

Ideal ar fi ca spațiul de siguranță să fie din natură. Clientul poate avea deja o idee despre un anume loc, o plajă tropicală sau un luminiș în pădure. Se poate schimba în timpul ședinței, așadar adaptați-vă și curgeți cu imaginația clientului și cu ce se simte cel mai confortabil. După ce a identificat locul, aduceți toate imaginile, sunetele, texturile și aromele, activați toate simțurile, încurajând clientul să se cufunde complet și total. Acordați suficient timp pentru conturarea tuturor trăsăturilor și calităților acestui spațiu. Pe măsură ce îl explorează, puneți accent pe faptul că locul este sigur și protejat

Depășirea urgențelor spirituale

Le cer clienților să-și creeze două spații. Primul este de vindecare. Poate fi o peșteră de cristal, un lac vindecător, sau orice altceva preferă. Al doilea este un sanctuar. Poate fi pur și simplu un simplu cerc de piatră sau un templu elaborat, din nou, funcționează cel mai bine imaginea pe care o crează clientul și pe care o simte cea mai potrivită. Energiile pozitive ale acestor spații pot fi explorate și apreciate în timpul ședinței. Ele vor fi instrumente utile în viitor: locul de vindecare este de la sine înțeles, iar sanctuarul este util pentru autocontemplare și revelație. Datorită specificului urgenței spirituale, dacă experiența devine una copleșitoare, spațiul acționează ca o plasă de siguranță, în care clientul se poate retrage în pace și siguranță.

După stabilirea spațiului de siguranță, îmi place să adaug un strat suplimentar de protecție și siguranță. Cereți clientului să vizualizeze sau să perceapă o cupolă protectoare care se întinde de la pământ până deasupra spațiului de siguranță, încorporând tot acest spațiu într-o protecție completă. Intenția este ca în spațiul de siguranță să pătrundă doar energia pe care o invită clientul. Dacă acesta a exersat deja tehnica de protecție cu ajutorul bulei, probabil că i se va părea destul de ușor să creeze și domul.

După ședință s-ar putea ca persoana să dorească să deseneze sau să noteze amănuntele legate de locul sigur, pentru a le înregistra în memorie. Cu cât mai des revizitează locul, cu atât devine mai real energetic. Dacă considerați că este potrivit, oferiți clientului înregistrarea ședinței pentru a o folosi acasă, și încurajați-l să exerseze câteva minute pe zi utilizarea spațiului de vindecare și a sanctuarului.

Utilizarea spațiului de siguranță în activitățile energetice și terapeutice

Odată cu utilizarea împământării, protecției și a spațiului de siguranță, barierele energetice sunt fortificate, acest lucru permițând desfășurarea sau reînceperea explorării și a activităților terapeutice.

Cu ajutorul spațiului de siguranță, inconștientul poate aduce cu blândețe la suprafață aspecte și probleme înăbușite în prezent. Adeseori clienții pot dobândi cunoașteri adânci și profunde, doar prin simpla observare a amănuntelor diferite la fiecare vizită. De exemplu, se ivește un obiect sau o floare neobișnuită, cu înțelesuri ascunse. Clientul își poate invita sinele superior la o discuție, astfel dobândind perspective noi.

În terapie, spațiul de siguranță devine un punct de intrare al tuturor activităților. În acest spațiu desfășor eliberări de entități, vindecare și ședințe de terapie prin regresie, eficient și în siguranță, cu clienții care ajung la mine în urma unei urgențe spirituale. Putem apoi să continuăm exprimarea, explorarea, transformarea și vindecarea tuturor aspectelor care apar, ajutându-ne de spațiul de siguranță și de trăsăturile acestuia. După încheierea crizei, se pot relua practicile spirituale, preferabil încorporând și locul sigur. Multora le place totodată să se întâlnească acolo cu ghizii spirituali și cu animalele de putere.

STUDIU DE CAZ – MELANIE

Uneori criza poate apărea rapid și dramatic, pe fondul unei stări de renaștere spirituală aparent stabile, ca în cazul

Melaniei. Eram împreună cu ea în acel moment și împreună am putut s-o stabilizăm înainte de-a se transforma într-o criză în toată puterea cuvântului. A fost un caz interesant, pentru că puteți întâlni o situație similară la clienții voștri, aplicarea imediată a tehnicilor controlând criza și permițând ulterior continuarea în siguranță a terapiei.

Când am întâlnit-o întâia oară pe Melanie, am fost fascinată de vitalitatea ei. Era de o inteligență strălucitoare, cu o minte deschisă și curioasă, și o sete imensă de cunoaștere pentru meseria pe care și-o alesese, cea de dascăl. Melanie avea o afinitate naturală puternică și o înțelegere a conceptului de energie. Scrisese o carte despre vindecarea sufletului spiritual bazându-se pe intuiție și inspirație, încorporând totodată și ultimele cercetări în domeniu. Putea citi energia celorlalte persoane și identifica probemele emoționale care trebuiau rezolvate. Drința ei de a-i ajuta mai mult pe ceilalți era motivul pentru care se înscrisese la cursul de terapie prin regresie.

Acele câteva luni de training au fost o perioadă transformațională. A descoperit oameni cu care putea discuta deschis despre abilitățile ei și despre studiile pe care le făcea, și și-a redescoperit și mai mult abilitatea naturală de a transmite direct informații primite de la ființele de lumină, asistând totodată la vindecarea clienților cu ajutorul capacităților ei nou dobândite. A venit la cel dea-l doilea curs cu intenția de a fi total deschisă cunoștiințelor, energiei și procesului.

Într-o ocazie anterioară, Melanie a transmis în siguranță informații primite de la ființele de lumină, utilizând un protocol strict. În timpul acestui workshop însă, Ființele au început spontan să vorbească prin ea. Melanie a conștientizat că dintr-o dată poate simți intens

Depășirea urgențelor spirituale

emoțiile celorlalți oameni, starea atingând punctul maxim când unul dintre membrii grupului a primit o veste proastă. Melanie a început să tremure și să plângă incontrolabil, la limita unui atac de panică anxioasă. Ne-a spus că poate simți toate straturile de durere și tristețe în ființa ei și nu înțelegea ce se întâmplă. Până atunci se simțise în control și armonie perfectă, așa că toate aceste stări au speriat-o și au tulburat-o.

Din acest punct, Melanie a trecut de la renaștere spirituală la urgență. Pentru a rezolva imediat problema, am dus-o afară, în natură, și am ajutat-o să se concentreze pe momentul prezent, împământând-o și eliberând energia care o influența. I-am explicat specificul acestei crize spirituale spontane și am explorat împreună posibilele cauze declanșatoare. Melanie și-a dat seama că intenția ei de la începutul cursului, de a fi complet deschisă energetic, putea să fi fost un factor contributor.

După ce am vorbit, lucrând mai mult pe împământare, ne-am programat o ședință pentru aceeași zi, pe după-amiază, ca să reechilibrăm câmpul energetic și să stabilim un spațiu energetic de siguranță unde puteam desfășura activități transformaționale, având la dispoziție un mediu sigur și protejat. Am verificat și dacă avea energii sau entități atașate, dar nu am descoperit nici una.

Spațiul sigur pe care i l-am acordat, împământarea și reechilibrarea energetică au avut un efect imediat asupra Melaniei. Și-a creat *spațiul ei sigur* sub forma unui castel, pentru că forma i se părea „puternică și sigură", descoperind instinctiv toate trăsăturile și capacitățile acestui spațiu pe măsură ce îl folosea.

Am verificat împreună și protecția energetică utilizată de Melanie în mod obișnuit. Am reîntărit-o, insistând pe parcursul zilelor și săptămânilor următoare, asupra procesului de împământare și refortificare a protecției energetice.

Iată ce spune Melanie despre experiențele ei de urgență spirituală:

Încă din copilărie am putut simți și citi energiile celorlalți. Credeam că este un lucru normal și că toată lumea putea s-o facă. Îmi era greu uneori. Fiind doar o copilă, nu înțelegeam ce citeam pentru că încă nu dețineam maturitatea sau experiența de viață necesare.

Auzeam și o voce în interiorul meu care mă alina atunci când aveam nevoie, sau îmi oferea sfaturi. Mi se părea ciudat, și credeam că este vocea mea interioară, însă răspunsurile veneau prea repede. Nu aveam timp să le elaborez, erau răspunsuri intuitive. Pe măsură ce creșteam, sprijinul primit m-a ajutat să aleg în viață.

După ce s-a născut minunata mea fată, lucrurile au devenit și mai intense. Citeam și mai bine energia și primeam mult mai multe informații cu ajutorul vocii mele interioare, de această dată nu doar despre mine, ci și despre alții. Am început să simt tot felul de prezențe în jurul meu și putea să le citesc energia atunci când mă concentram asupra lor. Am început să am probleme cu somnul, pentru că aceste prezențe mă trezeau noaptea ca și cum ar fi vrut să-mi spună, „Bună, sunt aici.". Chiar de la naștere, nici fiica mea nu a putut să doarmă bine.. Știam că în jurul nostru era ceva mai mult, pentru că puteam s-o simt. Ca să înțeleg mai bine ce se întâmpla, am început să caut răspunsuri.

Am citit o sumedenie de cărți și până la urmă am decis să mă formez în terapia prin regresie. De-a lungul cursurilor și în timpul regresiilor, am început spontan să transmit informații primite de la o Ființă de Lumină, accesând vieți anterioare relevante pentru abilitățile mele. A fost o experiență copleșitoare și extrem de intensă. După channeling, când s-a

Depășirea urgențelor spirituale

adunat întregul grup, unul dintre colegi a primit un telefon cu vești rele. Nu am știut ce se întâmplase, însă am auzit un țipăt dureros. În aceeași secundă, am simțit vibrația emoțională pătrunzând în încăpere și în corpul meu. Nu am putut controla ce mi se întâmpla. Emoția mi-a cuprins corpul, simțind o tristețe imensă pe care nu o puteam opri. Janet, cotrainerul nostru, a venit să mă liniștească, dar tot ce puteam să-i zic printre suspine era, „Ce mi se întâmplă?!". M-a dus afară, ca să respir adânc, apoi ne-am reîntors în sală pentru a mă reconecta la spațiul în care ne aflam. M-a ținut de mână, prezența ei ajutându-mă să conștientizez că totul va fi în regulă. Ne-am dus din nou afară, unde am putut elibera energia în exces și să mă împământez.

În aceeași după-amiază Janet m-a învățat cum să blochez intrarea acestor vibrații în corpul meu, prin crearea intenționată a unui scut de protecție care să mă înconjoare, ca o mantie. Am descoperit totodată că eram un medium de transă și că acesta era motivul pentru care puteam auzi informații. Apoi Janet mi-a arătat cum să creez un spațiu sigur pentru channeling, în care să pot discuta cu ghizii sau cu Ființele de Lumină. Prin intermediul hipnozei, și cu ajutorul minții superioare, am creat un castel de cristal cu ziduri imense care îl înconjurau. Zidurile aveau multe uși prin care energiile puteau intra, însă eu eram cea care păstra cheile tuturor ușilor, singura care le putea deschide. Mintea mea superioară m-a ajutat, întărind zidurile și creând un dom deasupra acoperișului castelului, o confirmare suplimentară a securității spațiului meu de siguranță.

Aceste structuri mi-au dat posibilitatea de a putea controla energiile, și de a gestiona mai bine informația care îmi era transmisă. Sprijinul lui Janet mi-a permis să-mi redobândesc controlul, să nu mă tem de calitățile mele, acceptându-mă așa cum sunt.

Depășirea urgențelor spirituale

Povestea lui Melanie ne arată cum o urgență spirituală spontană, recunoscută imediat, poate fi eficient gestionată. Melanie și-a extras informații și învățăminte prețioase din această experiență. Urgența este adeseori parte a dezvoltării spirituale a multor oameni, o recunoaștere a naturii lor divine și a comuniunii cu întreg universul.

STUDIU DE CAZ - DANIEL

L-am cunoscut pe Daniel când a ajuns la mine pentru o eliberare de entități atașate. Am discutat despre simptomele pe care le avea de ceva vreme, consistente cu presupunerea existenței unei entități atașate, alături de depresie, lipsa încrederii în sine, furie și anxietate.

Semăna cu un suflet bătrân. Un gânditor profund, care privește cu înțelepciune greutățile pe care le întâmpină lumea, și care simte o responsabilitate imensă de a ajuta, oricum putea. Însă Daniel cel de nouăsprezece ani, în loc să fie un munte de energie și de idei, se simțea extenuat, letargic, cu gânduri, senzații emoționale și corporale intruzive, și un sentiment copleșitor de renunțare, ca și cum greutatea lumii era prea mult pentru el de dus. Renunțase la facultate și se chinuia să-și dea seama ce să facă în continuare, fără a avea vreo idee sau vreun plan concret. Nu se putea concentra și se simțea în general foarte confuz și trist.

Avea antecedente de consum de droguri recreaționale, marijuana și altele asemănătoare. La treisprezece ani experimentase pentru întâia dată, lucrurile escaladând apoi spre o adicție de care scăpase cu șase luni în urmă. Avusese și un accident de mașină în urmă cu doi ani, în care se lovise la cap și-și fracturase septumul. Din acel moment, grijile lui

Depășirea urgențelor spirituale

pentru problemele lumii se accentuaseră, cauzându-i o anxietate imensă. Cu toate acțiunile pe care le făcea, încerca să se comporte cât de ecologic și etic se putea. Însă nimic nu părea suficient. Avea gânduri intruzive care-l chinuiau permanent, de genul „Nu am obținut nimic", „Am început prea târziu" și „Nu știu cine sunt". Doctorul, pentru a-l ajuta, îi prescrisese antidepresive.

În primele ședințe am eliberat mai multe entități atașate și am gestionat un atac paranormal neîntrerupt care avusese lor o perioadă îndelungată, din partea unui prieten instabil a cărei paranoia indusă de droguri îl stârnise recent împotriva lui. Următoarele simptome m-au făcut să cred că Daniel se afla în mijlocul unei urgențe spirituale:

- Consumul de droguri încă din adolescență, în special cannabis și skunk.

- Lovitura la cap.

- Vulnerabilitatea în fața entităilor atașate și perioada în care fusese supus constant atacului paranormal.

- Natura puternic sensibilă la problemele lumii, la răul care avea loc, combinată cu sentimentul că nu putea face nimic pentru a rezolva problemele.

- Conștiința trezită. Daniel făcuse experimente de lărgire mentală, pe care le găsise pe internet și prin cărți.

- Era incapabil să gestioneze simultan viața zilnică și stările de conștiință modificată pe care le avea datorită experimentelor. Acestea, împreună cu atacul paranormal, l-au făcut să simtă că totul devenise prea mult pentru el, și să se retragă din viață și din lume.

Depășirea urgențelor spirituale

Am discutat cu Daniel despre posibilitatea existenței unei urgențe spirituale, explicându-i despre ce este vorba și de ce credeam că e afectat. Am abordat experiențele, gândurile și sentimentele lui. Țelul următoarei ședințe a fost ca Daniel să ajungă într-un punct în care energia să-i fie stabilă, ego-ul întărit, astfel încât să poată trece mai departe la o muncă profund transformațională în cadrul terapiei prin regresie, utilizând spațiul de siguranță.

Activitățile desfășurate cu el au fost curățarea a cât mai multe energii intruzive puteam, și eforturi energetice de prevenire a reinstalării atacurilor paranormale. Apoi am mutat focusul pe reechilibrarea și vindecarea corpului său energetic. I-am creat un spațiu de siguranță pe care îl putea folosi acasă, și de-a lungul ședințelor următoare. Am discutat despre importanța și relevanța împământării și a protecției, și i-am oferit un pliant pe care să-l consulte acasă, ca să-și reamintească tehnicile. Apoi am avut o ședință de hipnoză, pentru a-i ameliora anxietatea și stresul. După ce s-a stabilizat, am făcut o ședință de regresie, în spațiul de siguranță.

Daniel locuia destul de departe, astfel încât când am considerat că ajunsese într-un punct în care terapia putea fi continuată în siguranță, l-am trimis la un terapeut foarte bun, care locuia mai aproape de el. A fost nerăbdător să continue și și-a consultat și medicul de familie, care i-a recomandat consiliere și l-a asigurat că terapiile erau complementare. După trei ședințe de regresie care au abordat aspecte nerezolvate atât din viețile anterioare, cât și din viața curentă, și după eliberarea unei entități atașate ascunse, starea lui Daniel s-a îmbunătățit spectaculos.

Obiectivul terapiei în cazul lui a fost să dobândească o atitudine mai pozitivă, să facă pași în direcția luării unei

Depăşirea urgenţelor spirituale

decizii pentru viitor, şi să-şi rezolve depresia şi durerile din piept şi de cap. După încheierea terapiei, Daniel s-a decis să se mute din casa părinilor săi, plecând în India. Îşi continua în mod evident viaţa.

L-am întâlnit pe Daniel când s-a întors din călătoria transformatoare din India şi l-am rugat să reflecteze la întreaga experienţă avută, şi la cum i-a influenţat viaţa. Mi-a trimis următorul răspuns:

Când am plecat în India nu eram sută la sută întreg la cap şi îmi făceam griji pentru o sumedenie de lucruri. Am călătorit mult, vizitând Rajasthanul, Delhi, Agra, Pushkar, Mumbai şi Goa. Ajutam câteva ONG-uri (organizaţii nonguvernamentale non-profit) să reabiliteze copiii străzii. I-am învăţat tot felul de chestii. A fost o experienţă incredibilă şi mă gândesc acum să studiez Antropologia la Goldsmiths College, Universitatea din Londra.

Când am ajuns pentru prima oară la tine, simţeam că-mi dă ghes ceva. Ieşiseră la suprafaţă o grămadă de lucruri, şi deveneam conştient de anxietatea copleşitoare care mă chinuia, simţind că nu puteam să mă adun ca să înţeleg ce se întâmplă.

Încă de la prima şedinţă am descoperit că mă puteam detaşa. M-a ajutat spaţiul terapeutic de siguranţă. Intram uşor în declin după câte o şedinţă, ajungând în starea iniţială, şi am lucrat pe asta. Simţeam că eram îm stare să reversez anxietatea şi să ies în afara ei.

Acum, când mă gândesc la antidepresive şi la terapia adresată stresului şi creşterii îmcrederii în mine, le percep ca pe nişte straturi ale întregului proces de vindecare. Simt că am fost sprijinit să îmi construiesc o perspectivă şi să înţeleg cum mă afectau diferitele lucruri. Am putut să văd cum îmi doresc să fie viaţa. Oboseala îngrozitoare şi senzaţiile fizice pe care le simţisem înainte în piept şi în cap, s-au rezolvat. În paralel

Depășirea urgențelor spirituale

lucrului cu tine, m-au ajutat și ședințele de consiliere, pentru că am discutat despre familie și m-au ancorat în realitate.

Exercițiile de protecție și cunoștiințele despre energie și credințele new age mi s-au părut extrem de valoroase. Putem folosi tehnicile pentru a împiedica intruziunea oricăror energii nedorite în decursul activităților noastre zilnice. Vreau să-ți mulțumesc pentru tot spriinul tău, simt că munca s-a finalizat cu ajutorul tău și al celuilalt terapeut specializat în regresii. Nu m-am mai confruntat de atunci cu nici o altă entitate atașată sau cu orice altceva.

Cazul lui Daniel ilustrează modul în care urgența spirituală poate împiedica persoana să-și continue viața. Experiența lui despre lume a devenit atât de copleșitoare, încât instinctul de supraviețuire l-a îndemnat să se izoleze complet, pentru a preveni alte răni. Era atacat energetic, fapt ce a amplificat problema. Au contribuit și antecedentele consumului de droguri, natura sa sensibilă, vulnerabilitatea la entitățile atașate și lovitura la cap. În acea perioadă accesa nesupravegheat stări de conștiență profund alterată, iar problemele sale nerezolvate au creat rețeta perfectă atât pentru declanșarea renașterii, cât și a urgenței spirituale. Adeseori linia de demarcație între fragilitatea naturală a persoanei și sentimentele sau gândurile profund tulburătoare care indică o urgență, este extrem de fină.

Adeseori cei care trec printr-o urgență spirituală sunt sub medicație, de obicei antidepresive. Deși în unele forme de terapie acestea nu ajută, este recomandat ca persoana să păstreze medicația cât consideră clientul și medicul său că este necesar, reducând doza la momentele potrivite, conform indicațiilor medicale. Toate tehnicile de împământare, concentrare pe momentul prezent, protecție și creare a spațiului interior de siguranță, pot fi utilizate cu clienții care iau medicamente antidepresive ușoare spre mediu.

Colaborarea lui Daniel cu diferiți terapeuți, în cadrul mai multor forme de terapie, i-a permis atingerea unui punct în care a fost capabil să-și revendice viața, permițându-i conștiinței sale renăscute să înflorească.

STUDIU DE CAZ – NICO

Nico a fost trimis la mine după o experiență terifiantă, în urma căreia s-a temut că își pierde mințile, o experiență lucidă în care s-a perceput ca fiind Isus îndurând crucificarea. Era conștient de intensitatea și natura psihotică a incidentului, urmând unei perioade de experiențe similare, mai puțin intense, dar la fel de tulburătoare, care puteau indica debutul unei psihoze. Firesc, era extrem de îngrijorat și peste măsură de speriat.

După ce am discutat cu Nico, mi s-a părut evident că renașterea lui spirituală începuse devreme, în copilărie. Deși unele experiențe erau pozitive, intuiția îl condusese către revelații și înțelegeri dureroase despre cei din jurul lui. Ca mulți dintre cei aflați într-o călătorie spirituală, oscila între acceptare și blocare.

Mai multe incidente și provocări importante din viață l-au indemnat pe Nico să urmeze o carieră în consiliere și terapie. Un afacerist de succes, Nico spera să țină cele două lumi separate, munca și viața de familie pe de o parte, și noua lume captivantă de revelații și vindecare pe care o experimenta, de cealaltă. Lupta interioară a continuat neclintită, Nico întrebându-se și re-evaluându-și permanent fostele credințe atât de solide. Chiar dacă era foarte greu pentru el, perioada prin care trecea era profund transformațională.

Depășirea urgențelor spirituale

Cu cât aflam mai multe despre povestea lui, cu atât devenea mai evident că nu mai e mult până se rupe ceva. Nico trecuse în trecut prin două traumatisme serioase la cap. Există multe dovezi argumentate despre renașteri spirituale care au loc în urma acestor tipuri de traumatisme, din cauza leziunilor creierului, sau a dezlegării unui potențial latent. Indiferent de explicație, mulți oameni au raportat experiențe spirituale sau o conștiință lărgită după traumatisme craniene. Propria sa renaștere spirituală, în același timp îmbrățișată, dar și respinsă în varii momente ale vieții, combinată cu traumatismele craniene și cu îndârjirea de a-și păstra viața obișnuită separată de ceea ce experimenta, i-au generat o stare conflictuală și de stres. Ceva urma să cedeze, ceea ce s-a și întâmplat.

Până la urmă, renașterea lui Nico s-a transformat într-o urgență. Zonele vieții sale pe care le putea controla au fost puse în sertare, ca până atunci, dar noaptea începuse să aibă vise tulburătoare și terifiante, pline de informații îngrijorătoare ale unor evenimente care urmau a se petrece, și asupra cărora simțea că nu are nici un control. Devenise foarte vulnerabil la entități atașate, fiind influențat de problemele lor nerezolvate. Gravitatea situației a devenit evidentă pentru Nico în timpul experienței profunde de transformare în Isus pe cruce, moment în urma căruia a fost trimis la mine.

Timp de câteva ședințe am vorbit despre experiențele pe care le avea, oferindu-i informații clarificatoare acolo unde era posibil, și, cel mai important, reasigurându-l și validându-i sentimentele, gândurile și experiențele. Am eliberat energiile intruzive, și am început să lucrăm pe gestionarea energiei, acordând o atenție specială împământării și protecției. Nico și-a păstrat vulnerabilitatea față de entitățile atașate până am

Depășirea urgențelor spirituale

vindecat majoritatea aspectelor nerezolvate, *cârligele* energetice din interiorul lui.

Adoptarea unei rutine de protecție regulată l-a ferit de energiile intruzive și de entitățile atașate. Este interesant de menționat că după ce energia lui Nico a revenit la starea de renaștere, a putut să detecteze foarte clar momentele în care energia intruzivă intra în sistemul său energetic. Eliberarea entităților atașate, și ascultarea poveștilor lor au adus informații cheie despre motivele pentru care Nico atrăgea atât de puternic această energie.

I-am dat un pliant cu exerciții de gestionare a energiei. Oamenii aflați în mijlocul crizei au dificultăți să se concentreze și să rețină toate informațiile, astfel încât este utilă înmânarea unor informații scrise, pe care le pot consulta acasă. Am scurtat totodată durata ședințelor inițiale, programându-le la scurt timp una după alta.

Cu ajutorul vizualizării și transei ușoare, am creat un spațiu interior de siguranță, înregistrând ședința pentru a putea fi ascultată și acasă. Criza spirituală s-a domolit cu repeziciune, Nico reîntorcându-se la starea stabilă de renaștere spirituală. Am reluat apoi ședințele de terapie, folosindu-ne de spațiul sigur pentru accesarea amintirilor legate de problemele nerezolvate.

După toate acestea, Nico a trecut prin momente destul de grele. Starea de renaștere spirituală poate fi dificilă în sine, datorită confruntării vechilor credințe, îndoielilor și rezistenței. Cu ajutorul tehnicilor oferite, Nico a putut să evite revenirea acesteia.

Iată ce ne povestește despre călătoria sa:

În copilărie, probabil pe la doisprezece – șaptesprezece ani, mă simțeam bine că eram pur și simplu viu și practicam un joc pe care îl numeam „bolboroseală". Era un fel de limbaj de bebeluș, fără sens, dar când bolboroseam, mă simțeam euforic. Făceam asta aproape zilnic. Aveam un sentiment extatic, similar eliberării de endorfine după exercițiile sportive. Mi-am dat seama că bolboroseala avea o oarecare structură, pentru că majoritatea sunetelor se repetau. Sentimentul de înălțare era atât de puternic, încât îmi doream pur și simplu să continue, însă nu putea niciodată să mi-l provoc. Era întotdeauna spontan. S-a oprit după un incident din viața mea în care am simțit că făcusem ceva împotriva principiilor mele de bază (împotriva lui Dumnezeu) și nu a mai revenit niciodată. Mi-am dat seama ulterior că bolboroseala era de fapt „vorbire în limbi", deși la acel moment nu făceam decât să mă bucur de sentimentul de înălțare pe care mi-l provoca. Când a încetat, am simțit că era din cauză că nu mai eram suficient de pur ca să pot primi acest dar. Tot în același timp aveam tot felul de vise care se îndeplineau.

Ceva mai târziu în viață, pe când eram în toiul unei aventuri foarte pasionale, m-am trezit în miez de noapte cu senzația că prietena mea făcuse ceva rău. Următoarea seară, când am întâlnit-o, a și recunoscut. În ciuda acestui fapt, am continuat să fim împreună până într-o zi în care a ieșit la cină cu colegii de servici. Nu știu de ce, dar mi-am pus mâna pe plafonul mașinii ei și instantaneu am știut că făcuse sex cu altcineva în mașină, ceea ce s-a confirmat ulterior. Am raționalizat că probabil simțisem vreun miros sau altceva, iar în interiorul meu am blocat orice îmi transmitea aceste lucruri, deoarece era prea dureros să le știu. Am suferit recent un traumatism cranian, ceea ce mi-a schimbat personalitatea, devenind mult mai dependent. Simt că am pierdut o parte din abilitățile mele mentale care până acum mi-au adus atâtea avantaje în viață. Până la accident, realizam orice îmi propuneam, crezând întotdeauna cu tărie că orice se întâmplă, e spre binele nostru suprem. Există o posibilitate minoră ca accidentul care a cauzat traumatismul, să fi fost provocat

Depășirea urgențelor spirituale

deliberat de altcineva. Gândurile au dobândit accente negative, după incident începând mai degrabă să nu mai am încredere în oameni, decât să percep doar aspectele pozitive, cum făcusem până atunci.

Următorul eveniment major a fost un accident de mașină în urma căruia am suferit din nou un traumatism cranian sever. Fumul m-a sufocat și am crezut că mor în accident, ceea ce mi-a provovocat stres postraumatic. Ca să mă vindec, am mers la consiliere cognitiv comportamentală, simțind apoi impulsul de a studia consilierea și în cele din urmă ajungând la formarea în terapie. Terapia cognitiv comportamentală m-a ajutat suficient ca să operez în viața normală de zi cu zi, deși simțeam, ca după primul accident la cap, că rămăsesem cu o dizabilitate de care nu voi putea să mai scap niciodată. La primul curs de formare, profesorul mi-a vindecat claustrofobia cauzată de accident, utilizând terapia prin regresie. Diferența fantastică a fost că terapia cognitiv comportamentală m-a ajutat să înăbuș și să țin simptomele sub control, însă în cadrul unei singure ședințe de regresie, cauza problemei a fost transformată, energia dispersându-se. Impactul asupra vieții mele a fost imediat. Conducând spre casă după ședință, mi-am dat seama că nu mai eram așa de stresat ca înainte, și când a trebuit să merg la RMN, m-am simțit mai degrabă confortabil decât prizonier în tubul în care trebuia să stai întins. A fost o revelație și libertate imensă pentru mine, șoferul care trebuia să conduc peste 60,000 de kilometri pe an. Se rezolvase nu numai claustrofobia, ci, încet, începeau să se soluționeze și alte probleme.

Tot cam pe-atunci am început să am multe vise neobișnuite, extraordinar de vii. Unele erau plăcute, dar multe aveau izul unor vieți anterioare sau erau visuri profetice. Multe erau de-a dreptul îngrozitoare. Am avut unul repetitiv în care mă aflam într-un bar, pe un vas plutind pe valuri de cel puțin 40 de metri, și altul în care sufeream un accident de mașină. Mi-a fost clar că atrăsesem din nou o entitate atașată care pierise într-un accident de mașină, și că retrăiam experiențele vieții anterioare ale acesteia.

Încă mă împotriveam ideii existenței energiilor din afara mea, astfel încât am început să mă simt tulburat de aceste experiențe și îngrijorat de starea mea mentală.

În acea perioadă visele nocturne au devenit mai semnificative și uneori foarte neplăcute. Nu puteam nicicum să le controlez, cum facem cu visele normale. Deși o parte din ele erau din vieți anterioare, se legau de dezastre globale sau evenimente catastrofice. Lipsa severă de somn a început să-mi influențeze viața zilnică și percepția asupra a ce mi se întâmpla.

Lipsa aceasta de control a culminat într-o experiență în care m-am trezit pe neașteptate în scena crucificării, transformat în Isus pe cruce. Experiența covârșitoare era însoțită de o teamă intensă că mă pierdeam complet în acea viață trecută, părând atât de vie, de parcă întreaga mea ființă era absorbită în ea. Spre deosebire de alte experiențe mai ușoare din viețile trecute, aceasta m-a cuprins complet, umplându-mă de udurere și de o prevestire a răului. M-am simțit ca și cum magnitudinea a ce trebuia să ating sau să trăiesc era peste puterile mele, împingându-mă spre marginea nebuniei. Vroiam să opresc procesul, altfel m-aș fi pierdut complet și total, ducându-mă astfel într-o stare pe jumătate cufundat în experiență, și pe cealaltă jumătate încercând să-mi mențin normalitatea.

Chestia asta mi s-a întâmplat după-amiaza și mi-a fost teamă să merg la culcare ca să nu mă pierd complet. Fiind în temă cu metodologia formală de consiliere, mi-aș fi pus singur diagnosticul de psihoză, cu personalitate scindată. Mă simțeam la marginea nebuniei. Trebuia s-o ascund de lume, și bineînțeles că nu puteam să merg la doctor pentru că mi-era

Depășirea urgențelor spirituale

frică de diagnosticul tradițional și de posibilitatea de a fi internat. Cel mai ciudat era că în timpul zilei mă comportam ca un om de afaceri complet normal, funcționând perfect în cadrul relațiilor, sarcinilor, facturilor și corvezilor zilnice. Iar seara mă transformam într-o persoană care ținea cu dinții de câte o fărâmă de realitate.

Din fericire tot cam pe atunci am început să lucrez cu Janet, care la rândul ei trecuse printr-o experiență similară, și care m-a învățat câteva tehnici care să mă ajute să-mi stabilizez experiențele, permițându-mi să gestionez viziunile nocturne și entitățile atașate care-și căutau refugiul. Tehnicile nu au fost dificil de învățat sau de aplicat. Faptul că mi-am creat un spațiu interior de siguranță m-a ajutat să continui ședințele de terapie într-un cadru sigur, folosind totodată acest spațiu și în meditație.

M-a ajutat enorm. Experiențele neobișnuite pe care le aveam de ani de zile au căpătat un nume – renaștere spirituală. Ele crescuseră de-a lungul timpului și se transformaseră într-o urgență spirituală. Ținând sub control urgența, punctul critic s-a încheiat și am putut să-mi continui viața de zi cu zi și ședințele de terapie, așa cum îmi doream. De atunci nu am mai avut alte experiențe psihotice. Încă mai lupt cu noile aspecte ale vieții și personalității mele, și cu noua lume care s-a deschis în fața mea. O trăiesc acum mai degrabă ca pe o aventură, decât ca pe ceva chinuitor.

Am luat atunci o decizie capitală. Am hotărât să devin mai deschis către latura spirituală a vieții mele. Din acel moment multe lucruri au început să se schimbe, doar din cauza acceptării. Transformarea a fost foarte profundă și uneori dificilă. Multe lucruri pe care le credeam stabile pe viață, s-au prăbușit. Multe dintre zonele învechite ale vieții mele se curăță, iar altele care erau nesemnificative sau stăteau în umbră, au dobândit o importanță primară. Schimbarea a fost

Depășirea urgențelor spirituale

uneori dureroasă și încă simt că nu s-a încheiat. Mi-am dat seama că am în ființa mea această trăsătură renăscută și, chiar dacă este provocatoare, așa cum este adeseori orice renaștere spirituală, de-a lungul timpului m-am împăcat cu ea, încercând s-o accept cu o atitudine pozitivă.

În cazul lui Nico, reîntărirea ego-ului, validarea experiențelor și educarea au fost elemente cheie în transformare, laolaltă cu crearea unui spațiu de siguranță pe care să-l folosească pentru experiențele transpersonale și pentru vindecare. Cazul ilustrează modul în care renașterea se poate transforma în decursul timpului într-o urgență, datorită mai multor factori contributori. În ceea ce-l privește pe Nico, factorii au fost deschiderea sa naturală și abilitatea din copilărie de a transmite informații prin chanelling, traumatismele craniene care au declanșat conștientizarea paranormală, trezirea produsă de propria vindecare, stresul de a-și ține separate și compartimentate toate aspectele vieții, și rezistența față de noile credințe și opinii conflictuale.

Nu este clar ce anume a declanșat urgența, însă Nico a revenit relativ rapid într-o stare mai sigură de renaștere. Chiar dacă este mai stabilă, starea de renaștere este prin natura ei într-o permanentă schimbare. Nico a menționat că a luat o „decizie capitală, cea de a fi mai deschis către latura spirituală a vieții." Atât Nico, cât și ceilalți ca el pot să-și continue călătoria în siguranță, cu înțelegere, terapie dacă este necesar, și cu o acceptare a părții energetice și spirituale extrem de reale a ființei și vieții lor.

CE SE ÎNTÂMPLĂ ÎN CONTINUARE?

Scopul este fără îndoială ca urgența spirituală să-și tempereze intensitatea și clientul să revină într-o stare

Depășirea urgențelor spirituale

stabilă de renaștere spirituală. În cazul unora, acest lucru se poate petrece ușor și rapid, cu ajurotul tehnicilor și sugestiilor oferite, în special dacă urgența are loc rapid, ca în cazul lui Melanie. La alții, poate dura mai mult. Adeseori există o demarcație foarte fină între a accepta și a vrea ca lucrurile să dispară pur și simplu, cum am văzut în cazul lui Nico. Și sunt apoi cei care răzbesc cu greu din adâncurile disperării, atât de dificil de recunoscut pe măsură ce se confruntă cu provocările și se îmbarcă într-o nouă călătorie de viață, cum am văzut în povestea lui Daniel. Depășirea urgenței spirituale nu este capătul drumului; pentru cei care i-au supraviețuit este doar începutul. Aidoma întunericului adânc dinaintea răsăritului, victoria asupra crizei vestește zorile unui nou mod de a fi și, adeseori, de a trăi.

Și la final, iată câteva sfaturi pentru clienții care lasă urgența spirituală în urma lor. Ca să evite repetarea acesteia, trebuie să aibă grijă de corpul energetic și fizic, creând un mediu sănătos în care să-și ducă traiul, exprimându-și creativ energia pentru a o descărca, în orice mod doresc, prin artă, scris, dans sau altă formă. În funcție de fiecare caz în parte, trebuie să continue terapia, fiind atenți la indicii, pregătiți oricând de a rezolva orice problemă înainte de-a ieși la lumină.

O temă comună celor care au depășit o urgență spirituală este dorința de a fi de folos și de a-și utiliza experiența pentru ajutorarea celorlalți. Acceptarea și înțelegerea rolului important pe care l-a jucat urgența spirituală în viața mea, au devenit elemente cheie în depășirea judecăților și în folosirea darului primit pentru a-i ajuta pe alții. Pentru mine, darul a fost unul de apreciere a faptului că sunt parte a unui întreg de o minunăție infinită, și de înțelegere a nemuririi propriei noastre ființe, a sufletului nostru. Mă simt binecuvântată că am supraviețuit experienței, învățând atâtea din călătoria prin care am trecut și mă zbat în fiecare zi să nu uit aceste adevăruri simple ale sufletului.

CĂLĂTORIA EROULUI DIN VREMURILE NOASTRE

Urgența spirituală este asimilată călătoriei inițiatice a eroului din mituri și legende. Diferitele etape le simbolizează pe cele trăite în cursul crizei de renaștere spirituală. Fiecare poveste începe cu o lume zilnică obișnuită, ivindu-se apoi oportunitatea aventurii. Are loc un eveniment care declanșează nevoia de îmbarcare în călătorie, însă frica de necunoscut sau de potențialele pericole poate duce la refuzul continuării drumului. De-a lungul călătoriei, eroul cunoaște un mentor care-i oferă abilitățile și încrederea de a traversa primul obstacol, întâlnind apoi încercări, prieteni și dușmani. În cele din urmă eroul atinge destinația finală, confruntându-se cu un ultim obstacol în câștigarea trofeului pe care-l căuta, apoi se întoarce acasă, învingând provocările întâlnite pe drum și ajungând cu trofeul în siguranță. Uneori își dorește să-l împărtășească și cu alții, pentru a se bucura de el. Uneori, eroul are nevoie de timp de acomodare, odată ce exaltarea și bucuria reîntoarcerii se șterg. Casa poate arăta diferit, se poate simți altfel; nu s-a schimbat, însă eroul este altul, trebuind să se adapteze la traiul în societate.

Și renașterea spirituală poate avea aceeași poveste, în cazul crizei fiind însă diferite intensitatea, lipsa controlului asupra călătoriei și ce se află de-a lungul acesteia. Dacă doriți informații detaliate, Catherine Lucas, fondatoarea UK Spiritual Crisis Network, dedică un capitol întreg al cărții sale *In Case of Spiritual Emergency*, importanței reprezentărilor și simbolismului fiecăruia dintre cele douăsprezece elemente ale călătoriei eroului.

SUMAR AL TEHNICILOR

- Normalizați experiența crizei. Liniștiți clientul și explicați-i ce sunt stările de conștiință modificată.

- Întrerupeți toate practicile spirituale și stările de conștiință modificată până la stabilizarea stării de criză.

- Înlăturați energia intruzivă dacă este posibil, utilizând tehnicile care nu-l implică activ pe client.

- Împământarea este esențială pentru gestionarea crizei spirituale. Încurajați utilizarea regulată a exercițiilor de centrare pe momentul prezent, ideal cu frecvență zilnică, neapărat de câte ori sunteți conștienți că persoana nu este conectată cu realitatea sau simte apropierea unei experiențe nedorite.

- Fiți conștienți de faptul că unele persoane au dificultăți în a se împământa la început, sau se pot chiar împotrivi activ procesului.

- În timpul unei crize spirituale corpul energetic este mai sensibil și mai vulnerabil față de energiile intruzive. Protecția energetică este vitală pentru împiedicarea energiilor intruzive să intre în câmpul energetic, slăbindu-l și obstrucționând procesul.

- Deschiderea și închiderea conștiinței energetice trebuie efectuată doar în perioadele stabile. În timpul episoadelor de criză spirituală, trebuie acordată atenție închiderii cât de mult este posibil.

- Crearea unui Spațiu Interior de Protecție pentru reîntărirea ego-ului și pentru practicarea în condiții de siguranță a meditației, terapiei și celorlalte forme de activitate energetică, odată ce starea de urgență este stabilizată.

- Facilitarea pătrunderii în conștiență a materialului inconștient cu încărcătură emoțională puternică. Acesta poate fi apoi explorat, vindecat și transformat în siguranță, după ce s-a efectuat stabilizarea crizei energetice și implementarea tehnicilor discutate.

DESPRE AUTOR

Janet Treloar Dip Hyp, Dip RTh, SAGB app, SRF accrd.

În perioada adolescenței Janet a trecut prin propria ei Urgență Spirituală. Din impactul dramatic pe care l-a avut asupra vieții ei a izvorât pasiunea de a-i ajuta pe cei care trec prin astfel de crize energetice. Este Vindecător Spiritual certificat, Specialist în Eliberări de Spirite, Terapeut certificat în regresii în viețile anterioare și în viața dintre vieți, Hipnoterapeut și trainer certificat în cadrul *Past Life Regression Academy*. Janet livrează discursuri și seminarii internaționale pe teme variate, incluzând subiectul urgenței spirituale. Pentru mai multe informații vizitați site-ul: www.planet-therapies.com sau contactați-o la adresa de email: janet@planet-therapies.com.

REFERINȚE

1. Grof, Christina & Stanislav, *The Stormy Search for the Self*, Thorsons, 1991.
2. Allen, Sue, *Spirit Release: A Practical Handbook*, O Books, 2007.
3. Lucas, Catherine, *In Case of Spiritual Emergency*, Findhorn Press, 2011.
4. De Alberdi, Lita, *Channelling; What it is and how to do it*, Piatkus, 1998.

9

ARTA ARMONIEI – VINDECARE HOLISTICĂ PRIN INTERMEDIUL SUNETELOR

Reena Kumarasingham

Știai că sufletul ne este plăsmuit din armonie?
Notițe, Leonardo da Vinci, (1452–1519)

INTRODUCERE

Sunetele sunt peste tot – ne înconjoară ...sunt în interiorul nostru. Scripturile sanscrite antice ale Upanishadelor ne spun chiar că „Sunetul este Creație" – că în însăși glorioasa tăcere a neantului, putem asculta zumzetul mistic al „Om"-ului.

Haideți să explicăm puțin ... Dacă facem referire la Teoria Stringurilor, dezvoltată la mijlocul secolului al XX-lea, cărămida fundamentală, de bază, a creației este pur și simplu energia oscilatorie sau vibratorie, aidoma unei

Arta armoniei – vindecare holistică prin intermediul sunetelor

corzi. Dacă această coardă oscilează într-un anumit fel, o numim electron. Dacă oscilează altfel, o vom identifica sub forma unui cuarc sau foton, şamd. Tot ce se mişcă şi oscilează produce vibraţii, iar acolo unde sunt vibraţii, inevitabil sunt şi sunete.

Aşadar, dacă ne bazăm pe acest principiu de bază conform căruia tot ce ne înconjoară este format din energie vibratoare care produce sunete, acest lucru înseamnă că materia este energie comprimată densă care vibrează şi bâzâie, constituind întregul.

În mod deloc suprinzător, Teoria Stringurilor nu a fost prima ocazie cu care am întâlnit o teorie asupra sunetelor şi armoniei universale. În afara referinţelor din Upanishade şi Vede, rolul important al sunetelor a fost menţionat şi de filozofii greci antici. În anul 500 î.C. Pitagora a emis ipoteza că „Fiecare corp ceresc, de fapt fiecare atom în parte, produce un sunet particular datorită mişcării, ritmului şi vibraţiei sale. Toate aceste sunete şi vibraţii formează o armonie universală în care fiecare element, cu propriile sale funcţii şi caracteristici, contribuie la întreg."

2000 de ani mai târziu autoarea modernă Alexandra David-Néel sprijină afirmaţiile lui Pitagora, scriind „Toate obiectele sunt formate din aglomerări de atomi care dansează, prin mişcarea pe care o fac, producând sunet. Când ritmul dansului se schimbă, se schimbă şi sunetul produs ... Fiecare atom îşi cântă necontenit cântecul, în fiecare clipă sunetul producând forme subtile dense."

Aşadar, mai precis, ce este sunetul ? Sunetul este energia generată de un corp care vibrează. Sunetul este transportat cu ajutorul undelor sonore, formate din următoarele caracteristici:

Arta armoniei – vindecare holistică prin intermediul sunetelor

a. Frecvența – Viteza cu care vibrează fiecare undă sonoră, ceea ce determină înălțimea sunetului.
b. Amplitudinea – Mărimea fiecărei unde sonore, determinând intensitatea sonoră, măsurată în decibeli.
c. Timbrul – Trăsătura care ne permite să diferențiem diferitele nuanțe ale sunetelor – specifice fiecărui instrument sau organism.
d. Rezonanța – apare atunci cand undele sonore produse de voce (notele) produc vibrații în acele coarde care au frecvențe naturale apropiate de acelea (fundamentale sau armonice) ale notei intonate inițial. Astfel se naște armonia. Notele sunt echilibrate, liniștite, pline de putere și bucurie.
e. Ritmul – un tipar sonor puternic, repetitiv.

Putem ilustra aceste concepte prin analogie cu o ghitară. O ghitară cu cinci corzi este formată din cinci corzi de lățimi diferite, întinse deasupra unei cutii de lemn goale pe interior. Cele cinci corzi vibrează pe frecvențe diferite (în principal în funcție de lungimea și dimensiunea corzii), creând note sau sunete de înălțimi diferite. Atunci când notele variate se îmbină armonios, din ele izvorăște rezonanța. Presiunea diferită pe care o aplicăm când cântăm la ghitară sau ciupim corzile determină dimensiunea undei, care la rândul ei determină nivelul decibelic. Materialul cutiei goale și corzile influențează timbrul. Atunci când frecvența, rezonanța și amplitudinea corzilor individuale se împletesc într-o manieră și o ritmicitate plăcute, ia naștere muzica.

În același mod, materia este formată din corzi energetice care oscilează și vibrează, producând sunete. Atunci când frecvența, rezonanța și amplitudinea fiecărei corzi energetice sunt armonioase, materia este sănătoasă. Când

Arta armoniei – vindecare holistică prin intermediul sunetelor

întreaga materie vibrează și rezonează armonios, suma întregului este echilibrată și sănătoasă. Iar când toată materia Universului rezonează în armonie, Universul devine un organism sănătos.

Atunci când vibrația și frecvențele universale cresc, atâta timp cât întreaga materie alcătuind universul vibrează și rezonează la nivele similare, armonia se menține. Cu toate acestea, de obicei unul dintre aspectele Universului se transformă primul, provocând dizarmonie și disconfort de-a lungul perioadei de tranziție, întreaga materia încercând să-și modifice rezonanța individuală pentru a se alinia acelui aspect. Până la urmă, cu timpul toate aspectele materiei vor rezona la același nivel, facilitând modificarea frecvenței – de obicei spre o frecvență mai înaltă. Totul este în armonie, până când un alt aspect decide să se transforme. Acesta este ciclul neîntrerupt al Universului în permanentă schimbare în care trăim.

Totul este extrem de fascinant, însă care este legătura cu noi, oamenii, și în mod particular cu vindecarea?

Kathryn Player, autoarea cărții The Sound of Healing, scrie „Sunetele ne influențează într-un mod foarte puternic. Interacționează cu noi, pentru a crea o atmosferă armonioasă. Muzica sau cuvintele încurajatoare ne pot ridica moralul, în timp ce sunetele puternice sau emoțiile pot șoca sistemul energetic, generând evacuarea bruscă a energiei, lăsându-ne secătuiți. Utilizarea sunetelor ca instrumente consacrate pentru vindecare, sprijin, centrare, creșterea puterii, lărgirea conștiinței și stabilirea unei modalități de comunicare în condiții aparent dificile, a fost practicată de mii de ani." (*The Healing Tones of Crystal Bowls*)[1]

Capitolul de față va analiza aceste aspecte în detaliu. În primul rând, vom aborda modul în care sunetul interacționează cu corpul, conducând spre înțelegerea felului în care sunetul ne afectează amintirile. Vom analiza apoi aspectele teoretice și practice ale utilizării optime a sunetelor în vindecare.

SUNET, CORP ȘI CREIER

Corpul nostru este o combinație uimitor de complexă de minerale și elemente, de structuri moleculare și celulare, toate compuse din corzi energetice care vibrează și oscilează la viteze diferite. Așa cum am discutat în introducere, fiecare „coardă" produce sunete diferite, corpul uman fiind astfel o entitate vie compusă dintr-o multitudine de vibrații și unde sonore de dimensiuni diferite.

Dacă persoana este sănătoasă, această paletă de sunete, vibrații și unde sonore rezonează armonios, ca o orchestră creând cel mai frumos sunet, unic fiecăruia dintre noi. Fiecare organ sănătos este aidoma unui instrument individual aflat într-o orchestră, bine echilibrat, vibrând la propria lui frecvență, armonizat și perfect sincronizat cu întregul său mediu, corpul.

Corpul uman este de asemenea un mediu natural de rezonanță și vibrație. Întregul trup răspunde și consumă sunet, indiferent dacă auzim în mod conștient sau nu. În plus, chiar dacă mintea noastră conștientă este pregătită și ajustează sunetele, corpul nostru nu poate face acest lucru. Olivia Dewhurst Maddock spune „Când undele sonore pătrund în corpul nostru, sistemul simpatic produce vibrații în toate celulele vii. Conținutul ridicat de apă al țesuturilor corpului ajută la transmiterea sunetului, fiecare atom, moleculă, celulă, țesut sau organ al corpului emițând

Arta armoniei – vindecare holistică prin intermediul sunetelor

permanent pe frecvențele vieții spirituale, mentale, emoționale și fizice."

Un corp bolnav este rezultatul dezechilibrelor vibraționale ale organismului. De exemplu, organele corpului se pot îmbolnăvi atunci când vibrația lor este nu este sincronizată cu cea a întregului organism. Condițiile care afectează vibrațiile și frecvențele organismului (la nivel macro și micro) includ emoțiile, gândurile, bolile noastre, intenția sufletului nostru și energia conștiinței universale.

Experimentarea diferitelor tipuri de medicină vibrațională a demonstrat că toate evenimentele traumatice poartă un ton rezonant. Aceste blocaje sau disonanțe vibraționale ale întregului organism se păstrează atâta timp cât frecvențele rezonează cu conștiința sau cu tonul evenimentului. Așadar, este foarte importantă procesarea și eliberarea amintirilor și energiilor traumei, pentru a elibera tonul rezonant corespunzător, și pentru ca frecvența sănătoasă a individului să se realipească rezonanței propriului cântec.

Ce este disonanța ? Disonanța este lipsa armoniei sunetelor sau notelor muzicale. Disonanța este de asemenea și lipsa acordului dintre oameni și lucruri. Dacă o analizăm la nivel de micro materie, disonanța se petrece atunci când frecvența vibrațională a unei părți a materiei este în dizarmonie cu celelalte. Poate fi constituită din lipsa armoniei celulelor și organelor fizice, dar și dintre gânduri și emoții, emoții și comportament, chiar și lipsa armoniei între gânduri și celulele fizice.

Să luăm în considerare, spre exemplu, persoana care își urăște munca, însă merge zilnic la servici, ca să câștige suficienți bani să-și plătească facturile. Sau să zicem că avem o persoană care, doar de dragul copiilor, rămâne într-o relație lipsită de iubire, abuzivă sau în care se simte neglijată, simțindu-se nefericită în fiecare secundă. Sunt două exemple în care corpurile subtile, emoționale și mentale ale acestor persoane nu sunt armonizate cu circumstanțele externe. Dizarmoniile dintre persoane au loc atunci când există o lipsă de autenticitate internă, sau între oameni și mediul în care trăiesc. Expunerea de durată la aceste dizarmonii duce la disonanțe interioare. Dacă trece prea mult timp, nivelul energetic secătuiește, acest lucru conducând spre un blocaj inevitabil al corpului suprimat – fie fizic, emoțional, mental, sau corpurile subtile.

Atunci când corpurile noastre sunt atinse de disonanță, ni se pornesc alarmele interioare. Ne simțim inconfortabil în toate corpurile – fizic, emoțional, mental și subtil – din cauza stării de dizarmonie experimentată la nivel personal. Disonanța poate fi provocată și când există vibrații sau frecvențe mai joase sau diferite de suma întregii vibrații complete, care ne afectează starea de bine. Disconfortul ne face să reacționăm în tot soiul de moduri, indicându-ne că factorul care a provocat disonanța nu ne este necesar, și forțându-ne să ne redescoperim rezonanța și armonia.

Disonanța aduce sentimentele nedorite sau inutile la suprafață, pentru a se putea lucra cu ele, astfel încât să nu ne mai deranjeze. Din momentul în care curățăm factorul declanșator, iar vibrațiile noastre se realiniază armonios, emoțiile nu ne vor mai afecta, acest lucru permițându-ne să dobândim o înțelegere mai solidă și mai clară despre cine suntem, și să vibrăm la o frecvență mult mai înaltă.

De asemenea, sunetul joacă un rol important în neurofiziologia amintirilor. Componenta principală a creierului care procesează informația auditivă este lobul temporal. Părțile superioară (de sus) și medială (centrală) ale lobului temporal primesc input auditiv dinspre acea parte a talamusului care retransmite informația recepționată prin intermediul urechilor. Lobul temporal este poziționat foarte aproape de sistemul limbic, unde sunt encodate atât amintirile memoriei de lungă durată, cât și amintirile și emoțiile puternice. Sunetul este procesat în paralel de către sistemul limbic, care înregistrează tonul emoțional al acestuia, laolaltă cu depozitarea amintirilor de către memoria de lungă durată.

Rita Carter, în cartea *Mapping the Mind* [2], ne ilustrează cum a fost dovedit acest lucru în anii 1950, când un neurochirurg canadian, Wilder Penfield, a cartografiat porțiuni largi ale cortexului cerebral, aplicând electrozi diferitelor zone ale creierului la sute de pacienți suferind de epilepsie. El a descoperit că stimularea unor puncte din lobii temporali producea ceea ce păreau a fi amintiri extrem de vii din copilărie, sau frânturi ale unor melodii de mult uitate.

Acest lucru demonstrează de asemenea faptul că amintirile vechi sunt distribuite în interiorul creierului, encodate în anumite părți ale acestuia, care redau experiența originală. De exemplu, o amintire placută din copilărie, precum plimbarea într-o grădină de flori, aroma florilor, ciripitul păsărilor, priveliștea unei zile calde, va fi stocată în mai multe zone senzoriale : sunetul păsărilor în cortexul auditiv, imaginile în cortexul vizual, mirosul florilor în zona din apropierea sistemului limbic. Întrucât inițial au fost experimentate împreună, când se declanșează o componentă a amintirii, este redată întreaga amintire, inclusiv răspunsul emoțional. Cu toate acestea, din cauza proximității sistemului limbic, mirosul, urmat de senzațiile sonore, sunt cele care au primul impact.

Sunetele negative sunt de asemenea procesate și stocate în creier, la fel ca în modelul de mai sus. Luați spre exemplu cazul clasic al Sindromului de Stres Postraumatic,

Arta armoniei – vindecare holistică prin intermediul sunetelor

în care veteranii de război se ascund de fiecare dată când aud o bubuitură. În timpul războiului, datorită fricii de a fi împușcați, corpul lor a fost condiționat să se aplece de fiecare dată când aud zgomote puternice. În aceste situații, sunetele puternice sunt stocate în cortexul auditiv, reacția posturală a corpului în cortexul somatosenzorial, iar sistemul limbic extrage emoția, aici frică. La momentul prezent creierul și cortexul auditiv nu pot distinge diferența dintre zgomotul unei împușcături și sunetul unor oale care se răstoarnă, așa cum nu pot diferenția momentele timpului liniar. Astfel că atunci când persoana aude sunetul oalelor răsturnate, se stimulează cortexul auditiv, laolaltă cu sistemul limbic și cortexul somatosenzorial, reacția fiind similară celei avute în zona de război.

Vindecarea veteranului nostru va presupune pur și simplu lucrul cu declanșatorul sonor, rezolvarea amintirii, reprogramarea și eliminarea comportamentului precondiționat declanșat de stimulul sonor. Terapia prin regresie este eficientă în aceste cazuri.

Vindecarea persoanelor va implica re-armonizarea tuturor corpurilor la condițiile externe. Cum ne spune psihologul James Hillman, „Disonanța poate curăța calea, permițând armoniei să reintre și să ne umple din nou ființa."

ARMONIE ȘI VINDECARE

Porfir, biograf al lui Pitagora, spunea : „Pitagora și-a bazat educația muzicală în primul rând pe anumite melodii și ritmuri care exercitau o influență vindecătoare, purificatoare asupra acțiunilor și pasiunilor umane, reinstaurând „armonia pristină" a caracteristicilor sufletești. A aplicat aceleași metode de vindecare și în tratarea dezechilibrelor corpului și minții."

Cum acționează sunetul?

Sunetul stârnește energia. Fizica cuantică afirmă că sunetul creează o undă de forma unei coloane verticale, construind frecvență după frecvență. Energia poate fi direcționată spre absolut orice, influențându-l. Dacă materia este disonantă la impactul sunetului, acesta o poate distruge. Exemplele includ cristalele subțiri sau sticla care se sparg când sunt expuse la frecvențe suficient de înalte, sau situațiile în care zgomotul ultrasonic sfredelește zidurile. Dacă materia este în rezonanță cu sunetul, se obține armonia.

Corpul nostru, rezonator natural, reacționează excelent la terapia prin sunet. Am menționat deja că disconfortul ia naștere când există o lipsă de armonie a vibrațiilor corpului. Atunci când proiectăm sunete create în exterior asupra zonelor cu dezechilibre, reintroducem tiparul armonic corect de rezonanță corporală, ceea ce readuce frecvențele dizarmonioase ale acestuia la vibrațiile normale, sănătoase. Cum veți vedea în continuare, sunetele influențează diferitele corpuri în moduri diferite.

Sunetul și corpul fizic

Corpul uman este o entitate vie compusă din vibrații și lungimi de undă. Organele sănătoase sunt perfect armonizate, ceea ce înseamnă că vibrează la propria frecvență, în rezonanță cu întregul corp. Frecvența organelor bolnave este însă dezechilibrată. Atunci când vindecăm cu ajutorul sunetelor, recreăm frecvența armonică originală a organului și a aerului care îl înconjoară.

Vibrațiile puternice se răspândesc rapid în corp, stimulându-l să-și redescopere propria frecvență armonică, vibrând în același timp cu frecvența terapeutică. Acest lucru permite corpului să se acordeze la propria-i frecvență, reinstalând în interiorul lui armonia și rezonanța.

Sunetul și mintea

Sunetul permite undelor cerebrale să vibreze la anumite frecvențe. Măsurarea undelor cerebrale electromagnetice a arătat că există câteva lungimi de undă clar identificate, fiecare din ele legată de o anumită stare de conștiență. Undele alfa sunt prezente în stările de hipnoză, meditație și de conștiență înaltă. Atunci când undele sonore pot induce unde alfa sau theta, mintea se golește de zgomot și de gandurile nedorite. Acest lucru facilitează rezolvarea unui număr mare de probleme și poate reduce stresul zilnic, conducând astfel spre o stare generală de sănătate mai bună.

Sunetul și corpul emoțional

Sunetul este procesat în principal în lobul temporal, poziționat foarte aproape de sistemul limbic. Astfel, sunetul readuce în conștiință stări emoționale care nu sunt recunoscute întotdeauna de mintea logică. Atunci când se crează armonia sonoră, corpul își readuce aminte de emoțiile profunde și de conexiunile cu Iubirea Universală. Sunetul permite corpului emoțional să caute și să acceseze frecvența după care tânjește de atâta timp. De asemenea, sunetele disonante permit corpului să își caute și să-și descopere propria rezonanță, procesul facilitând reîntoarcerea la echilibrul cu propria-i ființă – în rezonanță cu el însuși.

Sunetul și corpurile subtile

Platon, în *Timaeus*, scrie, „Muzica omului este o modalitate de reintegrare a sufletului, a chinurilor corporale tulburătoare și discordante, în proporțiile armonioase pe care le împărtășește cu sufletul cosmic."

Sunetul și muzica pot fi utilizate ca poartă de conectare la energiile înalte. Sunetele și muzica adecvată cresc vibrațiile corpurilor subtile, generând o conexiune mai puternică la energiile de vibrație înaltă. Acest lucru se poate realiza cu ajutorul anumitor frecvențe, dar în special prin utilizarea anumitor sunete (timbre) sau fragmente de cântece (intervale muzicale și ritmuri). Puteți obține același rezultat și energetic, folosind intenția. De fapt, în acord cu Legea Creației, cu toții suntem deja frecvențe universale ... acesta este așadar locul în care devenim un întreg. Unii numesc acest sunet „OM-ul cosmic."

Până la urmă, toate aceste corpuri ale individului trebuie să vibreze la propriile lor frecvențe înăscute, și să rezoneze armonic unul cu celălalt, emanând și îmbogățind muzica unică a fiecăruia.

În continuare vom examina legătura dintre sunet și subconștient, cu exemple care ilustrează împletirea interacțiunilor sunetului cu corpurile subtile, cel emoțional, mental și fizic.

SUNET ŞI SUBCONŞTIENT

Subconştientul nostru este într-o relaţie foarte apropiată cu sunetele, nu numai datorită calităţilor energetice, ci şi din modul în care este construit neurofiziologic. Cortexul auditiv procesează sunetele predominant în lobul temporal, care este poziţionat lângă sistemul limbic, depozitarul amintirilor de lungă durată, bancă şi procesor al amintirilor emoţionale. Astfel, atunci când cortexul auditiv este stimulat, amintirile şi emoţiile asociate acelui sunet sunt declanşate imediat, permiţându-ne accesul facil la sursa acestor amintiri.

Întâia dată când am fost expusă personal forţei sunetului şi subconştientului, mă aflam în India, unde livram un discurs împreună cu Andy Tomlinson, în cadrul Conferinţei Asociaţiei pentru Regresii şi Cercetări asupra Reîncarnării (ARRR). Andy avea nevoie de un voluntar pe care să facă o demonstraţie de Terapia Corpului, ideal cineva cu emoţii gata să iasă la suprafaţă, ca să realizeze uşor un pod şi să se încadreze în timpul alocat demonstraţiei. Mi-a venit intuitiv idea să intonăm „OM" la înălţimi sonore diferite, în acest grup de 80 de oameni, să vedem dacă descoperim ceva.

Aveam o dublă ipoteză:

a. Sunetul fiind vibraţie, iar blocajele/ provocările noastre emoţionale sunt de asemenea vibraţii – dacă frecvenţele celor două aspecte rezonează, sunetul poate penetra blocajul, desface emoţia, lăsând-o să iasă la suprafaţă.

b. Întrucât sunetul este procesat lângă sistemul limbic, dacă atingem rezonanţa, creierul va fi încurajat să producă o amintire şi o reacţie fizică adecvate.

Arta armoniei – vindecare holistică prin intermediul sunetelor

Speram ca o persoană cel puțin să răspundă acestui experiment foarte public, în premieră.

Ce s-a întâmplat de fapt, a fost că două treimi din sală a avut o reacție puternică la sunet. Unii au plâns, alții au avut accese puternice de tuse, iar unii chiar au vomitat. A trebuit să aplic rapid o vizualizare ghidată pentru a stabiliza energiile tuturor, cu excepția persoanei alese pentru demonstrație. Doamna selectată pentru demo a fost adusă rapid, cu ajutorul podului, în scena dorită, iar Andy a putut demonstra aplicarea terapiei corpului pentru curățarea sursei emoției pe care se lucra (moartea prin strangulare într-o viață anterioară).

Așa a luat naștere interesul meu pentru efectul sunetelor în accentuarea emoțiilor reprimate și suprimate. Totodată, mi-a permis să realizez importanța sunetului ca instrument în penetrarea blocajelor energetice dure și a închiderilor emoționale, cu scopul aplicării eficiente a terapiei prin regresie.

Un terapeut pe care il cunosc din Australia combină psalmodierea intuitivă cu regresia în viețile anterioare. Un client cu care lucra pe lipsa puterii, avea dificultăți în accesarea unei vieți trecute. Intuitiv, terapeutul a început să psalmodieze, clientul reușind să acceseze o viață anterioară petrecută într-un trib. Ceea ce a fost și mai spectaculos, este că această viață trecută era sursa problemei pe care se lucra, iar cântecul a facilitat accesarea Punctului de Intrare constituind epicentrul lipsei puterii. Cazul mi-a permis înțelegerea puterii sunetului asupra subconștientului în accesarea amintirilor suprimate și în dizolvarea închiderilor, pentru accelerarea vindecării.

O altă zonă fascinantă în care sunetul intervine în cadrul regresiilor, în special a celor din vieți trecute, este xenoglosia. Aceasta este accesarea și vorbirea unei limbi străine necunoscute. Fenomenul este veridic în special la regresia în viețile anterioare, contribuind la credibilitatea regresiei ca formă autentică de readucere în conștiență a amintirilor, în paralel cu eficiența ei terapeutică. Este destul de fezabil ca în cadrul regresiilor în viețile anterioare clienții să-și acceseze amintirile lingvistice prin intermediul sunetelor – mai specific, a cântecelor.

Bebelușii și copiii sunt foarte susceptibili influenței sunetelor, a schimbărilor de inflexiune a vocii, a tonului și a muzicii. Este vorba despre un mecanism de supraviețuire care intervine în cadrul evoluției, bebelușii recunoscând persoana care are grijă de ei (mama), identificând semnalele de alarmă; comunicare de bază care are loc înaintea folosirii limbajului. De fapt înțelegerea limbajului este o pură reamintire a diferitelor sunete ale cuvintelor și a semnificațiilor comportamentale, emoționale sau intenționale din spatele acestora. Cu cât persoana este mai experimentată și mai condiționată în utilizarea cuvintelor și a înțelesurilor, cu atât mai facilă este reamintirea și adaptabilitatea la limbaj. De asemenea, sunetele fiind procesate lângă sistemul limbic, au o legătură mai strânsă cu amintirile de lungă durată și cu declic-urile emoționale.

Unul dintre mijloacele prin care încerc de obicei să induc xenoglosia este accesarea unui cântec din copilărie, cu ajutorul unor emoții puternice. Pașii pe care îi aplic sunt următorii:

a. Ghidez clientul spre accesarea unei amintiri extraordinar de frumoase dintr-o viață anterioară.

b. Îi cer să-și intensifice acea emoție a bucuriei în interiorul corpului.

c. Folosesc bucuria ca pod emoțional pentru accesarea amintirii din copilărie în care cânta sau se juca.

d. Odată ce amintirea este accesată, și după ce mă asigur că persoana se află într-o stare de maximă bucurie, îi cer să cânte. De obicei fragmentele cântecului sunt în limba personajului din viața anterioară accesată.

Bineînțeles, unul dintre riscurile stabilirii xenoglosiei este asigurarea faptului că persoana nu a avut niciodată contact cu limba respectivă – prin intermediul presei, cărților sau a contactului (indiferent cât de scurt) cu vorbitori nativi. Am avut o clientă născută și crescută în Malaezia, care a trăit pentru scurt timp în Statele Unite. Când a ajuns la mine la o ședință, a accesat o viață anterioară în Wales. Una din scenele vizitate a fost cea a unei fetițe, la târg, care cânta și se juca alături de alte fete. Am profitat de oportunitate pentru a intensifica sentimentul de bucurie din interiorul ei, și i-am cerut să-mi cânte și mie cu voce tare. A început să-mi cânte într-o limbă străină. De fapt, cântecul venea în fragmente, și nu curgea lin, limba ei adaptându-se gradat la dicția respectivă, iar eu fiind în stare să scriu fonetic ce cânta. A luat o copie a notițelor mele, pe care a cercetat-o, spunându-mi ulterior că limba în care cântase era Galeza, melodia fiind una tradițională galeză. Nu avusese acces la această limbă până atunci.

Din nou, cazul mi-a demonstrat importanța sunetului în accesarea amintirilor.

Sunetul este important nu doar în accesarea amintirilor, ci poate fi utilizat de asemenea în diferite tehnici energetice. Se poate folosi în delimitarea spațiului energetic în care are loc terapia sau cursul. Sunetele de vibrație înaltă vor ridica automat vibrația spațiului în care are loc activitatea terapeutică. Acest lucru se întâmplă datorită vibrațiilor din încăpere, care colaborează pentru atingerea rezonanței sunetului. Cu cât este mai înaltă și mai clară vibrația

Arta armoniei – vindecare holistică prin intermediul sunetelor

spațiului de vindecare, cu atât mai profundă va fi terapia, iar ședințele extrem de eficiente pentru client.

Se pot folosi de asemenea CD-uri cu cântece preînregistrate (Gregoriene), cu mantre, intonații, talere și multe alte instrumente. Eu prefer însă utilizarea propriilor mele talere de rezonanță, deoarece pot stabili intenția specifică ședinței în care lucrez. Următorul capitol va ilustra de ce intenția este atât de importantă în lucrul intuitiv cu sunetele, însă, pe scurt, stabilirea intenției și acordarea la acea intenție face ca rezultatul ședinței să fie mult mai eficient în atingerea obiectivelor stabilite.

În funcție de cadru și, în egală măsură, de motive, intonarea și sunetele pot fi folosite pentru aducerea vibrațiilor clientului cu care am lucrat, inapoi la vibrațiile lumii lui obișnuite. Acest lucru va reduce (neeliminând însă complet) efectele negative ale readaptării la vibrațiile uneori mai joase ale vieții zilnice, post ședință. Țelul nostru suprem, ca terapeuți, este să sprijinim clienții în îmbunătățirea calității vieții, cu minim de dificultate și disconfort pentru ei.

Un alt lucru pe care îl fac pentru a-mi ajuta clienții să-și păstreze vibrațiile la nivelul avut în cadrul ședinței, este să le dau unul dintre CD-urile mele de Meditație asupra Esenței Divine; oricare este mai relevant pentru provocările cu care se confruntă. La ce ajută CD-ul, în afara reîntăririi sugestiilor oferite în cadrul ședinței, este să permită permanent clientului menținerea vibrațiilor la nivelul obținut în cadrul sesiunii, până la momentul în care poate face singur acest lucru. Tot ce se află în CD-urile de meditație este realizat cu intenția unei vibrații înalte. Muzica din fundalul sugestiilor a fost aleasă specific cu intenția alinierii la vibrațiile sugestiilor. Energia și vibrațiile transmise prin intermediul vocii în timpul înregistrărilor au fost de asemenea în acord cu obiectivele obținute pentru clienți.

Propria noastră voce este un instrument sonor, cel mai puternic instrument de vindecare pe care îl putem avea la îndemână.

Una dintre clientele cu care am lucrat cu câțiva ani în urmă, a beneficiat de un număr de ședințe dedicate îmbunătățirii stimei de sine. Schimbarea pe care a simțit-o în urma terapiei a fost imensă, ea fiind extrem de fericită. Acum câteva luni, a trecut printr-un moment mai dificil, nu ca înaintea începerii terapiei, ci mai mult ca o cădere ușoară, în comparație cu momentele din trecut. Din cauza distanței, nu a putut să vină la o ședință. I-am recomandat să cumpere un CD cu meditație, relevant pentru problema ei, ceea ce a și făcut, în câteva zile de la începerea ascultării CD-ului revenind la starea de fericire și împlinire personală. CD-urile pot fi folosite de către persoanele care nu pot ajunge la ședințe, din varii motive. După experiența ei, clienta a mai cumpărat câteva CD-uri pentru prieteni care se confruntau cu același complex. Deși efectul nu a fost la fel de rapid, prietenii ei au simțit o îmbunătățire după utilizarea continuă a CD-urilor.

Așadar sunetele, împreună cu sugestiile, pot fi de asemenea eficiente în lucrul cu subconștientul clienților.

Există multe alte tehnici care implică folosirea sunetelor în accesarea și influențarea subconștientului. Una dintre metode se numește antrenarea creierului, și utilizează diapazoane acordate la diferitele frecvențe ale undelor cerebrale. Există de asemenea și terapie prin muzică, care utilizează muzica în cadrul relației terapeutice pentru adresarea nevoilor fizice, emoționale, cognitive și sociale ale indivizilor. După evaluarea punctelor forte și a nevoilor fiecărui client, terapeutul specializat în terapia prin muzică oferă un tratament personalizat, incluzând elaborarea, cântarea, mișcarea și/sau ascultarea muzicii.

Sunt sigură că există multe alte metode în care sunetele sunt folosite cu scopul vindecării holistice a individului. Principiul cheie din spatele vindecării prin sunet este rearmonizarea diferitelor corpuri ale persoanei, în scopul redescoperirii frumuseții și măreției propriului cântec interior.

INSTRUMENTE ȘI SUGESTII PRACTICE

Renee Brodie scrie: „Atunci când faci vindecare prin sunete, sunetul rezonează din interiorul tău și mișcă energia, pentru a înlătura blocajele sau credințele nedorite. Sunetul ațâță energia la nivele profunde, eliberând toate emoțiile și intensificând fluxul intenției. Celulele au memorie vibrațională și trebuie doar să le reamintim să se descarce și să se reechilibreze."

Cum ne asigurăm că folosim sunetul, intonația, frecvența și rezonanța potrivite?

Intenția

Jonathan Goldman, autorul cărții *Healing Sounds*, subliniază importanța intenției. Spune : „Intenția este energia din spatele sunetului creat." Kathryn Player i se alătură, afirmând: „Intenția amplifică și mărește calitatea energiei conținute într-o undă sonoră." (*The Healing Tones of Crystal Bowls*[1]).

Așadar primul și cel mai important lucru este să stabim intenția vindecării cu ajutorul sunetelor. Modul în care percep intenția este ca și cum ar genera o super autostradă energetică, instrumentele sonore fiind vehiculele care vor utiliza autostrada pentru a ajunge la destinația dorită. Dacă nu am avea intenția, efectul dorit al vindecării prin sunete va fi distorsionat, iar ședința compromisă.

Stabilirea intenției durează maximum un minut. Pașii care trebuie urmați în setarea intenției sunt următorii:

a. Clarificarea vizuală sau conceptuală a scopului care trebuie atins la finalul ședinței – dezvoltat prin colaborare între terapeut și client.

b. Formularea acestuia la modul pozitiv.

c. Transmiterea acesteia către Univers.

Simplu, eficient, imperativ.

Intuiția

Dacă intenția este super autostrada energetică, evident intuiția este șoferul. În cadrul vindecării prin sunete, gândul rațional este apreciat în mod exagerat. Cea mai potrivită modalitate de creare a sunetului sau tonului potrivit este cu ajutorul intuiției sau inspirației.

Nici un muzician sau cantautor de top nu deține o formulă logică atunci când crează muzică. Totul vine din suflet, și din inspirația care se sprijină pe intenție. Atunci când cântă mecanic, oricine este muzician sau cântăreț. Însă dacă spectacolul curge din suflet, avem în față un artist. Muzica, realizată corespunzător, combinație de sunete, mișcă și vindecă milioane, poate chiar miliarde.

În aceeași notă, intonarea sunetelor, cântatul la talgere, gonguri, incantațiile, toate vin din inspirație. Modalitatea de realizare este să ne imaginăm că sunetele vin de la o

Arta armoniei – vindecare holistică prin intermediul sunetelor

Sursă Divină și tot ce facem este să le transmitem sau să le conținem. Intuiția ghidează ce, unde, cum, și cât de mult, pentru a atinge scopurile intenției.

Instrumente

Am creat așadar super autostrada sonor energetică cu ajutorul intenției, și șoferul nostru este intuiția ... Ce modalitate de transport să folosim pentru a ne atinge scopul? Aici intervin instrumentele.

Sunt atâtea instrumente care pot fi utilizate în vindecarea cu ajutorul sunetelor. Am inclus mai jos o listă, însă vreau să menționez că nu este exhaustivă:

a. Propria voastră voce – probabil cel mai potent, și clar cel mai organic și versatil instrument de vindecare. O folosim în atât de multe feluri ca să vindecăm – hipnoză, meditații și regresii ghidate, incantări, intonări (spre exemplu Om), cântec.

b. Boluri de rezonanță – bolurile de rezonanță sunt din diferite materiale și mărimi. Pot fi din metal (de exemplu bolurile tibetane) sau cristal (ex. cuarț). Preferatele mele sunt bolurile de rezonanță din diferite tipuri de cristale (carneol, smarald, etc), din cauză că aceste boluri combină tehnologiile sunetului, proprietățile cromoterapiei și ale cristalelor, fiind instrumente de vindecare puternice. Mărimea bolurilor determină tonul și înălțimea sau frecvența acestora. Cu cât bolul este mai mare, cu atât mai profund este tonul, și mai puternic efectul de împământare. Dacă bolul este mai mic, rezonanța este mai mare, ajutând ascultătorul să se deplaseze în sus. Înălțimile diferite ale sunetelor

Arta armoniei – vindecare holistică prin intermediul sunetelor

corespund diferitelor chakre sau rezonanțe energetice ale individului. Producătorii de boluri nu determină înălțimea sunetelor produse de ele. După ce sunt meșteșugite, ele singure își aleg înălțimea sonoră.

c. Cântatul la tobe – acest vehicul este interesant deoarece se concentrează mai mult pe tonalitate și ritm, și nu atât pe înălțimea sonoră. Frecvențele și rezonanțele lucrează însă puternic asupra persoanei.

d. Gongurile – un instrument sonor deosebit de maiestuos care facilitează ridicarea frecvențelor indivizilor.

e. Muzica – orice instrument muzical poate fi utilizat în vindecarea prin intermediul sunetelor : harpa, pianul, chiar flautul. Terapeuții certificați în vindecarea prin sunete folosesc tot soiul de instrumente combinate pentru a maximiza vindecarea clienților lor. Uneori, ascultarea la radio sau pe scenă a unei bucăți muzicale sau a unui cântec deosebit de frumos, poate de asemenea declanșa și elibera ceva în noi, atât timp cât atinge rezonanța optimă care se corelează nevoilor noastre.

Atunci când discutăm despre instrumentele care pot fi utilizate, nu există limite. Permiteți intuiției să selecteze instrumentul adecvat care să rezoneze cu voi, terapeuții. Din propria experiență, pot spune că instrumentul vă va selecta pe voi, nu invers.

Sugestii

1. Cea mai importantă sugestie pe care o pot oferi este să fim atenți cu energia si cu intenția noastra, si sa ne oprim dacă trebuie. Pentru că dacă există ceva în noi care se declanșează (mental, emoțional sau fizic), energia

declanșată va interfera cu energia intenției și va compromite efectul final.

2. Dacă instrumentul utilizat scoate un sunet înăbușit, este vremea să-l curățăm. Putem folosi salvia sau aromele de curățare. Dacă se poate muta, încărcarea instrumentului cu apă poate de asemenea ajuta – uneori e preferabilă utilizarea unei cârpe umede. Bolurile de Rezonanță din cristal se pot încărca la lumina lunii sau a soarelui. Putem, de asemenea, plasa instrumentele sub o piramidă pentru încărcarea lor.

3. Dacă instrumentul nu rezonează cu tine, terapeutul, pur și simplu onorează acest lucru, și pune-l deoparte. Încearcă-l din nou după o vreme. Dacă rezonează, poți să reiei utilizarea. Daca nu, poate e timpul să-l vinzi sau să-l donezi.

4. Achiziționați instrumentele doar de la furnizori cu integritate, care infuzează energie în crearea instrumentelor cu care rezonați. La fel, permiteți intuiției să vă ghideze.

Cel mai important lucru este să-ți iubești munca și instrumentele. Aceasta dă naștere celei mai bune fundații energetice de la care să pornești, iar clienții vor rezona cu energia pe care o emani.

CONȘTIINȚA NOASTRĂ ȘI CONȘTIINȚA COSMICĂ

Să examinăm acum relația noastră cu sunetul și frecvențele la nivel macro. Care este relevanța sunetului în creșterea vibrațiilor noastre individuale și totodată a conștiinței cosmice?

Corinne Heline spune: „Toate fenomenele se formează și se mențin cu ajutorul armoniei. Știința afirmă că acest pământ este un sistem vast și armonic de unde, construit și susținut de o muzică neauzită."

Oamenii menționează adesea „creșterea vibrației" ca fiind necesară transformării într-o persoană mai spirituală. Se vorbește de asemenea de schimbarea realității din Dimensiunea a Treia în Dimensiunea a Patra, și acum în Dimensiunea a Cincea. Însă ce înseamnă toate acestea din punctul de vedere al vibrațiilor și sunetelor?

La început, discuția despre diferitele dimensiuni a fost pentru mine un concept abstract, de domeniul fantasticului. Am citit apoi website-ul[3] lui Patrick Crusade despre înțelegerea dimensiunilor, în care explică lucrurile foarte clar, concretizate pe înțelesul meu:

A Treia Dimensiune este lumea fizică, locul în care sălășluiește conștiința umană. Este ancorată în realitatea spațială bazată pe timpul liniar. Tot ce se află pe acest tărâm funcționează la maximum 9000 de vibrații pe secundă.

A Patra Dimensiune este definită ca o realitate în care ambele polarități, cea luminoasă și cea întunecată, coexistă. Frecvența vibrațională din această realitate este între 9000 și 12,000 de vibrații pe secundă. Pe măsură ce ființele umane își dezvoltă capacități de vibrație înaltă de a fi, gândi, simți și a face, ridicându-se deasupra tendințelor karmice ale propriilor umbre, ele sunt atrase magnetic spre impulsurile de lumină ale celei de-a Cincea Dimensiuni.

Este imposibil să vorbim despre cea de-a Cincea Dimensiune în termeni de vibrații per secundă, pentru că la ora actuală se află deasupra limitărilor realității spațio-temporale, interacționând cu aceasta la nevoie. Dintre toate, ea constituie planul dimensional, cauzal al ființelor umane, care se manifestă și crează în contextul lumilor de dimensiuni mai joase, în timpul viselor. Cu alte cuvinte, este locul în care oamenii își visează viețile în realitatea spațio-temporală, trezindu-se apoi și transformând visele în realitate.

Așadar, conform afirmațiilor lui, există o schimbare tangibilă a frecvenței de la o dimensiune la alta. Pentru a accede dintr-o parte în alta, vibrațiile noastre proprii trebuie să fie armonizate cu frecvențele dimensiunii respective.

Cum putem face asta? Putem s-o facem în mai multe feluri, vindecarea fiind una dintre modalități. Putem, totodată, să ne lăsăm purtați de valul purității, autenticității și al iubirii necondiționate. Sau poate fi despre acțiuni și gânduri pure care nu fac rău nimănui și care ne ajută să rezonăm și să vibrăm mai puternic cu Spiritul și Sufletul nostru.

Frecvențele Iubirii, Sufletului, Spiritului și Sursei nu șovăie niciodată. Sunt la fel de pure și consistente ca toate vibrațiile pământului și Universului, așa că atunci când rezonăm cu Iubirea Necondiționată, vibrând constant la această frecvență, nu numai că vom găsi în această puritate pacea profundă, ci vom putea să și păstrăm vibrațiile la înălțime, atât pentru noi, cât și pentru tot ce „atingem".

Dacă reușim să facem acest lucru, ne aliniem vibrațiile la permanenta ascendență a transformărilor evoluționare ale planetei și cosmosului.

Scripturile Vedice antice spun că Universul stă agățat de o vibrație cosmică atât de masivă, subtilă și acoperitoare, încât toate lucrurile văzute și nevăzute sunt încărcate cu ea. Vibrația cosmică este cunoscută sub numele de sunet Om. Această interacțiune fină, însă reală, între ființele vibraționale ale Universului și planetei este ilustrată de

Arta armoniei – vindecare holistică prin intermediul sunetelor

către Barbara Marciniak, în *Bringers of the Dawn*. Prin intermediul chanellingului, ea transmite că atunci când întreaga planetă va putea crea o armonie a gândurilor și emoțiilor, în plan fizic și subtil, pământul se va transforma. Frecvența poate fi transmisă la distanță, iar sunetul va călători, permițându-ne să atragem o vibrație înaltă pe pământ, de o măreție deplină, cu ajutorul corpurilor noastre evoluate și a cooperării totale dintre noi.

Astfel, dacă majoritatea oamenilor poate vibra la frecvența iubirii necondiționate pure, sau a autenticității și a recunoștiinței, într-o manieră consistentă, nu numai că ne vom ridica individual vibrația la cea a dimensiunii înalte la care aspirăm, ci vom putea ajuta în armonie, aidoma unei orchestre cosmice, întreaga umanitate și planeta în atingerea unei conștiințe elevate. Bineînțeles, să ajungem acolo este doar jumătate din drum. Trebuie să vibrăm constant la 9000–12,000 vibrații pe secundă pentru a ne menține în dimensiunile superioare.

Putem s-o facem? Așa cum spune Vulturul Alb, „armoniile vieții sunt comori latente în sufletul omului, iar acordându-l armoniilor divine, el naște un sunet clar și adevărat în armonia universală." (*The Healing Tones of Crystal Bowls*[1])

Răspunsul este un „Da" clar și răsunător. Unii pot să-și păstreze singuri vibrația constant la acea frecvență, în ciuda tuturor încercărilor și lecțiilor vieții. Alții, ca mine, au nevoie de un pic de sprijin și de suport – iar muzica, sunetul și regresiile sunt o parte din modalitățile pe care le consider extrem de eficiente.

CONCLUZIE

Scopul suprem al sunetelor este de a fi vehicolul care permite dezvoltarea creației și nașterea propriului cântec unic. Terapia prin intermediul sunetelor ne poate ajuta să ne înțelegem și să ne descoperim notele. Înțelegându-ne propriile note, intrăm în armonie cu noi înșine, putând schimba, dacă este necesar, frecvențele disponibile ale sunetelor noastre pentru a fi în rezonanță cu creșterea și evoluția Vibrației Cosmice.

Sunetul este o trăsătură importantă a regresiilor, nu numai pentru că pătrunde și penetrează blocajele, facilitând eliberarea emoției, ci și pentru că se leagă strâns de neurofiziologia stocării emoțiilor și a amintirilor de lungă durată, putând accesa amintirile suprimate care trebuie rezolvate.

Regresiile facilitează curățarea tuturor corpurilor, permițându-ne transformarea într-un canal sonor pur, cu scopul manifestării propriei melodii, într-o rezonanță sincronică înlăuntrul și în afara noastră. În concert, orchestrele extraordinare nasc multe sunete, unele înalte, altele joase – dar sunetul în ansamblu este foarte armonios, frumos și emoționant. Atinși de sunete, ne simțim ca într-un miracol, trăind însă acest lucru zilnic, în propria vibrație și rezonanță. Și mai miraculos, atingându-i pe ceilalți cu melodiile noastre, le putem influența schimbarea. Dacă transformarea noastră este pozitivă, putem deveni conexiunea și facilitatorul trecerii spre o conștiință superioară, atât pentru noi, cât și pentru umanitate și cosmos.

"Oamenii spun că sufletul, ascultând cântecul creației, a intrat în corp, dar de fapt sufletul era cântecul însuși"
Hafiz (1320-90)

DESPRE AUTOR

Reena Kumarasingham BA (psy), MBA, Dip RT, Ct Hyp, Ct LBL

Reena este licențiată în psihologie, practician NLP, terapeut specializat în terapia prin regresie și în regresia în viața dintre vieți, având o experiență internațională. Este directoarea *Divine Aspect*, organizație care îmbrățișează viziunea responsabilizării oamenilor de a-și îmbrățișa și de a-și onora propria esență autentică. Reena este și un terapeut cu o extraordinară intuiție a energiei, oferind cursuri de formare în domeniul lucrului cu energia. Este membru fondator al *Society for Medical Advance and Research with Regression Therapy*, și trainer certificat în cadrul *Past Life Regression Academy*. Pentru mai multe informații vizitați www.divineaspect.com și www.vibrationnewplane.com sau trimiteți-i un email pe adresa: reena@divineaspect.com.

REFERINȚE

1. Brodie, Renee, *The Healing Tones of Crystal Bowls – Heal Yourself with Sound and Colour*, Aroma Art Ltd, Canada, 1996.
2. Carter, Rita, *Mapping the Mind*, Phoenix Publishing, 1998.
3. Crusade, Patrick, *Understanding Dimensions* http://www.patrickcrusade.org/understanding_dimensnions.html, http://www.soundhealingcenter.com/pmes.html

LECTURI SUPLIMENTARE

TERAPIA PRIN REGRESIE

Churchill, R., *Regression Hypnotherapy*, **Transforming Press, 2002.** Cartea include material de predare și trascrieri integrale ale unor ședințe de regresie în viața curentă, adresate unei varietăți de probleme incluzând fobii, pierdere, lipsa încrederii în sine, sabotarea succesului, relații nesănătoase, abuz și frică de abandon. Este un ghid excelent pentru începători, un text util totodată și terapeuților experimentați.

Ireland-Frey, L., *Freeing the Captives*, **Hampton Roads Publishing Company, 1999.** Cartea este un compendiu cu studii de caz aplicate terapiei prin eliberarea spiritelor atașate, prezentate într-o manieră captivantă și facilă. Volumul ne oferă o abordare mai clară a modului în care energiile intruzive pot fi gestionate clinic, aducând practica terapeutică prin hipnoză și regresii, mai aproape de modelul holistic al sănătății emoționale, mentale, fizice și spirituale.

LaBay, M.L., *Past Life Regression – A Guide for Practitioners*, **Trafford Publishing, 2004.** Cartea explică și ilustrează utilizarea terapiei în viețile anterioare în contextul consilierii, a înțelegerii profunde a personalității clientului și a scopului său în viață. Prezintă teoria în pasaje concise și în studii de caz interesante.

Mack, P., (ed) *Inner Healing Journey- A Medical Perspective*, **From the Heart Press, 2014.** Cartea istorisește povestea a unsprezece pacienți ale căror doctori au folosit terapia prin regresie și viețile anterioare acolo unde medicina tradițională nu a funcționat, demonstrând transformările extraordinare care pot avea loc atunci când se aplică abordarea holistică. Este scrisă într-un mod captivant, dăruind speranțe publicului, și inspirând comunitatea medicală.

Tomlinson, A., *Vindecarea sufletului etern,* **From the Heart Press, 2012.** O carte de referință în terapia prin regresie în viețile anterioare și în viața dintre vieți. Andy ne împărtășește în detaliu experiența sa valoroasă, utilizând studii de caz concrete pentru a-și ilustra argumentele și tehnicile. O carte obligatorie pentru practicienii terapiei prin regresie, captivantă pentru oricine este interesat de subiect.

Woolger, R.J., *Other Lives, Other Selves,* **Bantam Books, 1988.** Este o carte despre transformarea personală cu ajutorul terapiei în vieți anterioare. Împletește psihologia reîncarnării cu dezvăluirea secretelor amintirilor celor mai profunde ale pacienților, explicând modul în care bolile moștenite din viețile lor anterioare au fost depășite și tratate. Sunt incluse de-a lungul textului principiile psihanalitice Jungiene.

Wooler, R.J., *Healing Your Past Lives,* **Sounds True Inc., 2004.** Această carte scurtă ne oferă o serie de studii de caz interesante ilustrând puterea dezvăluirii vieților anterioare, în procesul de vindecare. Ne oferă noi perspective asupra modului în care simptomele vieții curente pot fi legate de drame din vieți trecute și de amintiri înghețate, oferind totodată cititorului cheia descoperirii misterelor și întrebărilor cu care se confruntă în viața curentă.

Lecturi suplimentare

INTEGRAREA ȘI PAȘII URMĂTORI

Carter, R., *Mapping the Mind*, **Orion Books, 2003.** Această carte despre neuropsihologie ilustrează legătura dintre creier și psihologie, permițând cititorilor să vizualizeze ce se întâmplă în diferitele părți ale creierului și legăturile cu diferitele comportamente. Are imagini extraordinare și sumarizări comprehensive ale funcțiunilor tuturor componentelor creierului, anecdote fascinante și poze care captivează cititorul de la început până la sfârșit. O carte simplă despre un subiect cât se poate de complicat.

Gerber, R., *Vibrational Medicine for the 21st Century*, **Inner Traditions, 2000.** Cartea considerată cea mai bună în aplicarea metodelor integrate de vindecare. Dr. Gerber explică necunoscătorilor, succint și eficient, diferitele modalități prin care oamenii sunt mai mult decât pure mașini bologice. El descrie relația integrală dintre minte și corp, și modul în care atunci când nivelul de echilibru al energiei noastre emoționale este tulburat, au loc schimbări fizice și slăbiciuni care contribuie la declanșarea bolii. Cu ajutorul studiilor de caz, Dr Gerber oferă dovezi științifice care demonstrează eficacitatea împletirii medicinei moderne cu tratamentele medicale alternative.

TEHNICI DE REDARE A PUTERII CLIENTULUI

Friedberg, Fred, *Do-it-yourself Eye Movement Technique for Emotional Healing*, **New Harbinger Publications, 2001.** Această excelentă carte explică foarte clar modul de utilizare a tehnicii inovatoare EMT de suport rapid în gestionarea condițiilor de stres, prin utilizarea unei

Lecturi suplimentare

combinații de ciocănire ușoară cu degetele și mișcări oculare.

Parnell, L., *Tapping In – A step-by-step guide to activating your healing resources through bilateral stimulation*, **Sounds True, 2008.** Cartea descrie foarte bine tehnica eficientă și facilă a instalării resurselor (*resource tapping*) dezvoltată din terapia EMDR, descriind modul de ancorare și apoi accesare a resurselor pozitive.

CONTRACTELE DINTRE SUFLETE ȘI DESTINUL SUFLETULUI

Baker, L., *Soul Contracts: How They Affect Your Life and Your Relationships*, **Universe, 2003.** O carte excelentă care ne ajută să înțelegem adevăratele motive din spatele vieții pe care am ales s-o creăm și s-o trăim, plină de povești personale profunde, și totuși ușor de înțeles. O carte care vă va atinge sufletul.

Jenkins, P.W., Winninger, T.A., *Exploring Reincarnation*, **Celestial Voices, 2011.** O carte născută prin intermediul channelingului și a informațiilor primate de la Maeștrii Înălțați, care descrie cum, ca suflete, alegem mai multe vieți umane pentru a învăța lecții și a dobândi cunoaștere.

Jenkins, P.W., Winninger, T.A., *Talking with Leaders of the Past*, **Celestial Voices, Inc., 2008.** Cincisprezece leaderi mondiali decedați discută despre contractele sufletelor lor, prin intermediul unui medium. Această carte fascinantă și revelatoare examinează contractele pe care aceștia le-au încheiat înaintea nașterii, și lecțiile învățate.

Lawton, I., *The Big Book of the Soul*, **RS Press, 2010.** Printre multe alte lucruri, această carte conține o analiză

Lecturi suplimentare

detaliată a cercetărilor desfășurate de pionierii regresiei în viața dintre vieți, precum Joel Whitton, Michael Newton, Edith Fiore, Helen Wambach, Peter Ramster și Dolores Cannon, și ale precursorilor lor de la mijlocul secolului nouăsprezece. Oferă de asemenea o analiză a impactului acestor dovezi asupra modului în care ne percepem viața.

Myss, C., *Sacred Contracts*, **Bantam Books, 2002.** Caroline Myss a dezvoltat o modalitate ingenioasă de a descifra propriile contracte, ajutându-vă să descoperiți ce anume trebuie să învățați aici, pe Pământ, și pe cine trebuie să întâlniți.

Newton, M., *Journey of Souls*, **Llewellyn, 1994.** Firul poveștii se bazează pe istoriile a 29 de oameni, asupra experiențelor lor din viața dintre vieți. O importantă carte de pionierat, care așterne fundația contractelor dintre suflete și face referințe la geografia tărâmului spiritelor.

Newton, M., *Destiny of Souls*, **Llewellyn, 2000.** Șaizeci și șapte de noi cazuri de regresie în viața dintre vieți, cu explorarea mai profundă a minunilor tărâmului spiritelor; lărgește cadrul înțelegerii extraordinarului simț al ordinii existent în viața de după moarte.

Schwartz, R., *Your Soul's Plan*, **Frog Books, 2007.** O explorare detaliată excelentă a motivelor pentru care ne încarnăm, ne alegem părinții și lecțiile de viață, cu ajutorul a zece studii de caz captivante.

Tomlinson, A., *Exploring the Eternal Soul*, **From the Heart Press, 2012.** Andy trece alături de cititorii săi peste experiența morții, oferindu-le o explicație largă și comprehensivă asupra terapiei Vieții dintre Vieți. Conținutul este organizat într-un mod structurat, ușor de urmărit și de înțeles. Este o lectură obligatorie pentru a înțelege mai multe despre alegerile de viață, și totodată pentru cititorii curioși despre ce se întâmplă după moarte.

VINDECAREA SPIRITUALĂ A COPILULUI INTERIOR

Bays, B., *The Journey*, Thorsons, 1999. Povestea personală a lui Brandon, de auto-vindecare miraculoasă, după descoperirea unei tumori de mărimea unei mingi de baseball în abdomen. Acoperă în detaliu aspectele muncii terapeutice cu copilul interior.

Bradshaw, J., *Homecoming, Reclaiming and Championing Your Inner-Child*, Piatkus, 1991. John Bradshaw este o figură de pionierat majoră în domeniul recuperării și familiei disfuncționale. Abordarea copilului interior constituie un instrument terapeutic extrem de puternic. Este prima dintr-o serie de cărți excelente scrise de Bradshaw, acoperind toate aspectele subiectului.

Ford, D., *The Dark Side of the Light Chasers*, Hodder and Stoughton, 1998. Debbie Ford ne duce prin propria ei călătorie personală și ne arată cum putem reconcilia toate aspectele noastre, de lumină și întuneric, pentru a trăi autentic. Este companionul excelent al oamenilor care-și doresc să înțeleagă mai multe despre abordarea copilului interior și despre sub-personalități.

Ford, D., *Why Good People do Bad Things*, Harper Collins, 2008. Autoarea ne conduce spre centrul dualității și expune strălucitor tragedia rupturii sinelui autentic. Cartea vă ajută să aprofundați înțelegerea motivelor pentru care copilul interior rămâne blocat în timp.

Lecturi suplimentare

DEPĂȘIREA URGENȚELOR SPIRITUALE

Grof, C. & S., *The Stormy Search for the Self*, **Thorsons, 1991.** O carte profundă și detaliată despre renașterea și criza spirituală, scrisă de pionierul și autoritatea principală a acestui domeniu. Elaborată în anii 90, este în continuare de actualitate, oferind perspective clare și suport în înțelegerea zonei gri de intersecție cu psihoza, dintr-un unghi transpersonal și de sănătate mintală.

Lucas, C., *In Case of Spiritual Emergency*, **Findhorn Press, 2011.** Catherine este fondatoarea UK Spiritual Crisis Network. A trecut timp de mulți ani printr-o urgență spirituală intensă, cartea născându-se din procesul de revenire personal, dar și al altora. Este bine scrisă și documentată, conținând cele mai actuale informații și sfaturi de la profesioniști în domeniul sănătății mentale, de la alte persoane care au trecut prin experiențe similare, sau prietenii și familiile lor.

Hassed, C. & McKenzie, S., *Mindfulness for Life. How to Use Mindfulness Meditation to Improve Your Life*, **Robinson, 2012.** Centrarea pe momentul prezent (*mindfulness*) este ingredientul principal în gestionarea și depășirea urgențelor spirituale. Poate fi un instrument foarte util în viața de zi cu zi, din ce în ce mai folosit de profesia medicală. Un ghid ușor de citit și comprehensiv, scris de doi experți, incluzând sugestii, exerciții practice, și informații utile sumarizate la finalul fiecărui capitol.

Courteney, H., *Divine Intervention*, **Cico Books, 2005.** Hazel este o autoare foarte cunoscută din domeniul sănătății. În 1998 a trecut printr-o experiență în proximitatea

Lecturi suplimentare

morții, care a evoluat într-o urgență spirituală dramatică și extinsă. O relatare fascinantă, în premieră, cu perspective obținute de la cercetătorii și doctorii care au monitorizat-o, înregistrat-o și testat-o de-a lungul crizei și a călătoriei spre vindecare. O lectură obligatorie, plină de inspirație și iluminare.

ARTA ARMONIEI – VINDECARE HOLISTICĂ PRIN INTERMEDIUL SUNETULUI

Brodie, R., *The Healing Tones of Crystal Bowls – Heal Yourself with Sound and Colour*, **Aroma Art Ltd, Canada, 1996.**

O carte foarte clară și simplă care ne oferă o înțelegere profundă a modului în care sunetele și culorile contribuie la vindecare, prin folosirea bolurilor de rezonanță. Inspirată din munca specialiștilor antici și moderni, Renee Brodie împletește în această carte știința cu spiritualitatea, simplificând conceptele abstracte și explicându-le pe înțelesul publicului. O lectură obligatorie pentru cei interesați în lucrul cu bolurile de rezonanță.

Carter, R., *Mapping the Mind*, **Orion Books, 2003.**
Această carte despre neuropsihologie ilustrează legătura dintre creier și psihologie, permițând cititorilor să vizualizeze ce se întâmplă în diferitele părți ale creierului și legăturile cu diferitele comportamente. Are imagini extraordinare și sumarizări comprehensive ale funcțiunilor tuturor componentelor creierului, anecdote fascinante și poze care captivează cititorul de la început până la sfârșit. O carte simplă despre un subiect cât se poate de complicat.

Lecturi suplimentare

www.ingramcontent.com/pod-product-compliance
Lightning Source LLC
Chambersburg PA
CBHW070129080526
44586CB00015B/1613